厚大法考

2025年国家法律职业资格考试

黄金考点·迷你案例·思维推演

刑法
考点清单

主观题

陈 橙 ◎ 编著 | 厚大出品

中国政法大学出版社

有阻力才有磨练

厚大在线

- 八大学科学习方法、新旧大纲对比及增删减总结、考前三页纸等你解锁。
  — 硬核干货

- 备考阶段计划、心理疏导、答疑解惑，专业讲师与你相约"法考星期天"直播间。
  — 定期直播

- 图书各阶段配套名师课程的听课方式，课程更新时间获取，法考必备通关神器。
  — 免费课堂

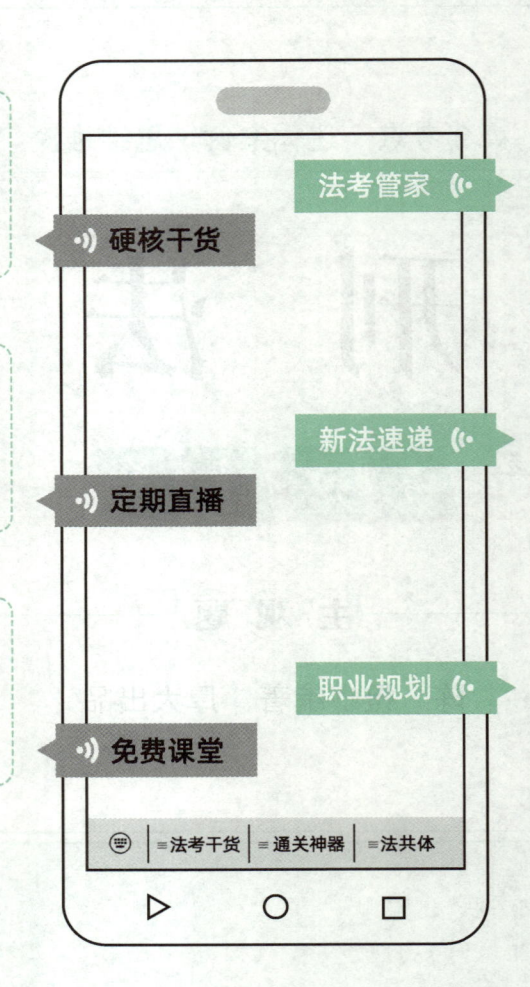

- 法考管家 — 法考公告发布、大纲出台、主客观报名时间、准考证打印等，法考大事及时提醒。

- 新法速递 — 新修法律法规、司法解释实时推送，最高院指导案例分享；牢牢把握法考命题热点。

- 职业规划 — 了解各地实习律师申请材料、流程，律师执业手册等，分享法律职业规划信息。

法考干货 | 通关神器 | 法共体

更多信息
关注厚大在线

HOUDA

代总序
GENERAL PREFACE

做法治之光
——致亲爱的考生朋友

如果问哪个群体会真正认真地学习法律，我想答案可能是备战法考的考生。

当厚大的老总力邀我们全力投入法考的培训事业，他最打动我们的一句话就是：这是一个远比象牙塔更大的舞台，我们可以向那些真正愿意去学习法律的同学普及法治的观念。

应试化的法律教育当然要帮助同学们以最便捷的方式通过法考，但它同时也可以承载法治信念的传承。

一直以来，人们习惯将应试化教育和大学教育对立开来，认为前者不登大雅之堂，充满填鸭与铜臭。然而，没有应试的导向，很少有人能够真正自律到系统地学习法律。在许多大学校园，田园牧歌式的自由放任也许能够培养出少数的精英，但不少学生却是在游戏、逃课、昏睡中浪费生命。人类所有的成就靠的其实都是艰辛的训练；法治建设所需的人才必须接受应试的锤炼。

应试化教育并不希望培养出类拔萃的精英，我们只希望为法治建设输送合格的人才，提升所有愿意学习法律的同学整体性的法律知识水平，培育真正的法治情怀。

厚大教育在全行业中率先推出了免费视频的教育模式，让优质的教育从此可以遍及每一个有网络的地方，经济问题不会再成为学生享受这些教育资源的壁垒。

最好的东西其实都是免费的，阳光、空气、无私的爱，越是弥足珍贵，越是免费的。我们希望厚大的免费课堂能够提供最优质的法律教育，一如阳光遍洒四方，带给每一位同学以法律的温暖。

没有哪一种职业资格考试像法考一样，科目之多、强度之大令人咂舌，这也是为什么通过法律职业资格考试是每一个法律人的梦想。

法考之路，并不好走。有沮丧、有压力、有疲倦，但愿你能坚持。

坚持就是胜利，法律职业资格考试如此，法治道路更是如此。

当你成为法官、检察官、律师或者其他法律工作者，你一定会面对更多的挑战、更多的压力，但是我们请你持守当初的梦想，永远不要放弃。

人生短暂，不过区区三万多天。我们每天都在走向人生的终点，对于每个人而言，我们最宝贵的财富就是时间。

感谢所有参加法考的朋友，感谢你愿意用你宝贵的时间去助力中国的法治建设。

我们都在借来的时间中生活。无论你是基于何种目的参加法考，你都被一只无形的大手抛进了法治的熔炉，要成为中国法治建设的血液，要让这个国家在法治中走向复兴。

数以万计的法条，盈千累万的试题，反反复复的训练。我们相信，这种貌似枯燥机械的复习正是对你性格的锤炼，让你迎接法治使命中更大的挑战。

亲爱的朋友，愿你在考试的复习中能够加倍地细心。因为将来的法律生涯，需要你心思格外的缜密，你要在纷繁芜杂的证据中不断搜索，发现疑点，去制止冤案。

亲爱的朋友，愿你在考试的复习中懂得放弃。你不可能学会所有的知识，抓住大头即可。将来的法律生涯，同样需要你在坚持原则的前提下有所为、有所不为。

亲爱的朋友，愿你在考试的复习中沉着冷静。不要为难题乱了阵脚，实在不会，那就绕道而行。法律生涯，道阻且长，唯有怀抱从容淡定的心才能笑到最后。

法律职业资格考试不仅仅是一次考试，它更是你法律生涯的一次预表。

我们祝你顺利地通过考试。

不仅仅在考试中，也在今后的法治使命中——

不悲伤、不犹豫、不彷徨。

但求理解。

厚大®全体老师　谨识

前言
FOREWORD

主观题刑法学科考情概览

一 考情分析

近年来，刑法主观题的命题风格发生的变化巨大，令人瞠目结舌，就案例分析这一题型来说，2019年以后的题目和司考时代的真题相比，实在是大相径庭。总体而言，刑法近几年的主观题命题主要有以下趋势：

（一）案情发散化

在早期的司考时代，刑法主观题的命题风格以"一案一点"为主。例如，2008年的刑法主观题中有一段案情为：

"周某收下该款后，出具了隐瞒该100万元虚假的应付款的评估报告。"

与之对应的问题为：

"周某的行为是否以非国家工作人员受贿罪与提供虚假证明文件罪实行数罪并罚？为什么？"

这就是最简单的"一案一点"式命题，即一段案情只涉及一个考点，考生只需要调动与此相关的知识储备，即可解决特定问题。但是，近年来，"一案多点"已然成为命题趋势，一个案件事实中经常会涉及若干知识点，且彼此之间互不关联。我们可以看一下2020年刑法主观题的一段案情：

"2018年8月，洪某向林业主管部门举报了有人在国有森林中种植沉香的事实。林业主管部门工作人员赵某与郑某上山检查时，刘某与任某为了抗拒抓捕，对赵某与郑某实施暴力，赵某与郑某反击，形成互殴状态。赵某被打成轻伤，该轻伤由刘某、任某造成，但不能查明是刘某的行为所致，还是任某的行为所致。刘某被打成重伤，任某被打成轻伤，其中，刘某的重伤由赵某与郑某共同造成，任某的轻伤则是由刘某的打击错误造成（刘某在攻击郑某时，郑某及时躲闪，导致刘某击中了同伙任某）。"

上述案情事实涉及刑法中的诸多知识点，综合考查了刑法总则中的正当防卫、偶然防卫、互殴问题、共同犯罪以及刑法分则中的故意伤害罪、妨害公务罪，甚至涉及了《刑法修正案（十一）》新增的袭警罪。由此可见，在"案情发散化"成为趋势的法考时代，考生需要做到不遗漏且不过度地找出题干中对应的考点，其难度指数与司考时代的题目不可同日而语。

（二）案例融合化

早期刑法主观题的题型以"分问式"为主，即命题者设置若干问题，各问题所对应的案情之间并无关联。例如：

"对事实一应如何定罪？为什么？"（2011年）

"分问式"题型的答题思路比较简单，考生只需要找到问题对应的案情即可，不需要做复杂的信息处理。但近年来，"一问式"已经成为刑法主观题的一类重要题型，即命题者在提供一段完整的案情之后统一设问。例如：

"请全面评价本案中刘某、任某、王某、龚某、赵某、郑某的行为，包括犯罪数额和罪数形态，存在观点展示的，展示观点并说明理由。"（2020年）

"一问式"题型的难点主要体现在：①人物繁多。在多人参与的案情中，每个人都和他人产生了交集，此时无法独立地分析个人。这对考生的信息提取能力、框架布局能力和写作表达能力都是很大的考验。②时间线交错。2019年的刑法主观题首次出现了"自首倒叙"和"立功倒叙"的案情，同时还涉及追诉时效的问题。这无疑将解题难度推至新的高度。③观点展示犹如"暗礁"。"一问式"题型还带来了一个难点，即对观点展示的把握。"在一段案情中是否存在观点展示？""有几处观点展示？"这不仅要求考生在平时的学习中对刑法的观点展示问题如数家珍，而且需要考生在考场上运筹帷幄，随机应变地判断哪些问题需要展开不同观点。遗漏意味着失分，多写则意味着浪费时间。

由此可见，"案例融合化"这一趋势需要考生在平时的学习中加强对信息处理和信息整合的训练。

（三）考点富集化

从司考时代到法考时代，从2002年到2024年，纵观刑法主观题，看似案情变化无常、问题刁钻古怪，但背后的考点却非常有限：有人以为多半会考强奸罪，但自2002年以来，强奸罪从未考过；有人讨厌共同犯罪，但对于共同犯罪的考查几乎从不缺席。刑法主观题中哪些知识会考，哪些不会考，这是考生在系统复习之前需要首先明确的问题。

以2017~2024年的试题为例，共同犯罪考查6次，诈骗罪考查7次，故意伤害罪考查5次，抢劫罪考查4次，非法拘禁罪考查4次，绑架罪考查3次，敲诈勒索罪考查3次，故意杀人罪考查3次，贪污贿赂犯罪考查3次。可以看到，共同犯罪、人身犯罪、财产犯罪一直是命题老师的偏好章节，也是刑法主观题考试中至关重要的考点。另外，罪数的问题不会直接设问考查，但一定会有所涉及。在触犯多个罪名的情况下，是应当数罪并罚、从一重罪处罚，还是按照法定的其他方式处罚，在每一年的刑法主观题考试中都有涉及。

由此可见，在刑法主观题的考查中，也有类似"马太效应"的重要趋势——重者恒重，以前考查频繁的章节今年也是如此，以前没有考查过的知识点今年考查的概率也不高。在刑法领域，命题老师更倾向于"深挖洞"而非"多挖洞"，同一个知识点的考查深度随着观点展示、"一问式"等题型逐渐深化，但在考查范围上却少有扩张。

（四）观点展示考查成为常态

2021年的刑法主观题考查4小问，全是观点展示；2022年（包括延考卷）延续了这一考查方式；2023年首次考查至少列举三种观点的题目，让很多考生措手不及；2024年依然要求考生进行观点展示。纵观近几年刑法主观题的考查规律可以发现，观点展示不仅成为了必考项，考查比例也在不断增加；除此之外，要求列举的观点也由2个变成了3个，这种更加灵活的考查方式无疑提高了考试难度。

2025年面对观点展示类题目，一定要认真读题，如果题目要求写出3种观点，务必不要遗漏；如果题目仅要求作观点展示，不要求观点的数量，一般情况下写出2种观点就可以。另外，在复习备考的时候，不仅要掌握不同观点，还要知道通说观点以及每种观点的不足之处。因为随着题目灵活性和深度的逐年增加，后续年份可能要求考生在考试中表明自己支持的观点和其他观点的缺陷。面对这种类型的题目需要做足准备。

二 知识框架

（一）一张图画总则

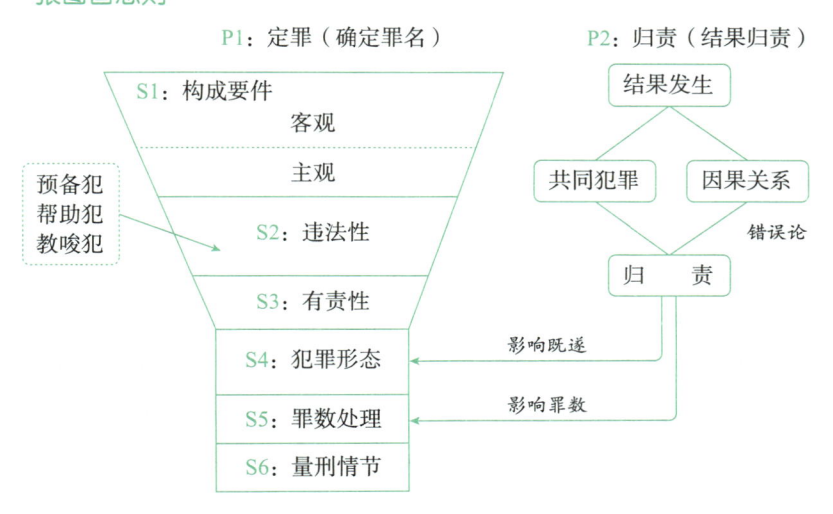

对于总则一张图的简要说明：

首先要明确，刑法中的每个知识点对最终的定罪量刑都是有影响的，但每个知识点的功能不同。如图，P1部分决定定罪，即一个行为是否构成犯罪、构成何种罪名；P2部分决定行为人是否对被害人的重伤、死亡等结果负责。

对于一个行为完整的定罪量刑的逻辑如下：

1. 在定罪层面（P1），如果是实行行为，则依次判断构成要件（S1）、违法性（S2）、有责性（S3）。

[例] 甲压制他人反抗，取得财物。甲的行为符合抢劫罪的构成要件（S1），且不具有正当防卫等违法阻却事由（S2），不具有责任阻却事由（S3），因此，甲构成抢劫罪。到此为止，甲的定罪就已经完成了。

2. 在定罪层面（P1），如果是预备、帮助、教唆行为，则由于没有实行行为，不能进入构成要件（S1）的判断。因此，预备、帮助、教唆行为需要判断预备犯、帮助犯、教唆犯的特定成立条件，如果符合，则可以直接跳过构成要件（S1），进入违法性（S2）、有责性（S3）的判断，最终适用特定的罪名。

[例] 甲教唆乙抢劫。甲没有亲自实施抢劫罪的实行行为，但他符合"教唆犯"的条件。因此，如果甲不具有违法阻却事由（S2），且不具有责任阻却事由（S3），则构成抢劫罪的教唆犯。

3. 归责层面（P2）包括因果关系理论、共同犯罪理论、错误论。这三套理论一般不影响定罪，但可以决定行为人是否需要对结果负责，即"结果归属"。结果是否归属于行为人最终会影响犯罪形态（S4）和罪数处理（S5）问题。

[例1] 甲杀人过程中，被害人因为地震死亡。本案中，通过S1→S2→S3的顺序，可以判断甲构成故意杀人罪，而通过因果关系理论（P2），可以判断甲对被害人的死亡结果不负责任。因此，甲构成故意杀人罪（未遂）（S4）。

[例2] 甲和乙共同抢劫，被害人最终被乙杀死。本案中，通过S1→S2→S3的顺序，可以判断甲构成抢劫罪，而通过共同犯罪理论（P2），可以将被害人的死亡结果归属于甲。因此，甲构成抢劫罪的结果加重犯（S5）。

4. 在判断定罪的构成要件（S1）、违法性（S2）、有责性（S3）和结果归属（P2）问题之后，还需要考虑犯罪形态（S4）、罪数处理（S5）、量刑情节（S6），这些都可能在刑法主观题考试中成为采分点。

[例1] 甲抢劫过程中不慎导致被害人死亡，但有自首情节。对于本案完整的分析思路是：甲符合了刑法分则中抢劫罪的构成要件（S1）→不具有违法阻却事由（S2）→不具有责任阻却事由（S3）→甲构成抢劫罪（定罪）→甲构成抢劫罪既遂（S4）→甲对被害人死亡结果负责（P2）→甲构成抢劫罪的结果加重犯（S5）→甲成立自首，从宽处罚（S6）。

[例2]（2018-主，改编）林某、丁某二人通谋，朝武某开枪。武某中弹身亡。事后查明，林某朝武某腿部开枪，丁某朝武某腹部开枪，只有一颗子弹击中武某的心脏，导致其死

亡，但无法查明击中心脏的这颗子弹是谁射击的。林某、丁某的行为如何定性？

分析思路：本案中优先解决林某和丁某的行为的定罪问题（P1）：林某朝武某腿部开枪，且不具有违法阻却事由和责任阻却事由（S2、S3），构成故意伤害罪；丁某朝武某腹部开枪，且不具有违法阻却事由和责任阻却事由（S2、S3），构成故意杀人罪。其次解决归责问题（P2）：由于二人成立共同犯罪，因此均对武某的死亡结果负责（P2），分别构成故意伤害罪（致人死亡）、故意杀人罪（既遂）。

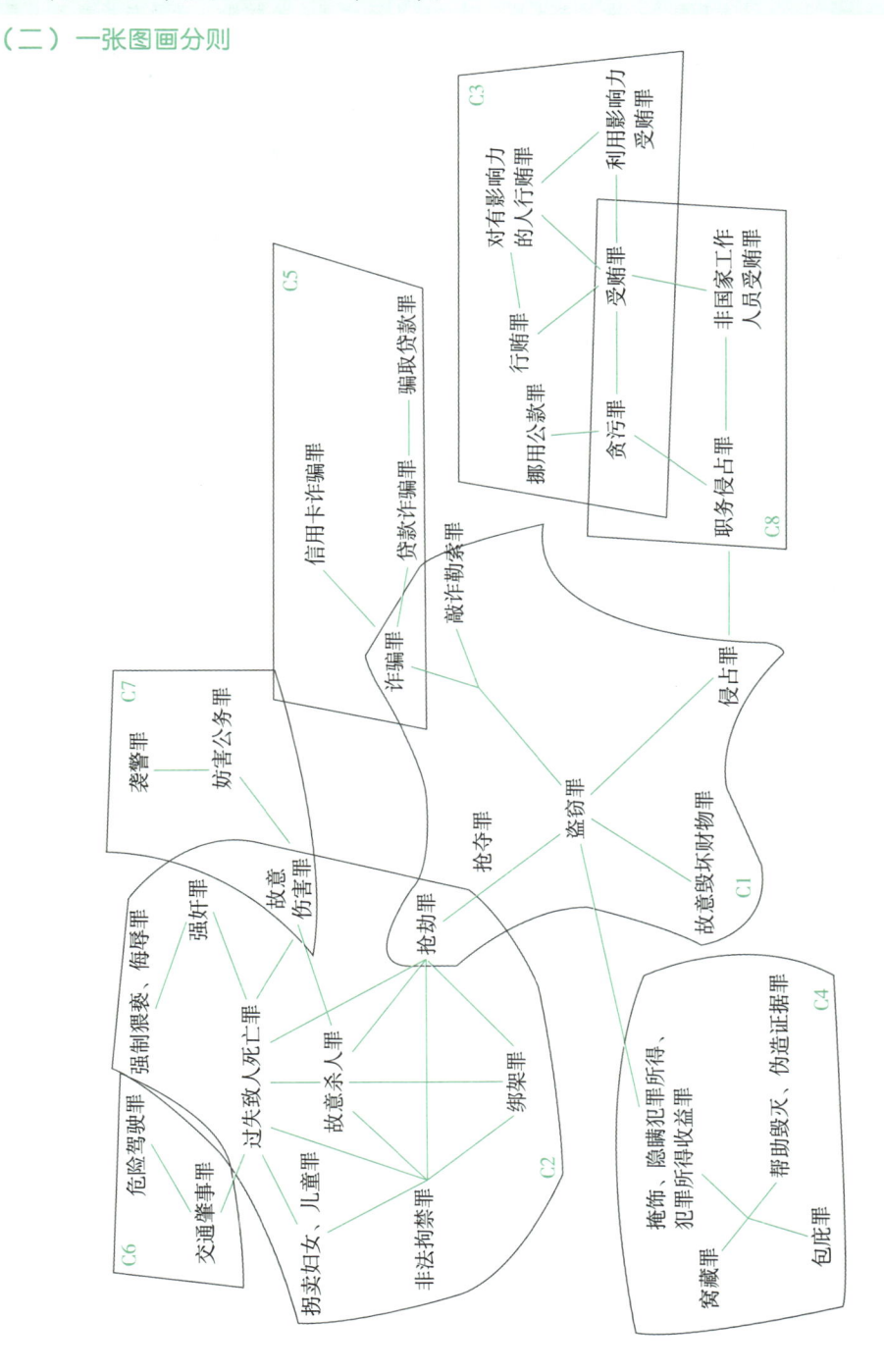

（二）一张图画分则

对于分则一张图的简单说明：

刑法主观题考试需要掌握的核心罪名总共 34 个，根据侵犯的主要法益的不同，可以划分为八大重要犯罪圈：

C1	财产犯罪	涉及罪名：盗窃罪；抢夺罪；抢劫罪；诈骗罪；敲诈勒索罪；侵占罪；故意毁坏财物罪。
C2	人身犯罪	涉及罪名：故意杀人罪；过失致人死亡罪；抢劫罪（涉及与故意杀人罪及过失致人死亡罪的罪数处理问题）；故意伤害罪；强奸罪；强制猥亵、侮辱罪；非法拘禁罪；绑架罪；拐卖妇女、儿童罪。
C3	贪污贿赂犯罪	涉及罪名：受贿罪；行贿罪；利用影响力受贿罪；对有影响力的人行贿罪；贪污罪；挪用公款罪。
C4	赃物犯罪	涉及罪名：窝藏罪；包庇罪；帮助毁灭、伪造证据罪；掩饰、隐瞒犯罪所得、犯罪所得收益罪。
C5	金融诈骗犯罪	涉及罪名：诈骗罪（涉及与其他罪名的区分问题）；信用卡诈骗罪；贷款诈骗罪；骗取贷款罪。
C6	公共安全犯罪	涉及罪名：危险驾驶罪；交通肇事罪。
C7	妨害公务犯罪	涉及罪名：妨害公务罪；袭警罪。
C8	利用职权犯罪	涉及罪名：职务侵占罪；非国家工作人员受贿罪；贪污罪；受贿罪。

注意：所谓"法益"，是指法律保护的利益。

陈 橙

2025 年 4 月

目录 CONTENTS

引 论 001
考点 1 ▶ 基本犯罪构成 / 001

第 1 讲 客观构成要件（S1客观）.. 004
考点 2 ▶ 实行行为 / 004
考点 3 ▶ 不作为犯 / 008
考点 4 ▶ 身份犯 / 015

第 2 讲 主观罪过（S1主观）... 019
考点 5 ▶ "主客观相统一"原则 / 019
考点 6 ▶ 主观罪过的区分 / 022
考点 7 ▶ 故意认识的内容和程度 / 026
考点 8 ▶ 过失犯的构造 / 028

第 3 讲 非实行行为 032
考点 9 ▶ 预备犯 / 032
考点 10 ▶ 帮助犯与教唆犯的认定 / 033
考点 11 ▶ "共犯从属性说"与"共犯独立性说" / 037
考点 12 ▶ 共犯的定罪 / 039

第4讲　违法阻却事由（S2）　　042

- 考点 13 ▶ 正当防卫 / 042
- 考点 14 ▶ 紧急避险 / 049
- 考点 15 ▶ 被害人承诺和自杀相关问题 / 053

第5讲　责任阻却事由（S3）　　058

- 考点 16 ▶ 刑事责任能力和刑事责任年龄 / 058
- 考点 17 ▶ 期待可能性 / 060
- 考点 18 ▶ 原因自由行为 / 061

第6讲　结果归属（P2）　　064

- 考点 19 ▶ 结果归属体系 / 064
- 考点 20 ▶ 因果关系 / 066
- 考点 21 ▶ 事实认识错误 / 072
- 考点 22 ▶ 共同犯罪的认定与归责 / 080
- 考点 23 ▶ 归责的意义 / 089

第7讲　未完成罪（S4）　　093

- 考点 24 ▶ 未完成罪的基础理论 / 093
- 考点 25 ▶ 犯罪未遂 / 096
- 考点 26 ▶ 犯罪中止 / 097

第8讲　罪数处理（S5）　　103

- 考点 27 ▶ 罪数处理的原则与例外 / 103
- 考点 28 ▶ 罪数中常考的概念 / 105

第9讲　量刑和追诉时效（S6）　　111

- 考点 29 ▶ 量刑情节 / 111

考点 30 ▶ 一般累犯、自首和立功的认定 / 114

考点 31 ▶ 追诉时效（追诉期限）/ 119

第 10 讲　财产犯罪（C1） 123

考点 32 ▶ 财产犯罪的基本问题 / 123

考点 33 ▶ 盗窃罪和财产犯罪整体框架 / 126

考点 34 ▶ 抢夺罪 / 129

考点 35 ▶ 抢劫罪 / 130

考点 36 ▶ 诈骗罪和敲诈勒索罪 / 138

考点 37 ▶ 侵占罪和故意毁坏财物罪 / 144

考点 38 ▶ 财产犯罪的观点展示问题和"两头坑"问题 / 148

第 11 讲　人身犯罪（C2） 153

考点 39 ▶ "死不死"问题的基本处理思路 / 153

考点 40 ▶ 故意伤害罪、强奸罪、强制猥亵罪 / 156

考点 41 ▶ 非法拘禁罪 / 160

考点 42 ▶ 绑架罪 / 163

考点 43 ▶ 拐卖妇女、儿童罪 / 167

第 12 讲　贪污贿赂犯罪（C3） 172

考点 44 ▶ 受贿的罪名体系 / 172

考点 45 ▶ 受贿罪 / 177

考点 46 ▶ 贪污罪和挪用公款罪 / 181

第 13 讲　"赃物犯罪"（C4） 187

考点 47 ▶ "赃物犯罪"总体特征 / 187

考点 48 ▶ "赃物犯罪"具体罪名 / 189

第14讲　金融诈骗犯罪（C5）和公共安全犯罪（C6） 193

考点 49 ▶ 信用卡诈骗罪 / 193

考点 50 ▶ 贷款诈骗罪和骗取贷款罪 / 196

考点 51 ▶ 危险驾驶罪 / 198

考点 52 ▶ 交通肇事罪 / 200

第15讲　妨害公务犯罪（C7）和利用职权犯罪（C8） 205

考点 53 ▶ 妨害公务罪与袭警罪 / 205

考点 54 ▶ 利用职权犯罪 / 207

附　录 211

附录一 ▶ 罪刑法定原则论述题必背 / 211

附录二 ▶ 其他罪名的构成要件简易表达 / 212

LECTURE

引 论

01 基本犯罪构成

[引入]

爸爸问儿子:"你是不是打弟弟了?"

儿子:"没有啊。"

爸爸:"监控都拍下来了。"(客观)

儿子:"我是不小心的。"(主观)

爸爸:"你连打了六七下是不小心的?"

儿子:"是他先打我的。"(违法阻却事由)

爸爸:"胡说,我都看监控了。"

儿子:"好吧,可我只是个孩子,嘤嘤嘤。"(责任阻却事由)

一、阶层论

如何才能构成一个犯罪?

与上面的例子类似,刑法中,判断是否构成犯罪需要依次考虑三个层次:

1. 首先看是否符合某罪的客观构成要件,如是否存在实行行为;之后再看是否符合某罪的主观罪过,包括故意、过失等。

客观构成要件和主观罪过一起初步判断了是否构成犯罪、构成何罪，我们把这一层称为"构成要件该当性"（S1）。

2. 如果符合了构成要件，我们看看是否存在正当化的理由，如正当防卫等。

如果不存在正当化的理由，行为就是违法的，我们把这一层称为"违法性"（S2）。

3. 如果符合了构成要件和违法性，我们再看看是否存在不负责的理由，如精神病人等。

如果不存在不负责的理由，行为就构成犯罪，我们把这一层称为"有责性"（S3）。

因此，要构成犯罪，需要先后满足以下三个条件：

S1. 构成要件该当性	客观构成要件	需要有实行行为。
		构成身份犯，需要有身份。
		构成不作为犯，需要有义务。
	主观罪过	故意、过失、意外事件。
S2. 违法性		不具有正当防卫、紧急避险、被害人承诺、自杀行为四种违法阻却事由的，才构成犯罪。
S3. 有责性		具有刑事责任能力、达到刑事责任年龄、有期待可能性，即不具有责任阻却事由的，才构成犯罪。

[口诀] 基本犯罪构成

客观首先要符合，行为要参照分则。
主观总共分三块，故意过失与意外。
防卫避险和承诺，违法阻却没做错。
精神病人和小孩，责任阻却仍违法。

⬇注意1：三阶层是思考步骤，不是答题步骤。在主观题答题中，不需要更不可以在每一个问题上都完整表达三阶层的推理过程。这是因为在绝大部分案件中均不存在违法阻却事由和责任阻却事由。因此，在主观题答题中，一般写出构成要件即可，除非存在违法阻却事由和责任阻却事由，否则不需要写出"本案不存在违法阻却事由和责任阻却事由"。

⬇注意2：三阶层的检验需要符合"尽早排除原则"，即不符合构成要件该当性（S1）的，就在第一层排除犯罪，不再通过违法阻却事由（S2）出罪，即不构成正当防卫等。同理，具有违法阻却事由（S2）的，就在第二层排除犯罪，不再通过责任阻却事由（S3）出罪。

[例] 甲和乙发生口角，甲盛怒之下驾车撞乙。乙看到甲朝自己撞过来，立刻躲到建筑物后面。甲刹车不及，撞到建筑物上，致车毁人亡。乙的行为既不是正当防卫，也不是紧急避险，因为乙"躲到建筑物后面"的动作根本不属于刑法中的实行行为（不具有"有害性"）。根据"尽早排除原则"，不再通过认定乙为正当防卫或者紧急避险出罪。

迷你案例

案情：甲夜里醒来，看到小偷趴在窗户上想要进入自己家中行窃，甲大惊失色，大喊了一声，小偷也大惊，摔落致死。

问1：甲的行为如何定性？

答案：甲在该场景下"大喊了一声"属于本能动作，不是实行行为，不符合构成要件，不构成犯罪。

问2：甲的行为是否属于正当防卫？

答案：不属于。甲的行为不是实行行为，在构成要件层面即排除犯罪，不再认定为正当防卫出罪。

二、违法阻却事由和责任阻却事由

1. 有违法阻却事由，表明行为合法。

[例] 正当防卫是合法的，所以对正当防卫不得进行正当防卫。

2. 仅有责任阻却事由，表明行为违法，但法律予以宽恕。

[例] 精神病人侵害他人虽然不构成犯罪，但其是通过责任阻却事由出罪的，其行为仍违法，因此对精神病人的侵害依然可以正当防卫。

迷你案例

案情：（暴打精神病人案）被告人范某与被害人范尚雨系同胞兄弟。范尚雨患精神病近10年，因不能辨认和控制自己的行为，经常无故殴打他人。9月5日上午8时许，范尚雨手持木棒、砖头在公路上追撵其兄范某。范某抓住范尚雨的头发将其按倒在地，并夺下木棒朝持砖欲起身的范尚雨头部打了两棒，致范尚雨当即倒在地上，当场死亡。

问题：范某的行为如何定性？

答案：无刑事责任能力的精神病人实施的侵害行为也是危害社会的行为，虽然其最终因为缺乏责任能力而不负刑事责任，但其行为仍属于"不法侵害"。范某针对精神病人的不法侵害进行反击，成立正当防卫，不构成犯罪。

> 可以换个角度来看，
> 正因为是一张白纸，
> 才可以随心所欲地描绘蓝图。

致奋进中的你

第1讲 LECTURE 01

客观构成要件（S1客观）

02 实行行为

刑法上的行为包括实行行为、预备行为、教唆行为、帮助行为。其中，实行行为是刑法的中心概念，因为实行行为是刑法分则规定的具有法益侵犯急迫可能性的行为，是刑法主要禁止的行为。

实行行为即符合构成要件该当性（S1）的行为，因此，进入该当性（S1）检验的只能是实行行为。实行行为需要满足前提条件、形式条件和实质条件。

一、实行行为的前提条件

1. "有意性"。实行行为必须有意识、意志支配、控制，因此，本能动作、梦游不属于实行行为。

[例] 甲有帕金森病，在一次发病过程中不受控制地撞向某人，致其死亡。甲的行为并无意志支配，不是刑法中的行为。

迷你案例

案情：乙用花瓶袭击甲，甲本能之下用手抵挡花瓶，导致花瓶破碎。

问题：甲的行为如何定性？

答案：甲的行为属于无意志支配的"本能动作"，不是刑法中的实行行为，因此在构成要件该当性即排除犯罪，不再通过认定为正当防卫出罪。

2. "有体性"。实行行为是人的身体动机的"外在表现",内在的思想观念不是实行行为。

> 注意:言论不是思想,而是思想的表达,言论可能属于实行行为。

迷你案例

案情:甲通过言语煽动多人,试图颠覆国家政权。

问题:甲是否具有实行行为?是否构成犯罪?

答案:甲的言论属于实行行为,构成煽动颠覆国家政权罪。

3. "有害性"。实行行为必须有侵犯法益的可能性,外观行为、非类型化的法益侵害行为、降低风险的行为不是实行行为。

(1) 所谓"外观行为",是指仅有行为的外观,没有行为的实质的行为,它不是特定犯罪的行为。

迷你案例

案情:甲在餐厅撒了一些面粉,谎称自己投放了毒药。

问1:甲的行为是否构成投放危险物质罪(未遂)?

答案:不构成。甲并没有投放危险物质的实行行为,不能认定为投放危险物质罪。

问2:甲的行为如何定性?

答案:甲虚构事实,投放虚假的危险物质,构成投放虚假危险物质罪。

(2) 所谓"非类型化的法益侵害行为",是指不具有法益侵害性的生活行为。但是,在行为人有特殊认知的情况下,应当认定属于刑法中的行为。

迷你案例

案情:天文学家甲希望女友乙下雨天跑步被雷劈死而劝其跑步,结果女友乙果真被劈死。1年后,甲通过精密的计算,算出某棵树下5点会落下闪电,劝女友丙在该棵树下等待,女友丙果真被劈死。

问1:甲对女友乙是否构成故意杀人罪?

答案:不构成。甲对女友乙没有实施杀人的实行行为,不构成故意杀人罪。

问2:甲对女友丙是否构成故意杀人罪?

答案:构成。甲在存在"特殊认知"的情况下具有杀人的故意,且实施了非法剥夺他人生命的实行行为,对女友丙构成故意杀人罪。

(3) 如果行为并没有升高风险,而是降低了风险,则不是实行行为。

> 注意:如果行为人将 A 类风险由危险指数 2 降低到了危险指数 1,即 A2→A1,由于降低了风险,不符合"有害性",因此其行为不属于实行行为。但如果行为人将 A 类风险(危险指数2)彻底排除,以 B 类风险(危险指数1)取而代之,即 A2→B1,则由于危险的种类不同,因此其行为依然属于实行行为,但在违法性阶层(S2)可以通过紧急避险出罪。

[例1] 甲看到吊灯即将掉落将乙砸死（A2），一把将乙推出，乙被吊灯砸到肩膀导致重伤（A1）。"被吊灯砸死"和"被吊灯砸伤"是同种风险，甲的行为降低了风险，不属于实行行为，甲无罪。

[例2] 甲看到吊灯即将掉落将乙砸死（A2），一脚将乙踹飞，乙没有被吊灯砸中，却被甲踹成重伤（B1）。由于甲排除了一种危险（砸死），却创造了另一种危险（踹伤），其行为属于刑法中的行为，但由于符合"保大损小"的条件，甲构成紧急避险。

[例3] 甲看到吊灯即将掉落将乙砸死（A2），一脚将乙踹飞，乙没有被吊灯砸中，却被甲踹下5楼摔死（B2）。甲的行为不符合"保大损小"的条件，不构成紧急避险，而构成避险过当。

二、实行行为的形式条件

实行行为在形式上需要符合刑法分则规定的特定罪名的构成要件，因此，帮助行为、教唆行为不是实行行为。刑法主观题常考的34个罪名的实行行为（构成要件）如下：

罪		名	实行行为
人身犯罪	侵犯生命、健康	故意杀人罪	剥夺他人生命
		故意伤害罪	损害他人身体健康
		过失致人死亡罪	（过失）导致他人死亡
	侵犯性自治权	强奸罪	压制反抗，实施奸淫
		强制猥亵罪	强制侵犯他人性羞耻心
	侵犯自由	非法拘禁罪	剥夺他人人身自由
		绑架罪	剥夺他人人身自由，向第三人索要财物
		拐卖妇女、儿童罪	（以出卖为目的）剥夺他人人身自由
财产犯罪	危险型	抢夺罪	对物使用暴力，对人身有一定危险
		抢劫罪	压制反抗，取得财物（基本型）
			携带凶器抢夺[转化抢劫（《刑法》第267条第2款）]
			犯盗窃、诈骗、抢夺罪，为窝藏赃物、抗拒抓捕或者毁灭罪证而当场使用暴力或者以暴力相威胁[转化抢劫（《刑法》第269条）]
	被害人处分型	诈骗罪	普通（二角）诈骗：欺骗他人，使得被害人陷入认识错误处分财物，遭受财产损失
			三角诈骗：行为人欺骗他人，他人有权处分且处分了第三人财物，使得第三人受损害，行为人取得财物
		敲诈勒索罪	恐吓他人，使得被害人陷入恐惧处分财物，遭受财产损失

续表

罪	名		实行行为
财产犯罪	平和型	盗窃罪	打破他人占有，建立新的占有
		侵占罪	变占有为所有
		故意毁坏财物罪	使得他人财物效用丧失
侵犯廉洁性	真正身份犯	贪污罪	国家工作人员利用职务之便，侵吞、窃取、骗取公共财物
		挪用公款罪	国家工作人员利用职务上的便利，挪用公款归个人使用
		受贿罪 普通受贿	国家工作人员利用职务之便，索取他人财物
			国家工作人员利用职务之便，收受他人财物（为他人谋取利益）
		受贿罪 斡旋受贿	国家工作人员索取或者收受他人财物，通过其他国家工作人员为他人谋取不正当利益
	不需要身份	行贿罪	给予国家工作人员财物，谋取不正当利益
		利用影响力受贿罪	索取或者收受他人财物，通过国家工作人员谋取不正当利益
		对有影响力的人行贿罪	给予非国家工作人员财物，通过国家工作人员谋取不正当利益
扰乱市场秩序	破坏金融秩序	骗取贷款罪	以虚假事实骗取金融机构贷款
		贷款诈骗罪	（以非法占有为目的）骗取金融机构贷款
		信用卡诈骗罪	冒用他人信用卡（主要考）
	损害公司利益	职务侵占罪	公司、企业的工作人员利用职务之便，侵吞公司、企业的财物
		非国家工作人员受贿罪	公司、企业的工作人员利用职务之便，索取或者收受他人财物，为他人谋取利益
妨害社会管理秩序	赃物犯罪	窝藏罪	明知对方是犯罪的人而帮助其逃避刑事追究
		包庇罪	为犯罪的人作假证
		帮助毁灭、伪造证据罪	帮助他人毁灭、伪造证据
		掩饰、隐瞒犯罪所得罪	明知是犯罪所得而掩饰、隐瞒

续表

罪	名		实行行为
妨害社会管理秩序	对公务人员的犯罪	妨害公务罪	妨害国家机关工作人员执行公务
		袭警罪	暴力袭击正在执行公务的警察
危害公共安全		危险驾驶罪	追逐竞驶，情节恶劣
			醉酒驾驶机动车
		交通肇事罪	违反交通运输管理法规，造成严重后果

三、实行行为的实质条件

在实质上，实行行为需要对法益产生"现实、直接、紧迫"的危险。因此，预备行为不是实行行为。

[例1] 甲想杀死乙，跑去乙家中用刀砍杀乙。甲的行为已经对法益产生了"现实、直接、紧迫"的危险，属于实行行为。

[例2] 甲想杀死乙，多次在乙家门口望风踩点，后因形迹可疑被警察抓捕。甲的行为尚未对法益产生"现实、直接、紧迫"的危险，属于预备行为。

注意：进入 S1 判定的只能是实行行为，预备行为、帮助行为、教唆行为不是实行行为，没有 S1 的判断过程，因此，它们只能在符合特定条件的前提下直接适用特定的罪名。具体规则在后文（第 3 讲"非实行行为"）中将详细论述。

03 不作为犯

作为和不作为有什么样的区别呢？

作为，即积极的行为，是指以积极的身体举止实施刑法所禁止的行为，体现为违反禁止规范，有多种表现形式，如利用他人、物质工具、动物或者自然力等。

不作为，即消极的行为，是指行为人在能够履行自己应尽义务的情况下不履行该义务，违反了某种法律规定的命令性规范。

那么，不作为是不是符合构成要件的实行行为呢？例如，故意杀人罪的实行行为是"剥夺他人生命"，因此，用刀将他人砍死当然符合杀人的实行行为。但是，看到自己的孩子落水而不救助，是否属于杀人的实行行为呢？

将不作为视为或作为等价的实行行为需要考虑两个条件：①行为人是否具有救助的义务（义务来源）；②行为人不救助的行为和对应的作为行为（如将他人砍死）之间是否具有差不多的社会危害性（"等价性"）。只有符合这两个条件，才能认为不作为的行为属于实行行为。

一、真正不作为犯与不真正不作为犯

1. **真正不作为犯**，是指只能以不作为方式构成的罪名。由于法律规定了这类犯罪只能以不作为方式构成，因此行为当然具有实行行为性，不需要再考虑能否与作为行为"等价"的问题。

注意：真正不作为犯只能以不作为方式构成，哪怕表现上有动作，本质上也是不作为。例如，母亲打了3个月麻将，让孩子在家中饿死的，虽然有"打麻将"的手部动作，但本质上还是不抚养孩子，是不作为。

主观题涉及的真正不作为犯只有一个：遗弃罪。

2. **不真正不作为犯**，是指可以作为方式构成，也可以不作为方式构成的罪名。

（1）**不作为的故意杀人罪**。例如，父亲看到孩子落水而不救助的，成立不作为的故意杀人罪。

注意：不作为的故意杀人罪和遗弃罪存在想象竞合时，在考试中是可以互相替换的，二者的区别无须探究，如果不放心，可以写作"不作为的故意杀人罪（遗弃罪）"。

（2）**不作为的强奸罪**。例如，幼女主动与甲发生性关系，甲不予拒绝的，成立不作为的强奸罪。

（3）**不作为的非法侵入住宅罪**。例如，甲受到邀请进入他人住宅，主人要求甲退出，甲不退出的，成立不作为的非法侵入住宅罪。

（4）**不作为的非法吸收公众存款罪**。例如，甲本来有资格吸收公众存款，失去资格后不返还的，成立不作为的非法吸收公众存款罪。

（5）**不作为的脱逃罪**。例如，罪犯甲因为生病被暂予监外执行，病好后不返回监狱的，成立不作为的脱逃罪。

（6）**不作为的诈骗罪**。例如，甲将赝品卖给他人，对方以为是真品，甲不予澄清的，成立不作为的诈骗罪。

注意：在一般交易领域，基于交易习惯，买卖双方有澄清货物属性的义务；但如果交易的是古董市场中的古董，基于特殊的交易习惯，买卖双方没有澄清货物属性的义务。

（7）**不作为的放火罪**。例如，甲不慎导致火灾，有能力救助却放任其燃烧的，成立不作为的放火罪。

3. **不作为犯有教唆犯和过失犯的形态**。

[例] 甲偶然引发他人犯意，知道真相之后故意不消除，甲属于不作为的教唆犯。

注意：过失引起他人犯意不构成犯罪，但事后明知而不消除的，由于先前行为升高了风险，行为人可能构成不作为犯。

迷你案例

案情：警察甲抓捕嫌疑人之后，嫌疑人表明家里有孩子无人看管，甲忘记核查，导致孩子饿死。

问题：甲的行为如何定性？

答案：甲因为疏忽大意的过失导致他人死亡，构成过失致人死亡罪；同时，甲没有履行作为义务，是不作为犯。因此，甲属于以不作为方式构成过失致人死亡罪。

注意：过失的不作为在学理上通常被称为"忘却犯"。

二、不作为犯的成立条件

不作为犯的成立条件有五个，简称"三为两性"，即"应为""能为""不为""结果回避可能性""等价性"。

有人问："不作为犯的这五个条件是不是三阶层的内容呢？"答案是肯定的，只不过是学者把不作为犯在三阶层判断中比较有代表性的五个要素提取出来。不作为中，"应为""等价性""不为"是对实行行为的判断，"能为"是对期待可能性的判断，"结果回避可能性"是对因果关系的判断。不作为犯一般没有未遂，须对结果负责才能成立不作为犯，所以具有因果关系（结果回避可能性）也是成立不作为犯的必要条件之一。

1. 应为：有作为义务。（详见后文"三、作为义务"）
2. 能为：有作为可能性。例如，在自然灾害或者危险环境中不能强人所难。
3. 不为：不履行义务。

注意：行为人不履行义务的，哪怕有积极的动作，也是不作为犯。例如，妈妈不救助落水的孩子，而在旁边岸上打毛衣。虽然妈妈有手部动作，但本质上是不履行救助义务，因此也属于不作为犯。

4. 结果回避可能性。具有"结果回避可能性"，是指如果履行了义务，则可以避免结果发生，才能认定不作为犯。如果行为人履行了义务，结果还是会发生，就不具有结果回避可能性，不成立不作为犯。

三种常见的不具有结果回避可能性的情况："医生说没救"；"当场就死透"；"立刻送医，时间也不够"。

[例1]"医生说没救"：甲不小心导致邻居重伤后逃跑，邻居被送医后还是死亡。医生说："即使邻居当时被送到医院也是要死的。"甲不逃跑，邻居也会死，因此甲不构成不作为犯，只能构成过失犯。

[例2]"当场就死透"：甲不小心导致邻居重伤后逃跑，邻居当场死亡。甲不逃跑，邻居也会死，因此甲不构成不作为犯，只能构成过失犯。

迷你案例

案情：甲不小心导致邻居乙重伤后逃跑，乙立刻被路人送到医院，但还是抢救无效死亡。

问题：甲的行为如何定性？

分析思路：本案属于第三种情况"立刻送医，时间也不够"。甲不逃跑，乙也会死，因此甲不构成不作为犯，只能构成过失犯。

答案：甲无法避免乙死亡结果的发生，不具有结果回避可能性，不构成不作为犯。甲过失导致他人死亡，成立过失致人死亡罪。

5. 等价性

与作为犯具有等价值的可处罚性，否则不构成不作为犯。

缺乏等价性的常见例子包括：公民看到火灾不报警的，不构成不作为的放火罪；警察看到公民被杀不救助的，不构成不作为的故意杀人罪，仅构成相关渎职罪。

> **迷你案例**

1. 案情：（2012/4/2 改编）李某的树苗刚起火时，被路过的村民邢某发现。邢某明知法律规定发现火情时，任何人都有报警的义务，但因与李某素有矛盾，便悄然离去。

   问题：邢某的行为如何定性？

   答案：邢某遇到火情不报警的行为与作为的放火行为不具有等价性，因此不构成不作为的放火罪。

2. 案情：甲作为警察，看到公民被杀害而没有制止，导致公民死亡。

   问1：甲的行为是否构成不作为的故意杀人罪？

   答案：不构成。甲不救助的行为与故意杀人行为不具有等价性，因此甲不构成不作为的故意杀人罪，仅构成相关渎职罪。

   问2：如果死者是甲的妻子，甲看到妻子被杀害而没有制止，是否构成不作为的故意杀人罪？

   答案：构成。甲不救助妻子可以达到不作为的故意杀人（遗弃）的程度，因此甲构成不作为的故意杀人罪（遗弃罪）。

三、作为义务

刑法中的作为义务包括以下来源：

（一）对特定危险源的管理义务

1. 对危险物的管理义务。例如，动物园的饲养员对老虎的管理义务。

［例］主人甲看到小偷被自己家的藏獒撕咬而没有制止，构成不作为的故意杀人罪。

▶ **注意**：即使认为放任藏獒撕咬小偷具有防卫性质，就结果而言也属于防卫过当，不影响犯罪的成立。

2. 对他人危险行为的管理义务。例如，父母对未成年子女伤人行为的制止义务。

▶ **注意**：只有监护人对被监护人具有制止犯罪的义务。例如，对精神病人或者孩童的犯罪行为，监护人有制止义务；相反，心智正常的成年人之间没有相互阻止犯罪的义务。

> **迷你案例**

案情：甲为县公安局局长，妻子乙为县税务局副局长。甲在家收受贿赂时，乙知情却不予制止。

问1：乙的行为如何定性？

答案：甲是心智正常的成年人，乙对甲的犯罪行为没有制止义务，乙的行为不属于不作为的帮助，不成立受贿罪的共犯。

问2：如果乙非但不制止，还为甲加油打气，乙的行为如何定性？

答案：如果乙为甲的受贿行为提供了帮助，则成立受贿罪的帮助犯。

3. 先前行为产生的作为义务

先前行为，也称"先行行为"，是指升高了风险的行为。先前行为产生作为义务。

⚠ 注意1："邀请""相约"一般不产生作为义务，但"组织"一般产生作为义务。

[例] 甲邀秦某到风景区漂流，在漂流筏转弯时，秦某的安全带突然松开致其摔落河中。甲未下河救人，秦某溺亡。甲邀请他人到风景区漂流的行为不属于"先前行为"，甲没有救助义务，不构成不作为犯。

迷你案例

案情：甲邀请好友乙深夜在酒吧喝酒。乙醉酒后，钱包从裤袋里掉到地上，甲拾起后见钱包里有5000元现金，遂将其隐匿。乙请求甲送其回家，甲怕钱包之事被发现，托词拒绝。乙在回家途中醉倒在地，被人发现时已冻死。

问题：甲的行为如何定性？

答案：甲邀请乙喝酒的行为和拾走乙钱包的行为均没有升高乙死亡的风险，甲对乙的死亡不构成不作为的故意杀人罪，仅构成盗窃罪。

⚠ 注意2：共同犯罪中，双方的共同行为没有升高人身风险，一方另起犯意实施人身犯罪的，另一方没有制止义务。

迷你案例

案情：甲和乙进入他人家中盗窃，甲在东屋盗窃，乙在西屋盗窃。甲偷完之后去西屋看乙，发现乙正在西屋强奸女主人，甲没有制止。

问题：甲是否构成不作为的强奸罪？

答案：不构成。甲的盗窃行为并没有升高被害人的人身风险，因此，甲没有制止乙强奸的义务，不构成不作为的强奸罪。

⚠ 注意3：正当防卫等合法行为也可能产生作为义务。

[例] 甲对正在实施一般伤害的乙进行正当防卫，致乙重伤（仍在防卫限度之内）。乙已无侵害能力，求甲将其送往医院，但甲未理会而离去。乙因流血过多死亡。甲的防卫行为升高了乙的人身风险，其基于先前行为具有救助义务，不救助的行为和先前的防卫行为整体评价为防卫过当。

迷你案例

案情：甲追小偷，小偷被迫跳入河中向甲求救。甲不为所动，眼看小偷沉入河中死亡。

问1：甲的行为如何定性？

答案：甲追小偷的行为虽然是合法行为，但升高了对方的人身风险，因此，甲有救助义务，甲构成不作为的故意杀人罪。

问2：如果甲追小偷，小偷跳入河中当场死亡，甲的行为如何定性？

答案：如果小偷当场死亡，则缺乏"作为可能性"，不存在不作为的问题，甲追小偷是生活行为，不构成犯罪。

（二）对特定对象的保护义务

1. 基于制度、业务产生的义务，如警察对公民的救助义务、保姆对孩子的救助义务。

注意1：如果是双方签订合同，即使合同无效或超期，也不影响作为义务的产生。

迷你案例

案情：保姆带孩子出远门，合同于下午3点到期。3点刚到，保姆就把孩子丢在野外，大喊"溜了溜了"。后孩子被冻死。

问题：保姆的行为如何定性？

答案：虽然合同到期，但保姆对孩子依然存在救助义务。保姆不救助孩子导致其死亡，构成不作为的故意杀人罪（遗弃罪）。

注意2：救助义务需要与从事的职业相对应，不是所有公务员都有救人的义务。例如，检察官看到溺水者不救助的，不构成犯罪。

2. 基于法律产生的义务，包括父母子女之间、配偶之间相互救助的义务。其他关系之间不存在法定的救助义务，如男女朋友之间、女婿与丈母娘之间没有救助义务。

一招制敌　"扶养"包括法律上规定的所有救助和养育义务，"抚养"仅指父母对子女的救助和养育义务，因此考试时写"扶养"是稳妥的。

［例］①妈妈和女友一同落水，只能救一个，应该救妈妈；②妈妈和老婆一同落水，只能救一个，属于义务冲突，救谁都可以；③自己的老婆和兄弟的老婆一同落水，只能救一个，应该救自己的老婆。

注意1：这里的"父母""子女"都是广义的，包括民法中各种类型的"父母""子女"。

注意2：如果行为人目击A杀B而不制止，需要考查行为人对A的犯罪行为是否有制止义务，以及对B是否有救助义务，两者满足其一就构成不作为犯。

［例］哥哥看到弟弟在杀父亲，能制止而不制止，由于哥哥有救助父亲的义务，因此其构成不作为的故意杀人罪。

迷你案例

案情：丈夫看到心智正常的妻子在砍杀岳父而不制止。后岳父死亡。

问1：丈夫的行为如何定性？

答案：由于丈夫对妻子没有制止义务，对岳父也没有救助义务，因此其不构成不作为的故意杀人罪。

问2：如果本案中，妻子是精神病人，丈夫是否构成犯罪？

答案：构成。丈夫作为监护人对患有精神病的妻子的犯罪行为有制止义务，因此其构成不作为的故意杀人罪。

问3：如果本案中，妻子是精神病人，且后来查明，即使当时丈夫将岳父送医，岳父也无法得救，丈夫是否构成犯罪？

答案：构成。丈夫的作为义务来源于对妻子犯罪行为的制止义务，而不是对岳父的救助义务，因此即使岳父送医也无法得救，也不影响丈夫构成不作为的故意杀人罪。

3. 基于自愿产生的义务。所谓"自愿行为"，要先降低了风险再升高风险。

[例1] 甲在深山里捡拾女婴回家，抚养一段时间后嫌麻烦，将女婴放回原处。甲基于自愿行为构成不作为的故意杀人罪（遗弃罪）。

[例2] 甲在深山里看到被遗弃的女婴没有管，导致女婴被饿死。甲没有降低过风险，自然也就没有"升高风险"一说，甲不构成犯罪。

迷你案例

案情：甲见有人掉入偏僻之地的深井，找来绳子救人，将绳子的一头扔至井底后，发现井下的是仇人乙，便放弃拉绳子。乙因无人救助而死亡。

问题：甲的行为如何定性？

答案：甲只是将绳子伸到井底，乙没有接触到绳子，甲尚未降低风险，自然没有升高风险，不成立不作为犯罪。

（三）对特定领域的管理义务

1. 对自己支配场所的管理义务。例如，舞厅老板有义务制止客人在舞厅组织淫秽表演。

[例] 甲公司是网络视频平台的开发者和运营者，平台上面充斥着很多黄色信息和视频，经多次提醒整改仍不到位。甲公司基于对特定领域的管理义务构成不作为的传播淫秽物品牟利罪（还可能构成帮助信息网络犯罪活动罪、拒不履行信息网络安全管理义务罪，从一重罪处罚）。

迷你案例

案情：（冷漠司机案）李某驾驶出租车搭载同村人李某二，在温州火车站附近招揽乘客。被害人周某上车后，遭到李某二的强奸。在此期间，周某曾向李某求救，要求他停车，李某不予理睬。李某二叫李某继续往前开，李某按照李某二的要求，驾车绕道行驶。本来10分钟的路程，结果开了30分钟，从而使李某二犯罪行为得逞。

问题：李某的行为如何定性？

答案：李某作为车内空间的管理者，具有对车内他人犯罪行为的制止义务。李某不制止车内他人的强奸行为，构成以不作为方式实施的强奸罪的帮助犯。

2. 对自己身体的管理义务。例如，成年男子在明知被幼女摸下体时有义务阻止。

迷你案例

案情：（案例指导用书）颜某、韩某分头追赶周某，周某被赶到货船上，见无路可逃便跳入河中。颜某、韩某二人在船上见周某向前游了数米后又往回游，在水中挣扎，并向船上的颜某、韩某二人呼救。货船主人蒋某告诫二人再这样下去就要出人命了。但二人虽见船上有救生圈，却无动于衷。半小时后，颜某、韩某二人看见周某逐渐沉入水中、不见身影，才下船离开。在此期间，当地检察院的一位检察官张某一直在一旁观看，也没有救助。

问题： 颜某、韩某、张某有无救助周某的义务？如何定性？

答案： ①颜某、韩某将周某赶入河中，基于先前行为存在救助义务，在能够作为的情况下不作为，构成不作为的故意杀人罪；②张某只对自己职责范围内的事务有作为义务，而对落水的周某并不存在救助义务，因此张某不构成犯罪。

04 身份犯

身份，是指行为人构成犯罪或影响量刑的特殊资格。身份犯分为真正身份犯和不真正身份犯。

一、真正身份犯与不真正身份犯

1. 真正身份犯，是指行为人只有具备某种特殊身份，才能构成"正犯"的特定罪名。例如，没有国家工作人员的身份就无法构成贪污罪的正犯（没有国家工作人员的身份就无法单独构成贪污罪），因此贪污罪是身份犯，其主体的身份是国家工作人员。

> **注意：** 身份是实行行为（S1）需要判断的内容。帮助犯、教唆犯并没有实行行为，而是通过其他途径成立相应的罪名，因此不受身份的限制。由此可知，没有身份的人不能构成身份犯的正犯，但可以构成身份犯的帮助犯或者教唆犯。例如，国家工作人员的妻子完全可以构成贪污罪的帮助犯或者教唆犯。

2. 不真正身份犯，是指在某些罪名中，行为人具有某种特殊身份，不影响犯罪成立，但是影响量刑。例如，在诬告陷害罪中，任何人都可以构成正犯，但国家机关工作人员实施相关行为的，从重处罚。

主观题考试中一般只考真正身份犯。

二、主观题考试涉及的身份

1. 贪污罪、挪用公款罪、受贿罪的主体的身份是国家工作人员。

国家 工作人员	国家机关中从事公务的人员。	国家机关 工作人员	—
	国有公司、企业、事业单位、人民团体中从事公务的人员。人民团体不包括社会团体。常见的人民团体有妇联、共青团等。	"事业单位"型 国家工作人员	
	国家机关、国有公司、企业、事业单位委派到非国有公司、企业、事业单位、社会团体从事公务的人员。	"委派"型 国家工作人员	
	根据立法解释[1]的规定，村民委员会等村基层组织人员协助政府从事法定的行政管理工作时，属于国家工作人员。	"协助"型 国家工作人员	
	根据《刑法》第382条第2款的规定，受国家机关、国有公司、企业、事业单位、人民团体委托管理、经营国有财产的人员，属于国家工作人员。	"委托"型 国家工作人员	"委托"型国家工作人员是贪污罪特有的主体，不是受贿罪的主体。

注意：如前文所述，贪污罪、挪用公款罪、受贿罪的正犯必须是国家工作人员，但帮助犯和教唆犯可以不具有国家工作人员身份。

2. 职务侵占罪和非国家工作人员受贿罪的主体是公司、企业或者其他单位的人员。

3. 强奸罪不是身份犯。强奸罪的直接正犯必须是男性，但间接正犯和共同正犯可以是女性。

[例1] 女性拿枪强迫男性实施强奸行为的，女性可以构成强奸罪的间接正犯。

[例2] 女性实施压制反抗行为，男性负责奸淫的，由于压制反抗是强奸罪中的实行行为，因此二人都是强奸罪的正犯，二人是共同正犯。

迷你案例

案情：（案例指导用书）2003年2月1日，谭某（女）上街时以身体不适为由，骗取被害人林某（女）的信任，让林某送其回家再返回自家。到谭某家中后，谭某骗林某喝下掺有迷药的饮料，并让丈夫白某趁林某昏迷之际对其实施强奸。后二人将林某用绳子勒死，并掩埋尸体。

问题：谭某和白某的行为如何定性？

答案：谭某和白某压制了林某的反抗，实施了奸淫行为，构成强奸罪的共同正犯。之后二人非法剥夺林某的生命，构成故意杀人罪，与强奸罪数罪并罚。

4. 身份需要产生于犯罪之前，因此"首要分子"不是身份。

5. 不作为犯不是身份犯，但帮助、教唆有义务者不履行义务的，可以类比身份犯，构成不作为犯的帮助犯或者教唆犯。

---

[1]《全国人民代表大会常务委员会关于〈中华人民共和国刑法〉第九十三条第二款的解释》。

[例1] 甲想救落水的儿子，路人乙对甲说："不要救，你可以拿保险。"甲于是不救。甲是不作为的正犯，乙是教唆犯。

[例2] 甲想救落水的邻居孩子，路人乙对甲说："不要救，与你无关。"甲于是不救。二人都没有救助义务，道德上有瑕疵，但均不构成犯罪。

迷你案例

案情：妹妹希望把自己的孩子扔掉，姐姐帮助妹妹将孩子扔到大街上。

问题：姐姐和妹妹的行为分别如何定性？

答案：妹妹不履行抚养义务，构成不作为的故意杀人罪（遗弃罪）；姐姐为妹妹不履行抚养义务提供帮助，构成不作为的故意杀人罪（遗弃罪）的帮助犯。

第一讲 回顾与应用

总结梳理

```
有意
有体 → 前提条件 — 实质条件
有害              形式条件：符合法定构成要件

                    实行行为      S1
构成要件（客观） — 不作为 ┬ 作为义务
                           └ 与作为行为等价
                    身份
```

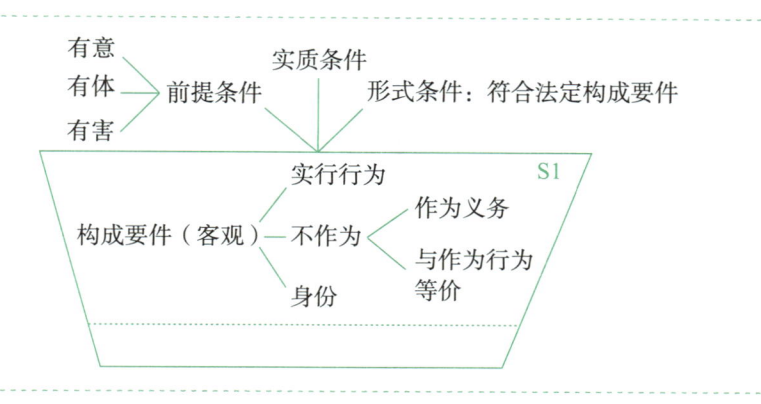

小综案例

[案情] A 房屋着火，甲在火灾发生之际能救出母亲，但为救出女友而未救出母亲。乙是市政府管理人员，看到火灾不报警。丙欲救助处在 A 房屋二楼的婴儿，但 A 房屋已经无法正常出去，丙只好将婴儿扔出窗外，导致其受重伤。

问题：

1. 甲的行为如何定性？

2. 乙的行为如何定性？
3. 丙的行为如何定性？

答案

1. 甲对母亲有法律上的救助义务，对女友没有法律上的救助义务。甲在能够救助母亲的情况下不履行义务，构成不作为的故意杀人罪（遗弃罪）。
2. 乙作为市政府管理人员，没有救火的义务，其不报警的行为与放火罪之间也不具有等价性，因此，乙不构成犯罪。
3. 丙降低了婴儿被火烧死的风险，将其扔出窗外导致其重伤，属于损害较小的法益而保全了更大的法益，成立紧急避险，不构成犯罪。

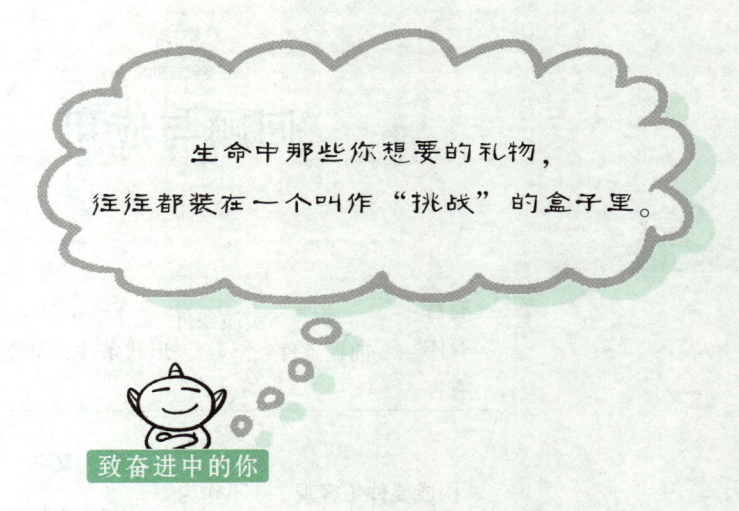

生命中那些你想要的礼物，往往都装在一个叫作"挑战"的盒子里。

致奋进中的你

第2讲 LECTURE 02

主观罪过（S1主观）

05 "主客观相统一"原则

一、客观和主观

如前文所述，客观是可见的、现实的既定事实，那么与之相对的主观就是行为人心中所想。客观的核心是"行为"，主观的核心是"罪过"。罪过包括故意和过失。如果没有罪过，就属于意外事件，不构成犯罪。

> **注意**：罪过虽然是心中所想，但在认定罪过的时候，还是要从案情给出的客观的事实推定行为人的"心中所想"。

迷你案例

案情：甲明知自己的妻子在仇人卧室，但为了烧死仇人，依然将其房屋点燃，导致仇人和妻子双双被烧死。甲事后坚称："我真的不想让我老婆死，我当时是边哭边点的火。"

问题：甲对妻子死亡的罪过是什么？构成何罪？

分析思路：从甲明知妻子在卧室依然点火的行为可以推定，甲对妻子的死亡结果持故意心态，甲构成故意杀人罪。

答案：甲放任妻子死亡的结果发生，构成故意杀人罪。

二、主客观相统一

"主客观相统一"，是指行为人要构成故意犯罪，必须对所有的客观事实（因果关系除外）有认识；行为人要构成过失犯罪，必须对所有的客观事实有认识可能性，即要求"一一对应"。

注意：在传统理论中，因果关系虽然是客观事实，但行为人主观上并不需要认识到因果关系的存在。这是因为在出现因果关系认识错误的情况下，故意仍然可能成立。本书将因果关系作为独立的归责体系，因此行为人主观上当然不需要认识到因果关系的存在。

1. "主客观相统一"的具体要求

（1）客观上造成了结果，主观上没有罪过，行为人不构成犯罪。换言之，行为人不对自己无法预见的结果负责。（"责任主义原则"）

[例] 甲和邻居打闹，轻轻推了对方一下，不料对方有先天性心脏病，被推之后立刻倒地死亡。甲对死亡结果没有认识可能性，本案属于意外事件，甲不构成犯罪。

注意：如果行为人客观上造成了结果，但主观上没有故意，不能直接认定为无罪。此时需要考虑是否存在对应的过失犯罪。只有没有对应的过失犯罪，才能认定为无罪。

[例1] 甲晚上起夜走错房间，将邻居当作妻子发生了性关系。甲的行为符合强奸的客观行为，但其主观上没有强奸的故意，只有过失，而我国《刑法》中并没有规定"过失强奸罪"，因此甲不构成犯罪。

[例2] 甲在树林里打猎，将乙当作熊射杀。甲的行为符合杀人的客观行为，但其主观上没有杀人的故意，只有过失，而我国《刑法》中有规定"过失致人死亡罪"，因此甲构成过失致人死亡罪。

（2）主观上有故意，客观上没有任何行为，行为人不构成犯罪。换言之，刑法不处罚单纯的思想。这是"主客观相统一"的第二点要求。

（3）"主客观相统一"要求主客观同时伴随，不能是前后割裂产生。

迷你案例

案情：甲醉酒驾车不慎撞死他人，下车后才发现对方是自己的仇人。甲暗自庆幸，心想："天道好轮回。"

问1：甲是否构成故意杀人罪？

答案：不构成。甲虽然有杀人的故意，但该故意产生于肇事行为发生之后，并非同时发生，因此根据"主客观相统一"原则，甲不构成故意杀人罪。

问2：甲的行为如何定性？

答案：甲违反交通运输管理法规，造成一人死亡，构成交通肇事罪。

2. "主客观相统一"和"包容评价思维"

[引入] 公孙龙想买一匹马，甲就给了他一匹白马。

公孙龙："我要的是马，你给的却是白马。"

甲："白马属于马的一种，你主观上想要马，我客观上给了你马，你还有什么要说的呢？"

公孙龙："没有了。"

"包容评价",是指 A 和 B 两个概念在其他要素上一样,但 A 比 B 多出一种要素特征。例如,"白马"比"马"多出"白色"这一要素,"盗窃枪支"比"盗窃"多出"枪支"这一要素,二者就是包容评价关系。常考的包容评价关系如下:

	多出要素	包容评价结果
盗窃与盗窃枪支	枪支	盗窃罪
强奸与侮辱尸体	对象的生命力	侮辱尸体罪
盗窃和侵占	破坏他人占有的过程	侵占罪
间接正犯和教唆犯	支配力	教唆犯

如果主观和客观的罪名可以包容评价,认定为轻罪的既遂(根据"有利于行为人"的原则,只能把重的评价为轻的);如果另外还触犯重罪的未遂,则从一重罪处罚。

[例1] 甲想偷普通财物,回家后发现偷得的是枪支。甲主观上想盗窃,客观上触犯盗窃枪支罪。由于枪支是特殊的"财物",盗窃枪支是特殊的盗窃,盗窃罪和盗窃枪支罪可以包容评价,因此,甲评价为轻罪的既遂,即盗窃罪(既遂)。

[例2] 甲想偷枪支,回家后发现偷得的是普通财物。甲主观上想盗窃枪支,客观上触犯盗窃罪。由于枪支是特殊的"财物",盗窃枪支是特殊的盗窃,盗窃罪和盗窃枪支罪可以包容评价,因此,甲评价为轻罪的既遂,即盗窃罪(既遂)。同时,甲想要盗窃枪支但未得逞,构成盗窃枪支罪(未遂),与盗窃罪从一重罪处罚。

[例3] 甲在太平间奸淫"女尸",中途才发现对方是活人。甲主观上想侮辱尸体,客观上实施了强奸行为。由于强奸罪和侮辱尸体罪可以包容评价,因此,甲评价为轻罪的既遂,即侮辱尸体罪(既遂)。

考点 05

迷你案例

1. 案情:甲以为公园长椅上的手机是他人遗失的,遂将其拿走。其实该手机是不远处的游客留在此处用于占座的。

问题:甲的行为如何定性?

答案:甲主观上以为是遗失物而据为己有,有侵占的故意;客观上打破他人占有、建立新的占有,是盗窃行为。由于侵占罪和盗窃罪可以包容评价,因此,甲的行为最终认定为侵占罪。

2. 案情:医生将毒药交给护士,欺骗其是"土药",让其给被害人注射,导致被害人死亡。但事后查明,护士已经看出是毒药,但其也讨厌被害人,于是假装不知道而给被害人注射,从而导致其死亡。

问题:医生的行为如何定性?

答案:医生主观上意图利用不知情的护士杀人,有间接正犯的故意;客观上引起护士的犯意导致被害人死亡,属于教唆犯。根据"主客观相统一",医生的行为包容评价为故意杀人罪的教唆犯。

3. "主客观相统一"和原因自由行为

行为人一开始具有故意，然后丧失责任能力而实施特定行为的，需要考查在丧失能力的情况下造成的结果是否在一开始的故意当中，如果在，可以根据"主客观相统一"评价为特定犯罪。

[例] 甲自幼有病理性醉酒的毛病，一旦喝醉，就成为完全精神病人。某日，甲欲抢劫乙女，于是甲故意让自己喝醉，之后将乙女打成重伤。甲在精神正常时主观上具有抢劫的故意，客观上实施了伤害行为（此时无责任）。由于抢劫的故意可以包含伤害行为，因此，根据"主客观相统一"，甲构成抢劫罪（未遂）与故意伤害罪，从一重罪处罚。

迷你案例

案情：甲自幼有病理性醉酒的毛病，一旦喝醉，就成为完全精神病人。某日，甲欲抢劫乙女，于是甲故意让自己喝醉，之后对乙女实施了强奸行为。

问题：甲的行为如何定性？

答案：甲在精神正常时主观上具有抢劫的故意，客观上实施了强奸行为。由于抢劫的故意不可以包含强奸行为，因此，根据"主客观相统一"，甲仅构成抢劫罪（未遂）。

06 主观罪过的区分

[口诀]（主观内容）主观总共分三块，故意、过失与意外。

> [法条链接]《刑法》
>
> 第14条 [故意犯罪] 明知自己的行为会发生危害社会的结果，并且希望（直接故意）或者放任（间接故意）这种结果发生，因而构成犯罪的，是故意犯罪。
>
> 故意犯罪，应当负刑事责任。
>
> 第15条 [过失犯罪] 应当预见自己的行为可能发生危害社会的结果，因为疏忽大意而没有预见（疏忽大意的过失），或者已经预见而轻信能够避免（过于自信的过失），以致发生这种结果的，是过失犯罪。
>
> 过失犯罪，法律有规定的才负刑事责任。

一、罪过的分类与区分标准

罪过＝认识因素（A）＋意志因素（W）。

认识因素，即"知道还是不知道"；意志因素，即"想怎么样"。

1. 意外事件＝对结果没有预见可能性（A）。
2. 疏忽大意的过失＝对结果应当预见但没有预见（A）
即，应当预见自己的行为可能发生危害社会的结果，因为疏忽大意而没有预见。
3. 过于自信的过失＝对结果预见（A）＋否定态度（W）
即，已经预见而轻信能够避免，以致发生这种结果（体现在采取了一定的预防结果发生的措施）。
4. 间接故意＝对结果预见（A）＋放任态度（W）
即，明知自己的行为会发生危害社会的结果，并且放任这种结果发生。
5. 直接故意＝对结果预见（A）＋希望态度（W）
即，明知自己的行为会发生危害社会的结果，并且希望这种结果发生。

[口诀]（主观罪过的特征）直接希望间接放，过于自信的过失有预防，意外事件怎么样，预见不到不敢想。

注意1：故意和过失之间是位阶关系而非排斥关系，因此，如果结果发生，但无法查明是故意犯罪还是过失犯罪，至少可以认定为过失犯罪。

迷你案例

案情：仓库发生火灾，无法查明在场的仓库管理员甲是故意放火还是过失导致火灾。

问题：甲的行为如何定性？

答案：根据"存疑有利于被告"的原则，甲至少成立过失犯罪，构成失火罪。

注意2：故意也好，过失也好，都是行为人对结果的态度，实施某个行为是故意的未必构成故意犯罪。

[例] 甲明知道自己没有驾照还开车，不慎导致路人死亡。甲虽然对"违章行为"是故意的，但对被害人的死亡结果是过失的，因此属于过失犯罪，即交通肇事罪。

注意3：过失可以转化为故意，即行为人的过失行为导致对某种法益产生危险，但故意不消除危险，希望或者放任结果发生的，可能构成不作为的故意犯罪。

迷你案例

案情：甲不慎将邻居砸成重伤。在能够救助的情况下，甲在旁边袖手旁观，直到被害人流血死亡。

问1：甲的行为如何定性？

答案：甲过失导致被害人重伤，触犯过失致人重伤罪，之后甲有救助义务但没有施救，导致被害人死亡，甲的行为整体评价为不作为的故意杀人罪。

问2：如果被害人当场死亡，结论有何区别？

答案：如果被害人当场死亡，则缺乏结果回避可能性，甲不成立不作为犯罪，只成立过失致人死亡罪。

二、意外事件

1. 惯常行为中出意外（配合了多年，突然出了岔子）。

[例] 甲、乙是马戏团演员，甲表演飞刀精准，从未出错。某日甲表演时，乙偷偷穿了内增高，飞刀掷进乙腹部致其死亡。对于该结果，甲没有预见可能性，本案属于意外事件。

2. 被害人有特殊体质。

注意："特殊体质"，是指异于常人的健康体质且表现为生理机能缺失，以致在受到外界刺激时能产生超乎行为人主观认识的不良后果。在被害人有特殊体质的案件中，如后文（考点20中"条件说"）所述，行为人的行为和被害人的死亡结果之间依然存在因果关系，但由于行为人主观上对结果没有预见可能性，因此案件属于意外事件而不构成犯罪。

迷你案例

案情：甲与素不相识的乙发生口角，甲推了乙肩部一下并踢了其屁股一脚。乙忽觉胸部不适，继而倒地，在医院就医时死亡。经鉴定，乙患有冠状动脉粥样硬化性心脏病，致急性心力衰竭死亡。

问1：甲的行为和乙的死亡结果之间是否存在因果关系？

答案：存在。如果没有甲的行为，就没有乙的死亡结果，因此二者之间存在因果关系。

问2：甲的行为是否构成犯罪？

答案：不构成。对于乙的死亡结果，甲没有预见可能性，本案属于意外事件，甲不负刑事责任，不构成犯罪。

3. 特定情形下超出一般人预料的事件。

[例] 司机倒车，看见后面有很多孩子在玩，于是下车将孩子们赶开，不料还有个孩子故意躲在车轮下，结果被轧死。司机无法预见孩子的死亡结果，本案属于意外事件。

迷你案例

案情：甲在雨夜开车，不慎将躲在路中央草垛下穿着蓑衣（导致甲没有看清）的流浪汉乙轧死。

问题：甲的行为如何定性？

答案：对于乙的死亡结果，甲没有预见可能性，本案属于意外事件，甲不负刑事责任。

三、过于自信的过失与间接故意

1. 过于自信的过失：行为人已经预见而轻信能够避免结果发生，但结果还是发生。

一招制敌 题目中，行为人采取了相应的"预防措施"或者具有结果预防的条件，但仍没有阻止结果的发生，这才是过于自信的过失。

[例] 甲为防止他人偷花，在花房周围私拉电网。一日晚，乙偷花不慎触电，经送医院抢救，不治身亡。甲对结果没有采取任何预防措施，因此不构成过于自信的过失，只能是间接故意。

迷你案例

案情：甲因婚外恋产生杀害妻子乙的念头。某日早晨，甲在给乙炸油饼时投放了可以致死的"毒鼠强"。为防止6岁的儿子吃油饼中毒，甲将其子送到幼儿园，并嘱咐其子等他来接。不料当日乙提前下班后将其子接回，并与其子一起吃了油饼。甲得知后，赶忙回到家中，乙、其子已中毒身亡。

问题：甲对其子之死如何定性？

答案：甲为了防止其子的死亡结果发生采取了预防措施，对其子死亡的态度是过于自信的过失，成立过失致人死亡罪。

2. 间接故意：行为人为了实现某个目标放任另一个犯罪结果的发生，没有采取任何预防措施。

> 注意：间接故意的心理活动是"神挡杀神，佛挡杀佛"，"为达目的，不择手段"。而直接故意造成的结果本来就是行为人想要得到的，即"追求"态度。直接故意在题目中的标志体现在"行为人和被害人一直有仇怨"等关键信息。

[例1] 甲贩运假烟，检查人员乙登车检查时，甲突然发动汽车夺路而逃。乙抓住汽车车门的把手不放。甲为摆脱乙，将其拖行一段路程，导致乙死亡。甲为了逃跑不择手段，导致乙死亡，其对乙死亡的心理态度属于间接故意。

[例2]（2018-回）甲、乙二人站在山顶，见山下有一老人，甲对乙说："把这块石头推下去一定能砸着那老头。"乙说："真的吗？我不信。"于是，二人合力将一块石头滚下山，结果将老人砸死。二人为了"试试"心里的猜想不择手段，导致老人死亡，主观上属于间接故意。

迷你案例

1. 案情：（"狗袋案"/案例指导用书）董某染上毒瘾。毒瘾发作，董某非常难受，但却没有钱购买毒品，此时正好有个孩子从董某身旁经过，董某便将孩子打晕，并将孩子放入麻袋之中捆好。后董某谎称麻袋中是一只小狗，卖给某经营狗肉火锅的饭店老板刘某，获款50元。刘某见麻袋中有动静，便指使饭店厨师李某（17周岁）用扁担猛击麻袋，孩子发出微弱哭声。李某对刘某笑称"狗居然学人哭"。刘某也感到可笑。后李某再次用扁担猛击，孩子死亡。两人解开麻袋，才发现里面是个孩子。

问1：董某的行为如何定性？

答案：董某将孩子冒充成小狗卖给饭店，对孩子的死亡结果持放任态度，构成故意杀人罪，且是间接故意；同时，董某出卖孩子的行为构成拐卖儿童罪。一个行为触犯数个罪名，对董某应当以故意杀人罪和拐卖儿童罪从一重罪论处。

问2：刘某的行为如何定性？

答案：刘某作为火锅店老板没有尽到检验义务，因疏忽大意的过失导致孩子死亡，构成过失致人死亡罪。

2. 案情：汽车修理工甲恶作剧，将高压气泵塞入同事乙的肛门充气，致其肠道、内脏严重破损，受重伤。

问1：甲的行为如何定性？

答案：甲为了恶作剧放任乙的重伤结果的发生，属于间接故意，成立故意伤害致人重伤。

问2：有学生说，甲只是恶作剧，并不想伤害乙，因此是过失犯罪。这种说法是否有道理？

答案：没有道理。甲想"恶作剧"的动机不影响其具有伤害的故意。

07 故意认识的内容和程度

一、故意中认识的内容

成立故意犯罪，需要认识到哪些内容呢？答案是成立故意犯罪，需要认识到除了因果关系之外的所有的客观要素，即"一一对应"。

1. 故意犯罪需要认识到主体。例如，贪污罪中，对自己的国家工作人员身份需要有认识。
2. 故意犯罪需要认识到对象。例如，奸淫幼女型的强奸需要认识到对方是幼女。
3. 故意犯罪需要认识到不具有违法阻却事由。例如，假想防卫不成立故意犯罪。
4. 特定犯罪中需要认识到数额，如果行为人对实际数额没有认识可能性，只能按照其所能认识到的数额认定。

[例]（天价葡萄案）2003年8月7日凌晨，北京海淀警方在巡逻时发现4名男子抬着一个可疑的编织袋，打开一看是一袋子葡萄。警方盘查后得知，这47斤葡萄是从北京市农林科学院林业果树研究所葡萄研究园偷摘来的，该4名男子不曾想到这些葡萄是研究所投资40万元、历经10年培育研制的科研新品种。该4名男子的行为致使其中的20余株试验链中断，损失无法估量。本案中，由于行为人无法认识到葡萄的实际价值，因此只能按照普通的市价计算。由于无法达到盗窃罪的入罪标准，因此应认定行为人无罪。

迷你案例

案情：（低调大佬手表案）被告人沈某某在与潘某某进行完卖淫嫖娼准备离开时，因想到性交易中潘某某行为粗暴，为了发泄不满，顺手将潘某某放在床头柜上的嫖资及一只"伯爵牌"18K黄金石圈满天星G2连带男装手表拿走。潘某某询问沈某某是否拿了他的手表，并对沈某某称那块表不值什么钱，但对自己的意义很大，如果沈某某退还，自己愿意送2000元给沈某某。沈某某坚决否认，潘某某无奈报警。经某市某区价格认证中心鉴定，涉案手表价值人民币 123 879.84 元。

问题：沈某某的行为如何定性？

答案：沈某某打破他人占有、建立新的占有，构成盗窃罪。由于沈某某无法认识到手表的真实数额，因此只能对其所能认识到的数额负责，沈某某构成盗窃罪的基本犯。

5. "多次""情节严重"此类要素属于"裁判规则"，不要求认识到。裁判规则是给法官看的标准，不是给行为人看的，所以不要求行为人认识到。

迷你案例

案情：（健忘的贼）甲于1个月内在某大型商场实施了2次扒窃行为，但甲系健忘之人，认为自己只实施了1次扒窃。1周后，甲又在该商场实施了1次扒窃行为。经查，甲3次扒窃的总额达1万元以上。

问题：甲属于多次盗窃吗？

答案：属于。"多次盗窃"中的"多次"属于裁判规则，不需要行为人认识到，甲属于"多次盗窃"。

6. 因果关系不需要行为人认识到，因为因果关系认识错误根据通说不影响故意的成立。

二、常考的需要认识的内容

罪　　　名	要求"明知"的内容
诈骗罪	需要认识到所言事实是虚假的
盗窃枪支罪	需要明知犯罪对象是枪支
洗钱罪	需要明知上游犯罪属于毒品犯罪、黑社会性质的组织犯罪、恐怖活动犯罪、走私犯罪、贪污贿赂犯罪、破坏金融管理秩序犯罪、金融诈骗犯罪
强奸罪（奸淫幼女型）	需要明知对方是未满14周岁的幼女
猥亵儿童罪	需要明知对方是未满14周岁的儿童
窝藏、包庇罪	需要明知对方是犯罪的人
掩饰、隐瞒犯罪所得、犯罪所得收益罪	需要明知是犯罪所得及其收益
财产犯罪	需要对数额具有认识的可能性

迷你案例

案情：（2016/4/2 改编）赵某将一幅名画的赝品（价值8000元）交给孙某，孙某误以为是真品，以600万元的价格卖给李某。

问题：孙某的行为是否构成诈骗罪？

答案：不构成。孙某以为出卖的是名画真品，不具有诈骗的故意，因此，孙某出卖赝品的行为不构成诈骗罪。

三、故意中认识的程度

认识到何种程度,就可以认为具有故意呢?答案是只需要行为人认识到作为评价的基础的事实本身,不要求认识到社会的评价。所谓"事实",不是指概念,而是指事物的本质特征。例如,成立传播淫秽物品牟利罪,不需要行为人认识到"淫秽物品"这个概念,但要认识到"这是能让人'兴奋'的东西"("淫秽性");又如,成立贩卖毒品罪,不需要认识到"毒品"这个概念,但要认识到"这是能让人上瘾的东西"("可上瘾性")。

[例] 甲买了一些外文书,后因看不懂外文而出卖。后经鉴定,这些外文书为淫秽物品。甲由于没有认识到这些外文书的"淫秽性"(本质特征),因此不构成传播淫秽物品牟利罪。

迷你案例

案情:甲买了一些外文书,且能看懂外文,但其觉得是艺术品而将之出卖。后经鉴定,这些外文书为淫秽物品。

问题:甲是否构成传播淫秽物品牟利罪?

答案:构成。甲已经认识到这些外文书的"淫秽性",具有犯罪故意,因此构成传播淫秽物品牟利罪。

08 过失犯的构造

过失犯的成立需要同时满足三个条件:"违反义务的行为""实害结果""因果关系"。

过失犯的成立条件本质上还是适用三阶层的判断模型:"违反义务的行为"是对实行行为的判断,"实害结果"和"因果关系"是对结果归属的判断。由于过失犯没有未遂,必须产生实害结果且对结果负责才能成立过失犯,因此,"实害结果"和"因果关系"也是成立过失犯的必要条件。

过失犯的三个条件如下:

一、过失犯需要违反特定注意义务

如果行为人完全遵守规则,则不构成过失犯。

[例] 司机遵守交通规则,正常驾车行驶。行人横穿马路,造成交通事故被撞死。司机没有违反义务的行为,不存在过失,不构成犯罪。

一招制敌 为什么行为人完全遵守规则,就不构成过失犯呢?背后的原理在于"信赖原则"。

"信赖原则"认为,在行为人可以合理信赖被害人或第三者将采取适当的行为时,如果被害人或第三者因采取不适当的行为而造成了损害结果,行为人对此结果不承担刑事责任。

[例] 在上例中,司机可以合理信赖行人不会横穿马路而正常驾车行驶,如果行人违规横穿马路被轧死,该司机便不承担过失犯罪的刑事责任。

二、过失犯需要造成了实害结果

过失犯的成立以造成实害结果为条件,因此过失犯没有未完成罪。

三、违反义务的行为与实害结果之间有因果关系

1. 如果即使行为人没有违反义务的行为,结果依然会发生,则行为人不构成过失犯。

[例] (吊车案)甲驾车没有与前方车辆保持安全距离,导致与前车相撞。后来查明,前方车辆的司机属于重度醉酒驾车,即使甲保持了安全距离,也无法避免两车相撞结果的发生。本案中,即使甲没有违反义务的行为,结果依然会发生,甲不成立过失犯。

迷你案例

案情:县财政局副局长秦某工作时擅离办公室,办公室其他人员操作电炉不当,触电身亡,并引发大火将办公楼烧毁。

问题:秦某是否构成过失犯?

答案:不构成。秦某虽然存在擅自离开办公室的违规行为,但督促办公室其他人员正确操作电炉并非其工作范围,即使秦某没有擅离岗位,也不可能避免结果的发生。据此,秦某不构成过失犯。

2. 即使违反义务的行为与实害结果之间存在条件关系,但如果不符合法规范保护的目的,仍不存在法律上的因果关系。

[例1] 2014年7月5日,古某在驾车逃跑过程中,穿过一小镇。正在停靠于路边的收割机后玩耍的儿童李某突然想跑到马路对面,并横穿马路来到车前。正常驾驶的古某立即刹车,但仍未能阻止李某被撞身亡。后古某被愤怒的村民拦截并扭送至公安机关。经查,古某在此前的数小时中,曾在限速40公里的路段以50公里的时速行驶,在限速110公里的路段以130公里的时速高速行驶。虽然本案从形式上看,如果没有数小时前的超速行为,就不会发生后来的事故,但是,从规范保护目的来说,法律禁止超速是为了防止在"此时此刻"撞到他人,而不是为了防止在以后的某一时刻因为"蝴蝶效应"撞到他人。因此,古某的超速行为与后来的事故(李某的死亡)之间没有因果关系。

[例2] (T字路口案)夜间,甲在T字路口行驶时没有开大灯,导致前面两辆车相撞。事后查明,如果甲打开大灯就可以避免事故的发生。虽然本案从形式上看,如果没有甲的违规行为,就不会发生事故,但是,从规范保护目的来说,交通运输管理法规规定晚上开大灯的目的是防止本车与其他车辆相撞,而不是为其他车辆照明。因此,甲的违规行为与事故结果之间没有法律上的因果关系,甲不构成过失犯。

迷你案例

案情：1999年9月6日10时许，被告人穆某某驾驶农用三轮车，违章载客自灌南县孟兴庄驶往县城新安镇。车行至306线乔庄村境内路段时，穆某某见前方有灌南县交通局工作人员正在检查过往车辆，因自己的农用三轮车有关费用欠缴，穆某某担心被查到受罚，遂驾车左拐，驶离306线，并在乔庄村3组李学华家附近停车让乘客下车。因车顶碰触到村民李学明从李学华家所接电线接头的裸露处，故车身带电。先下车的几名乘客，因分别跳下车，未发生意外，也未发现车身导电。后下车的乘客张木森由于在下车时抓住挂在车尾的自行车车梁而触电身亡。

问题：穆某某是否对张木森的死亡结果负责？是否构成过失犯？

答案：不负责，不构成过失犯。张木森的死亡结果是由于触碰带电车身（因车顶碰触李学明从李学华家所接电线接头的裸露处）导致，与穆某某违章载客的行为之间并不具有因果关系，因此，穆某某对张木森的死亡结果不负责，也不构成过失犯。

第二讲 回顾与应用

总结梳理

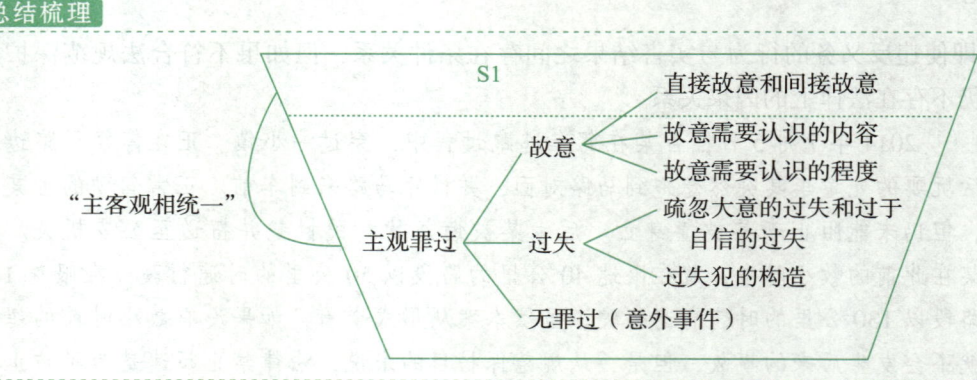

"主客观相统一"

主观罪过
- 故意
  - 直接故意和间接故意
  - 故意需要认识的内容
  - 故意需要认识的程度
- 过失
  - 疏忽大意的过失和过于自信的过失
  - 过失犯的构造
- 无罪过（意外事件）

S1

小综案例

[案情] 警察P带着辅警Q追捕逃犯甲。甲枪中只有一发子弹，认识到开枪既可能只打死警察P（希望打死警察P），也可能只打死辅警Q，但其一枪同时打中二者，导致警察P重伤、辅警Q死亡。对于甲的行为的定性，有三种观点：

观点 1：甲具有杀害"抽象的人"的故意。
观点 2：甲具有杀害"具体的人"的故意，且只有一个故意。
观点 3：甲具有杀害"具体的人"的故意，且存在两个故意。

问题：如果采用上述各观点，甲的行为分别如何定性？

答案

（1）根据观点 1，甲具有杀人的故意，且导致他人死亡的结果，构成故意杀人罪（既遂）。

（2）根据观点 2，甲具有杀害警察 P 的故意，但没有造成警察 P 死亡的结果，构成故意杀人罪（未遂）；同时，甲过失导致辅警 Q 死亡的结果，构成过失致人死亡罪，与故意杀人罪（未遂）从一重罪处罚。

（3）根据观点 3，甲具有杀害警察 P 和辅警 Q 的故意，但没有造成警察 P 死亡的结果，构成故意杀人罪（未遂）；同时，甲导致辅警 Q 死亡的结果，构成故意杀人罪（既遂），与故意杀人罪（未遂）从一重罪处罚。

此外，甲用枪支袭击正在执行公务的人民警察，还构成袭警罪的加重情节，和构成的上述犯罪从一重罪处罚。

第3讲 LECTURE 03

非实行行为

前面讨论了实行行为的判断（S1），有些行为虽然不具有"实行性"，但仍然可以适用相应的罪名，进入违法性（S2）的判断。这些行为包括预备行为、帮助行为以及教唆行为。

[例] 甲为他人的杀人行为望风。虽然甲并没有实施"剥夺他人生命"的行为，即不具备杀人的实行行为，但仍然可以认定甲成立故意杀人罪（帮助犯）。由此可见，如果符合了特定的条件，预备行为、帮助行为以及教唆行为仍然可以进入违法性的判断（S2），最终认定犯罪。

09 预备犯

[法条链接]《刑法》第22条 [犯罪预备] 为了犯罪，准备工具、制造条件的，是犯罪预备。

对于预备犯，可以比照既遂犯从轻、减轻处罚或者免除处罚。

犯罪预备，是指为了实行犯罪，准备工具、制造条件，但由于行为人意志以外的原因而未能着手实行犯罪的形态。

预备行为没有"实行性"（没有对法益产生"现实、直接、紧迫"的危险），不是实行行为，但是，如果行为人在主观上具有实施特定犯罪的故意，且在客观上实施了预备行为，在满足以上条件的前提下，可以构成特定的罪名。

一、预备犯的成立条件

1. 行为人在主观上具有实施特定犯罪的确定故意。

由于预备行为在客观上的类型化程度较弱（如磨刀的行为可能对应多种犯罪），因此需要具有确定的主观故意，才能构成特定罪名的预备犯。

迷你案例

案情：2015年11月初，张某权、张某普预谋到偏僻地段对单身女性行人实施抢劫。11月9日晚，两人提出如果遇到漂亮女性，就先抢劫后强奸，并用抓阄的方式确定张某权先实施强奸行为。11月11日晚，两人商定，发现作案目标后，由张某普持一把尖刀将被害人逼至路边，张某权用胶带将其捆绑后实施抢劫。当晚，两人寻找作案目标未果。11月12日晚，两人在某镇寻找抢劫目标时遇公安巡逻，张某普逃跑，张某权被抓。

问题：张某权、张某普二人的行为如何定性？

答案：张某权、张某普仅对抢劫形成了确定的合意，而对强奸没有形成确定的合意。因此，张某权、张某普仅构成抢劫罪（犯罪预备），不构成强奸罪（犯罪预备）。

2. 行为人在客观上实施了预备行为。

预备行为主要包括：准备工具；练习犯罪的手段；进行犯罪前的调查、筹集资金；排除实行犯罪的障碍；勾引共犯；制定犯罪计划；等等。

注意1：预备的预备不是犯罪。例如，甲为了杀人而打工赚钱买刀，打工赚钱的行为不是预备行为。

注意2：犯意表示不是犯罪预备。犯意表示仅是犯罪意图的表露，如扬言杀人等，不属于预备行为，也不构成预备犯。

二、预备犯的定罪

预备犯按照行为人主观上意图实施的犯罪认定罪名。例如，行为人有犯抢劫罪的确定故意，且实施了抢劫的预备行为，则构成抢劫罪（犯罪预备）。

10 帮助犯与教唆犯的认定

一、正犯与共犯

1. 正犯是实行行为的实施者，共犯是帮助或者教唆行为的实施者。
2. 正犯有三类：①直接正犯亲自下场"战斗"；②间接正犯利用他人作为工具；③共

同正犯和别人一起实施实行行为。

3. 共犯有两类：①帮助犯强化他人犯意或者提供物理帮助；②教唆犯引起他人犯意。

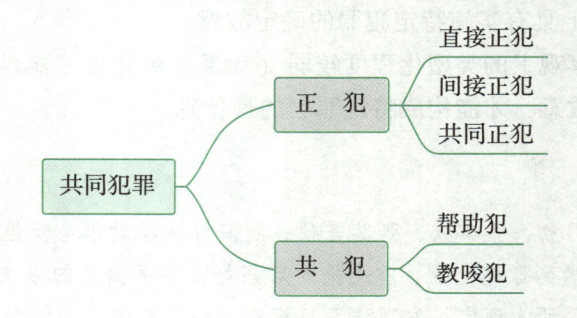

```
                        ┌─ 直接正犯
               ┌─ 正犯 ─┼─ 间接正犯
               │        └─ 共同正犯
    共同犯罪 ──┤
               │        ┌─ 帮助犯
               └─ 共犯 ─┤
                        └─ 教唆犯
```

迷你案例

案情：甲和乙约定杀人，二人一人一刀将被害人砍死，丙在旁边为二人加油。
问1：甲和乙的行为如何定性？二人在共同犯罪中担任怎样的角色？
答案：甲和乙非法剥夺他人生命，且都是正犯，属于故意杀人罪的共同正犯。

问2：丙的行为如何定性？在共同犯罪中担任怎样的角色？
答案：丙为甲和乙的杀人行为提供帮助，属于故意杀人罪的帮助犯。

二、帮助犯

1. 帮助犯的成立条件

（1）时间条件

帮助犯需要在事前或者事中加入他人的犯罪，事后"加入"一般不成立共犯，而认定为"赃物犯罪"（详见后文第13讲"赃物犯罪"）。

[例1] 在甲盗窃保险柜的时候，乙热心地为甲按摩，甲很舒服。乙在事中"加入"甲的盗窃犯罪，为甲提供了心理帮助和物理帮助，属于盗窃罪的帮助犯。

[例2] 在甲盗窃结束后，乙得知此事，便热心地替甲销赃。乙在事后"加入"，不成立盗窃罪的共同犯罪，仅构成掩饰、隐瞒犯罪所得罪。

迷你案例

案情：甲和乙约定，乙负责盗窃，甲负责事后销赃。
问题：甲的行为如何定性？
答案：甲事前加入乙的盗窃犯罪，为乙提供了心理帮助，属于盗窃罪的帮助犯。

（2）方式条件

以心理帮助（强化犯意）、物质帮助等方式故意为他人提供帮助的，是帮助犯。

迷你案例

案情：甲和女友乙在网吧上网时，捡到一张背后写有密码的银行卡。甲持卡去ATM机取款,前两次共取出5000元。在甲准备再次取款时,乙走过来说:"注意,别出事。"甲答:"马上就好。"甲又分两次取出6000元,并将该6000元递给乙。乙接过钱后站了一会儿说:"我走了,小心点。"甲接着又取出7000元。

问1：甲和乙的行为如何定性？

答案：甲和乙属于捡拾信用卡并使用，构成信用卡诈骗罪。

问2：甲和乙分别对多少数额负责？

答案：甲对其取出的总体数额1.8万元负责；乙为甲取出6000元望风，并在甲取出7000元之前提醒其"小心点"，因此对1.3万元提供了心理帮助，信用卡诈骗的数额是1.3万元。

注意1：成立帮助犯，需要至少提供物理帮助或者心理帮助其一，否则不构成帮助犯。物理帮助是指实际上起到作用，心理帮助是指对方至少知道帮助者的存在。

[例1] 甲在乙不知情的情况下为其盗窃望风，期间一个人都没碰到。甲没有为乙提供心理帮助，也没有提供物理帮助，不构成帮助犯，无罪。

[例2] 甲在乙不知情的情况下为其盗窃望风，期间成功阻拦主人回家72次，使得乙盗窃成功。甲为乙提供了物理帮助，但没有提供心理帮助，成立共犯，且属于片面帮助犯。

迷你案例

案情：甲知道乙要去盗窃财物，为了暗中表达支持，欲将被害人的房门钥匙偷偷放在乙家的信箱，却记错了乙家的门牌号，放错了信箱。乙没有拿到钥匙，独自实施了盗窃。

问1：甲的行为如何定性？

答案：甲没有为乙提供心理帮助，也没有提供物理帮助，不构成犯罪。

问2：如果甲、乙一开始就有盗窃的合意，二人约定让甲将用于盗窃汽车的钥匙放在乙家的信箱，但甲放错了信箱，乙独自盗窃成功，那么甲的行为如何定性？

答案：甲和乙存在事前的合意，甲提供了心理帮助，因此，甲已经成立帮助犯，只不过在犯罪中途切断了物理帮助和心理帮助，属于"共犯脱离"，甲成立犯罪未遂。

注意2：他人已经产生犯意，行为人强化他人犯意的，是帮助犯（"锦上添花"）；他人没有产生犯意，行为人引起他人犯意的，是教唆犯（"无中生有"）。

迷你案例

案情：7月23日凌晨2时15分许，邵某潜入一家店铺，为不惊醒在楼上熟睡的店主，邵某打开手电筒在一层悄悄翻找。因不懂古董的价值，又不想搬走太沉的物品，邵某拿起一个大花瓶犹豫不决。此时，窗外路过的李某小声对邵某说："这件可以卖给我。"邵某听罢将花瓶塞入背包。

问题：李某的行为如何定性？

答案：由于邵某本来就具有盗窃罪的犯罪故意，李某强化了邵某盗窃的犯意，是盗窃罪的帮助犯。

注意3："强化犯意"需要升高风险，降低风险的行为不是帮助。

[例]（案例指导用书）钱某准备杀人，回家后将此事告诉其妻孙某，并让孙某为自己望风。孙某不同意。后孙某又提示钱某："把人打伤就行了，别把人打死了。"钱某答应。为此，钱某准备了一根用软实的厚胶布缠绕好的硬木棒。孙某没有强化钱某的犯意，反而降低了钱某的犯意，不构成故意杀人罪的帮助犯。

迷你案例

案情：钱某准备杀人，回家后将此事告诉其妻孙某，并让孙某为自己望风。孙某不同意。后孙某又提示钱某："在木棒上装点毒针，一击致命。"钱某答应。为此，钱某准备了一根插满毒针的狼牙棒。

问题：孙某的行为如何定性？

答案：孙某强化了钱某杀人的犯意，构成故意杀人罪的帮助犯。

2. 教唆犯和帮助犯是包容评价关系（间接正犯＞教唆犯＞帮助犯）

迷你案例

案情：甲因妻乙外遇而决意杀之。丙对此不知晓，出于其他原因怂恿甲杀乙。后甲杀害乙。

问题：丙的行为如何定性？

答案：丙主观上意图引起甲的犯意，有教唆的故意；客观上强化了甲的犯意，是帮助行为。根据"主客观相统一"，丙的行为评价为故意杀人罪的帮助犯。

三、教唆犯

1. 教唆犯的成立条件

（1）客观上具有引起他人犯意的行为；

（2）主观上具有教唆的故意；

（3）教唆的对象需要具有规范理解能力，如果对方缺乏规范理解能力，则唆使者构成间接正犯。

迷你案例

案情：甲唆使13岁的乙实施盗窃。

问1：甲的行为如何定性？

答案：乙虽然对盗窃罪不负刑事责任，但13岁已经具有规范理解能力，甲引起他人犯意，构成盗窃罪的教唆犯。

问2：如果乙只有5岁，甲的行为如何定性？

答案：乙不具有规范理解能力，甲对乙具有支配力，构成盗窃罪的间接正犯。

2. 教唆犯和间接正犯之间是包容评价关系（间接正犯＞教唆犯＞帮助犯），主观上是教唆犯、客观上是间接正犯的，认定为教唆犯。

迷你案例

案情：医生将毒药交给护士，告知其是"毒药"，让其给被害人注射，从而导致被害人死亡。但事后查明，护士听成了"土药"，不知道是毒药而给被害人注射。

问题：医生的行为如何定性？

答案：医生主观上意图引起护士杀人的故意，有教唆的故意；客观上利用了不知情的护士，属于间接正犯。根据"主客观相统一"，医生的行为包容评价为故意杀人罪的教唆犯。

11 "共犯从属性说"与"共犯独立性说"

一、"共犯从属性说"

如前文所述，正犯由于实施了实行行为，即符合了刑法分则的构成要件，因此直接进入构成要件该当性（S1）的判断。但是，帮助行为和教唆行为不具有"实行性"，不能直接进入构成要件该当性（S1）的判断。因此，帮助行为和教唆行为只有在有正犯的存在，且符合特定条件的情况下，方能适用正犯的罪名。这就决定了共犯的成立在各个方面都受到正犯的约束，这就是"共犯从属性说"。

"共犯从属性说"的逻辑是，帮助行为和教唆行为本身不具有"正犯性"，不符合构成要件该当性（S1）。例如，唆使别人杀人的行为不符合刑法分则规定的"剥夺他人生命"的要件，帮助犯和教唆犯之所以成立故意杀人罪，是因为杀人者（正犯）的存在，由于杀人者符合故意杀人罪的构成要件该当性（S1），因此帮助犯和教唆犯也适用正犯的罪名，即故意杀人罪。由于帮助犯和教唆犯"借用"了正犯的罪名，因此帮助犯和教唆犯在定罪量刑上要受到正犯定罪量刑的限制。这包括以下三点：

1. 共犯在成立上受正犯约束。

[例] 甲教唆乙盗窃，乙压根没听。根据"共犯从属性说"，由于没有盗窃的实行者，因此甲也不构成任何犯罪。

2. 共犯在阶段上受正犯约束。

[例] 甲教唆乙盗窃，乙在预备阶段被抓获。根据"共犯从属性说"，乙成立犯罪预备，甲不得超出乙的阶段，因此也成立犯罪预备（一般不处罚）。

3. 共犯在罪质上受正犯约束。

[例] 甲教唆乙抢劫，乙仅实施了盗窃。根据"共犯从属性说"，乙的行为构成盗窃罪，甲不得超出乙的罪质，也只能认定为盗窃罪的教唆犯。

总的来说，"共犯从属性说"认为共犯（帮助犯和教唆犯）的成立要依附于正犯。因此该学说先看实行者的行为，共犯的定性受到实行者定性的约束，共犯的成立不得独立于正犯、阶段不能早于正犯、罪质不得重于正犯。

二、"共犯独立性说"（观点展示）

与"共犯从属性说"（通说）相对的概念是"共犯独立性说"。该学说将帮助行为和教唆行为本身视为实行行为，认为共犯（帮助犯和教唆犯）的成立不依附于正犯。因此该学说直接看帮助犯、教唆犯的主观意图，然后看该意图是否实现，以对共犯定罪量刑，而不受正犯定性的约束。

注意："共犯独立性"包括"帮助独立性"和"教唆独立性"，但"帮助独立性"的学说已经没有学者采用，"教唆独立性"的学说有学者采用，但不是通说。所以如果主观题考查"共犯独立性"和"共犯从属性"的观点展示，只会从教唆犯的角度出题。例如，在上述的三个案件中，"共犯独立性说"得出的结论都与"共犯从属性说"不相同。

[例1] 甲教唆乙盗窃，乙压根没听。根据"共犯独立性说"，甲教唆他人盗窃但未成功，构成盗窃罪的教唆犯（未遂）。

[例2] 甲教唆乙盗窃，乙在预备阶段被抓获。根据"共犯独立性说"，甲教唆他人盗窃但未成功，构成盗窃罪的教唆犯（未遂）。

[例3] 甲教唆乙抢劫，乙仅实施了盗窃。根据"共犯独立性说"，甲教唆他人抢劫但未成功，构成抢劫罪的教唆犯（未遂）。

总结

"共犯从属性说"	对应含义		实例	"共犯从属性说"结论	"共犯独立性说"结论
共犯在成立上受约束	正犯未实施任何行为，共犯无罪	"没有人就没有影子"	甲教唆乙盗窃，乙压根没听	甲无罪	甲构成盗窃罪的教唆犯（未遂）
共犯在阶段上受约束	共犯不得超出正犯的阶段	"影子不能跑得比人快"	甲教唆乙盗窃，乙在预备阶段被抓获	甲构成盗窃罪的教唆犯（预备）（一般不处罚）	甲构成盗窃罪的教唆犯（未遂）
共犯在罪质上受约束	共犯的罪质不得超出正犯	"影子不能比人高"	甲教唆乙抢劫，乙仅实施了盗窃	甲构成盗窃罪的教唆犯	甲构成抢劫罪的教唆犯（未遂）

注意：考试中除非要求观点展示，否则在相关问题上全部以通说即"共犯从属性说"为准。

12 共犯的定罪

一、共犯的定罪需要遵循"主客观相统一"

共犯的罪名认定受到①"正犯的客观行为"和②"共犯的主观故意"双重限制，如果二者不同，共犯只能认定为重合部分的罪名；如果没有重合部分，则无罪。

[例1] 甲和乙共谋盗窃，甲在外面为盗窃望风，乙入户盗窃之后实施强奸。甲的定罪受到乙的行为（盗窃+强奸）和自己的主观故意（盗窃）双重限制，甲构成盗窃罪（帮助犯）。

[例2] 甲和乙共谋盗窃，甲在外面为盗窃望风，乙入户实施抢劫。甲的定罪受到乙的行为（抢劫）和自己的主观故意（盗窃）双重限制，由于抢劫和盗窃在盗窃罪的范围内重合，甲构成轻罪盗窃罪（帮助犯）。

[例3] 甲和乙共谋抢劫，甲在外面为抢劫望风，乙入户实施盗窃。甲的定罪受到乙的行为（盗窃）和自己的主观故意（抢劫）双重限制，由于抢劫和盗窃在盗窃罪的范围内重合，甲构成轻罪盗窃罪（帮助犯）。

[例4] 甲和乙共谋伤害，甲在外面为伤害望风，乙入户实施杀人。甲的定罪受到乙的行为（杀人）和自己的主观故意（伤害）双重限制，由于杀人和伤害之间可以包容评价，甲构成轻罪故意伤害罪。另外，甲还构成故意伤害致人死亡，当然，这就不是定罪的问题，而是死亡结果归属的问题了。（详见后文第6讲"结果归属"）

迷你案例

案情：甲欲杀丙，假意与乙商议去丙家"盗窃"，由乙在室外望风，乙照办。甲进入丙家将丙杀害，出来后骗乙说未窃得财物。

问题：乙的行为如何定性？

答案：乙的定罪受到甲的行为（入户杀人）和自己的主观故意（入户盗窃）双重限制，由于二者在非法侵入住宅罪的范围内重合，乙构成非法侵入住宅罪的帮助犯。

二、帮助犯和教唆犯遵循"阶段从属性"

阶段从属性，意味着帮助犯和教唆犯在阶段上不得超过正犯。
1. 正犯因为客观原因未遂的，共犯也成立未遂。
2. 正犯因为主观原因中止的，共犯成立未遂。

迷你案例

案情：甲教唆乙实施杀人行为，乙砍了被害人之后，被害人被路人送医并得救。

问1：甲和乙的行为如何定性？

答案：乙在实施杀人的实行阶段因为客观原因未能得逞，成立故意杀人罪（未遂）；甲作为教唆者，因为客观原因未能得逞，成立故意杀人罪的教唆犯，属于犯罪未遂。

问2：如果本案中，乙砍了被害人之后，于心不忍，将被害人送医得救，甲和乙的行为如何定性？

答案：乙在实施杀人的实行阶段自动放弃犯罪，成立故意杀人罪（中止）；甲作为教唆者，因为客观原因未能得逞，成立故意杀人罪的教唆犯，属于犯罪未遂。

第三讲 回顾与应用

总结梳理

```
                    S1  → 预备犯  → 主观上有犯罪故意
  实行行为                          客观上有预备行为
       ↓
                    S2  → 帮助犯  → 时间条件
                                   方式条件

                        → 教唆犯  → 教唆行为
                                   教唆故意
                                   教唆对象
```

小综案例

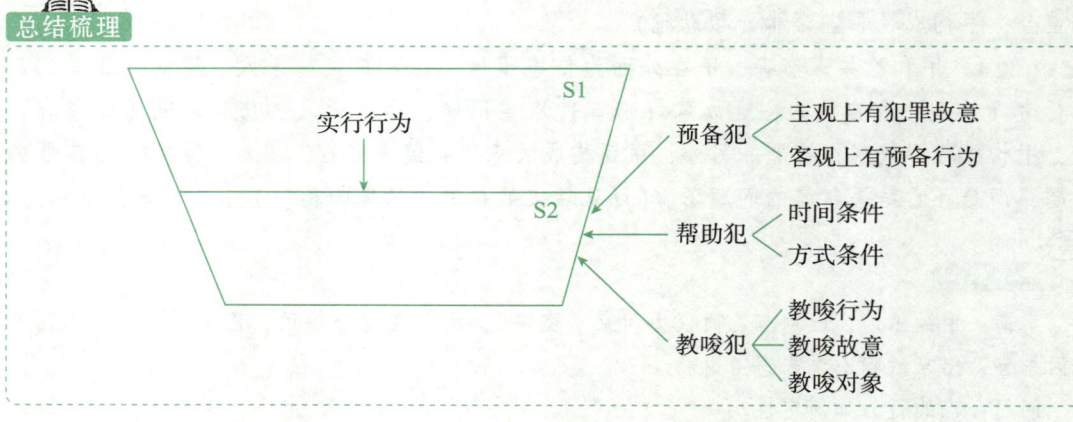

[案情] 甲、乙共谋"教训一下"他们的仇人朱某。二人找到丙，欺骗丙说："我俩要去抢劫，你替我们望风吧。"丙答应。甲、乙入户后，朱某拼命反抗，甲用木棒击打朱某手臂；乙恼羞成怒，用板凳和花瓶猛击朱某头部，导致朱某死亡。之后二人离开时，甲还趁乙不注意将朱某的手表拿走。丙一直在外面望风，对里面发生的事情一无所知。

问题：

1. 丙是否要对甲的伤害行为负责？
2. 丙是否要对乙的杀人行为负责？
3. 丙是否要对甲的盗窃行为负责？

答案

1. 需要。丙在主观上有为抢劫望风的故意，抢劫的故意中包含了伤害的故意，因此，丙需要对甲的伤害行为负责，丙构成故意伤害罪的帮助犯。
2. 需要。丙在主观上有为抢劫望风的故意，抢劫的故意中包含了杀人的故意，因此，丙需要对乙的杀人行为负责，丙构成故意杀人罪的帮助犯。
3. 需要。丙在主观上有为抢劫望风的故意，抢劫的故意中包含了盗窃的故意，因此，丙需要对甲的盗窃行为负责，丙构成盗窃罪的帮助犯。

第4讲 LECTURE 04

违法阻却事由（S2）

符合构成要件该当性（S1），可以推定"在一般情况下"行为具有违法性，除非有违法阻却事由可以作出反向的证明。因此，"违法性"（S2）判断的核心即——检验违法阻却事由是否成立，如果不符合任何违法阻却事由，则行为具有"违法性"。法考主观题涉及的违法阻却事由包括正当防卫、紧急避险、被害人承诺、自杀相关问题。

[口诀] 防卫避险和承诺，违法阻却没做错。

13 正当防卫

[法条链接]《刑法》第20条第1、2款 [正当防卫] 为了使国家、公共利益、本人或者他人的人身、财产和其他权利免受正在进行的不法侵害，而采取的制止不法侵害的行为，对不法侵害人造成损害的，属于正当防卫，不负刑事责任。

正当防卫明显超过必要限度造成重大损害的，应当负刑事责任，但是应当减轻或者免除处罚。

一、正当防卫的三方结构

1. 正当防卫可以为了别人的利益，但不能单纯为了保护国家、集体利益。例如，对偷越国（边）境的人一般不可以正当防卫。

[一招制敌] 正当防卫可以见义勇为，但不可以伤及无辜。

> **迷你案例**
>
> 案情：张某在海边游玩时，看到孙某要偷渡去日本，张某大喊一声"停下"，将孙某击毙。
>
> 问题：张某是否属于正当防卫？
>
> 答案：不属于。正当防卫本质上是一种"自力救济"，不能单纯为了保护国家、集体利益而"防卫"。孙某的行为没有直接侵害到任何的个人法益，因此张某不属于正当防卫。

2. 正当防卫可以针对侵害人的财物（宠物），但财物（宠物）背后必须有不法侵害人。

> ❶ 注意：针对野生动物的侵害，只可能成立紧急避险。

二、正当防卫的成立条件

	成立条件	缺乏该条件可能构成的概念
前提条件	存在不法侵害	假想防卫
主观条件	有防卫意思	偶然防卫
时间条件	侵害进行中	防卫不适时
对象条件	侵害者本人	紧急避险
限度条件	必需（不要求"保大损小"）	防卫过当

三、"不法侵害"的界定

1. 对正当防卫、紧急避险等合法行为不能防卫。

> **迷你案例**
>
> 案情：甲在野外被豺狼追赶，无处可逃，闯入乙的房子进行躲藏。乙目睹了甲被豺狼追赶和甲跑进自己屋内的过程，但坚称"风能进，雨能进，国王不能进"，强行将甲踹出门外，结果甲被豺狼咬死。
>
> 问1：乙的行为如何定性？
>
> 答案：甲为了保护人身法益，不得已侵害了乙的住宅安宁权，属于紧急避险。由于甲的行为是紧急避险，不是不法侵害，因此，乙不能对此进行正当防卫，乙构成故意杀人罪。
>
> 问2：如果乙不知道甲在被豺狼追赶，以为甲是劫匪而将其踹出门外，乙的行为如何定性？
>
> 答案：乙主观上没有杀人的故意，误以为存在不法侵害而进行"防卫"，属于假想防卫，构成过失致人死亡罪。
>
> 问3：如果甲没有闯入乙的房子，而是在门口请求乙开门，乙没有开门，乙的行为如何定性？
>
> 答案：乙没有救助甲的义务，不构成犯罪。

2. 对精神病人的侵害、孩童的侵害可以防卫，因为精神病人、孩童虽然不负刑事责任，但其行为仍属于不法侵害。

迷你案例

案情：（案例指导用书）刘甲（精神病人）来到李某家厨房外，用尖刀割开厨房纱窗，李某用铁管打了刘甲一下，刘甲遂躲进院内玉米地。李某持铁管进玉米地寻找刘甲，在玉米地里与刘甲相遇。刘甲持尖刀袭击李某，李某持铁管击打刘甲。刘甲的父亲刘乙为了救刘甲，而用木棍打了李某，造成李某轻伤。

问题：刘乙是否构成正当防卫？

答案：不构成。李某持铁管对刘甲进行反击的行为是正当防卫，刘乙不可以对此再进行正当防卫。

四、假想防卫和偶然防卫

1. 假想防卫

（1）概念：主观上想防卫，客观上却没有针对不法侵害。例如，行为人误把警察当劫匪殴打一顿，就是典型的假想防卫。

（2）处理结论：不构成故意犯罪，有过失定过失，没过失定意外事件。

［例］甲抢劫乙，甲的女友劝甲不要胡来，由于使用的是方言，乙没有听懂，反而以为甲的女友让甲杀人灭口，于是将甲的女友打成轻伤。乙误以为甲的女友是侵害人而将其打伤，是"好心办坏事"，属于假想防卫。

迷你案例

案情：甲因身上有血迹，被便衣警察丙盘查。丙上前拽住甲的衣领，试图将其带走。甲怀疑遇上劫匪，与丙扭打。甲的朋友乙开黑车经过此地，见状停车，和甲一起殴打丙。丙边退边说："你们不要乱来，我是警察。"甲对乙说："别听他的，假警察该打。"丙被打倒摔成轻伤。

问题：甲和乙的行为如何定性？

答案：甲和乙误以为存在不法侵害而进行"防卫"，属于假想防卫，二人存在一定过失，但过失致人轻伤不构成犯罪，因此甲和乙无罪。

2. 偶然防卫

（1）概念：行为人主观上想犯罪，但客观上造成了防卫效果。

［例1］甲枪杀了乙，但事后查明，在甲开枪的一瞬间，乙正准备向丙开枪。甲的杀人行为偶然救下了丙，是"坏心办好事"，属于偶然防卫。

［例2］甲和乙合谋后结伴实施杀人行为，在二人一起挥刀砍向被害人的时候，甲不慎将乙砍死，被害人因此得救。甲的杀人行为最终救了被害人，是"坏心办好事"，属于偶然防卫。

（2）处理结论

答法1：根据"防卫意思必要说"，行为人构成犯罪（看行为）；根据"防卫意思不要

说",行为人属于正当防卫,不构成犯罪(看结果)。

答法2:根据行为无价值论,由于"偶然防卫"中行为人具有坏的意图,因此行为人构成犯罪(看行为);根据结果无价值论,由于"偶然防卫"造成了好的结果,因此行为人不构成犯罪(看结果)。("有罪说"内部还有"既遂说"和"未遂说",知道即可)

一招制敌 "行为无价值"看行为,"结果无价值"看结果。

迷你案例

案情:(2020-主,改编)林业主管部门工作人员赵某与郑某上山检查时,刘某与任某为了抗拒抓捕,对赵某与郑某实施暴力,赵某与郑某反击,形成互殴状态。刘某攻击郑某时,郑某及时躲闪,导致刘某击中了同伙任某,任某被打成轻伤。

问题:刘某的行为如何定性?

答案:刘某意图实施不法侵害,但将同伙任某打伤,客观上造成了防卫效果,属于偶然防卫,对此有两种不同的观点:

观点1:根据"防卫意思不要说",刘某对任某属于正当防卫,不构成犯罪。

观点2:根据"防卫意思必要说",刘某对任某构成故意伤害罪。

注意:"观点展示",是指对于同一个刑法问题,存在不同的学说观点,多个观点都有一定道理,但得出的结论往往有差异。在刑法主观题考试中,多种观点必须都要写出(如果题目没有特别交代,写两种观点即可)。

总　结

	特　征	处　　　　　理	
假想防卫	"好心办坏事"	不成立故意犯罪。	
偶然防卫	"坏心办好事"	答法1:根据"防卫意思必要说",行为人构成犯罪(看行为);根据"防卫意思不要说",行为人属于正当防卫,不构成犯罪(看结果)。	答法2:根据行为无价值论,由于"偶然防卫"中行为人具有坏的意图,因此行为人构成犯罪(看行为);根据结果无价值论,由于"偶然防卫"造成了好的结果,因此行为人不构成犯罪(看结果)。

五、正当防卫的时点

1. 正当防卫必须是在不法侵害具有紧迫性的时刻(进行中)实施。

(1) 有些犯罪或者行为本身不具有紧迫性,不得进行防卫,如组织卖淫。

[例] 甲看到邻居在家制作地沟油油条出售,为了阻止将邻居打成重伤,使其3年出不了摊。销售有毒食品不具有紧迫性,甲不属于正当防卫。

(2) 即使侵害表面停止,但随时可能继续的,也可以防卫。

> **迷你案例**

案情：1980年的冬夜，王某在下班路上遇见了朱某，朱某想要强奸王某。王某趁朱某在粪坑旁边脱裤子的时候，一脚把朱某踹到了粪坑里。朱某想爬上来，王某踢一脚；朱某挣扎着想爬上来，王某又踢一脚。最终朱某被呛死在粪坑中。

问题：王某是否成立正当防卫？

答案：成立。朱某的侵害虽然表面停止，但并未结束，并随时可能继续，王某成立正当防卫。

2. 防卫装置问题

防卫装置虽然准备在先，但是在侵害发生的时候才启动，因此并不必然违反侵害"紧迫性"的要求，但是防卫装置要成立正当防卫需要同时满足两个条件：①不能侵害其他法益，如公共安全；②手段具有相当性。

> **迷你案例**

案情：甲为了保护西瓜不被偷而私拉电网，电死6人。

问题：甲的行为是否成立正当防卫？如何定性？

答案：不成立。甲的行为危及公共安全，不成立正当防卫，构成以危险方法危害公共安全罪。

3. 财产犯罪的防卫时机延缓

在侵害人已经取得财物的情况下，即使实际侵害已经结束，被害人也可以防卫，防卫时机延续到追捕过程中，直到侵害人将财物藏匿。

[例] 甲抢劫财物既遂后，被害人追击一段路抢回财物的，也成立正当防卫。

六、正当防卫的限度

1. 一般要求："制止侵害所必需"，不要求"保大损小"。

2. 具体标准

（1）防卫中造成轻伤的，一般不属于过当。

（2）多人侵害中，防卫可以造成导致他人死亡的结果。

（3）特殊防卫权

[法条链接]《刑法》第20条第3款 [特殊防卫权] 对正在进行行凶、杀人、抢劫、强奸、绑架以及其他严重危及人身安全的暴力犯罪，采取防卫行为，造成不法侵害人伤亡的，不属于防卫过当，不负刑事责任。

注意：侵害人实施的罪名不重要，只要同时符合以下两个条件，就可以行使特殊防卫权：①严重危及人身安全；②暴力犯罪。

[例1]（邓玉娇案）2009年5月10日晚上8时许，邓贵大、黄德智等人酒后到巴东县野三关镇"雄风宾馆梦幻城"玩乐。黄德智要求宾馆服务员邓玉娇为其提供异性洗浴服

务，遭到拒绝。邓贵大、黄德智为此对邓玉娇进行拉扯、辱骂。邓贵大拿出一沓钱向邓玉娇炫耀并扇击邓玉娇的面部和肩部。在"雄风宾馆梦幻城"服务员罗某某和阮某某等人的先后劝解下，邓玉娇两次欲离开房间，均被邓贵大拦住并推倒在沙发上。倒在沙发上的邓玉娇朝邓贵大乱蹬，将邓贵大蹬开，并从随身携带的包内掏出一把水果刀藏于身后，站立起来。当邓贵大再次扑向邓玉娇时，邓玉娇持刀朝邓贵大刺击，致邓贵大左颈、左小臂、右胸、右肩受伤。黄德智见状上前阻拦，被邓玉娇刺伤右肘关节内侧。邓贵大因伤势严重，经抢救无效死亡；黄德智所受伤经鉴定为轻伤。一审法院认为邓玉娇成立正当防卫，免予刑事处罚。

[例2]（涞源反杀案）2018年1月寒假期间，王某某到北京其母亲赵印芝打工的餐厅当服务员，与在餐厅打工的王磊相识。王磊多次联系王某某请求进一步交往，均被拒绝。

2018年5月至6月期间，王磊采取携带甩棍、刀具上门滋扰，以自杀相威胁，发送含有死亡威胁内容的手机短信，扬言要杀王某某兄妹等方式，先后6次到王某某家中、学校等地对王某某及其家人不断骚扰、威胁。王某某就读的学校专门制定了应急预案防范王磊。王某某及家人先后躲避到县城宾馆、亲戚家居住，并向涞源县、张家口市、北京市等地公安机关报警，公安机关多次出警，对王磊训诫无效。

2018年6月底，王某某的家人借来两条狗护院，在院中安装了监控设备，在卧室放置了铁锹、菜刀、木棍等，并让王某某不定期更换卧室予以防范。

2018年7月11日17时许，王磊到达涞源县城，购买了2把水果刀和霹雳手套，预约了一辆小轿车，并于当晚乘预约车到王某某家。23时许，王磊携带2把水果刀、甩棍翻墙进入王某某家院中，引起护院的狗叫。王新元（王某某之父）在住房内见王磊持凶器进入院中，即让王某某报警，并拿铁锹冲出住房，与王磊打斗。王磊用水果刀（刀身长11cm、宽2.4cm）划伤王新元手臂。随后，赵印芝持菜刀跑出住房加入打斗，王磊用甩棍（金属材质，全长51.4cm）击打赵印芝头部、手部，赵印芝手中菜刀被打掉。此时王某某也从住房内拿出菜刀跑到院中，王磊见到后冲向王某某，王某某转身往回跑，王磊在后追赶。

王新元、赵印芝为保护王某某而追打王磊，三人扭打在一起。王某某上前拉拽，被王磊划伤腹部。王新元、赵印芝继续持木棍、菜刀与王磊对打，王磊倒地后两次欲起身。王新元、赵印芝担心其起身实施侵害，就连续先后用菜刀、木棍击打王磊，直至王磊不再动弹。

王某某等三人成立正当防卫，不构成犯罪。

迷你案例

案情：（"宰羊刀"案）某日23时许，齐某驾车到朱某家门口，站在汽车引擎盖上摇晃、攀爬院子大门，欲强行进入。朱某持铁叉阻拦后报警。齐某爬上院墙，在墙上用瓦片掷砸朱某。朱某躲到一边，并从屋内拿出宰羊刀防备。随后，齐某跳入院内徒手与朱某撕扯，朱某持宰羊刀刺中齐某胸部一刀，致其死亡。

问题：朱某的行为属于正当防卫还是防卫过当？

答案：防卫过当。齐某的"远程投掷"以及"撕扯"行为没有达到"严重危及人身"的程度，朱某的防卫行为超出了必要的限度，属于防卫过当，构成故意伤害罪。

七、挑唆防卫和互殴

1. "挑唆防卫"不成立正当防卫。

"挑唆防卫",是指以挑拨寻衅等不正当手段,故意激怒对方,引诱对方对自己进行侵害,然后以"正当防卫"为借口,实行加害的行为。"挑唆防卫"一般构成犯罪。

2. 互殴的,不构成正当防卫。

3. 挑唆防卫和互殴中,如果一方行为发生了质变(如突然异常地拿刀侵害),或者斗殴已经结束,一方单独发起袭击,则对方可以进行防卫。

迷你案例

案情:张建国到朝阳区安慧北里"天福园"酒楼饮酒。当日21时许,张建国与徐永和(曾是张建国的邻居)相遇,张建国遂同徐永和戏言:"待会儿你把我们那桌的账也结了。"欲出卫生间的徐永和闻听此言又转身返回,对张建国进行辱骂。徐永和边说边扑向张建国并掐住其脖子,张建国即推挡徐永和。二人推搡斗殴,被群众劝开。徐永和离开卫生间返回饮酒处,抄起2个空啤酒瓶,将酒瓶磕碎后即寻找张建国。当张建国从酒楼走出时,徐永和嘴里说着"你看我扎不扎你就完了",即手持碎酒瓶向张建国面部扎去,但即刻被张建国反杀,徐永和死亡。

问题:张建国的行为如何定性?

答案:由于互殴已经结束,徐永和在斗殴之后发动不法侵害,张建国针对不法侵害进行反击,属于正当防卫。

八、正当防卫中的错误问题

1. 行为人想反击打坏人,结果打击错误打到好人。对此有三种观点:正当防卫、紧急避险、假想防卫。

[例] 甲被乙追杀,在防卫乙的过程中出现了打击错误,导致路人丙死亡的结果。

(1) 分析思路如下:

❶根据法定符合说,甲遭遇"他人"(代入"人"的概念)的不法侵害进行反击,造成"他人"损害,属于正当防卫。

❷根据具体符合说,甲遭遇乙(代入具体人名)的不法侵害进行反击,造成丙的损害,如果认为甲故意造成损害,其属于紧急避险;如果认为甲过失造成损害,则其属于假想防卫。

(2) 在表达技巧上,注意每一种观点的侧重。

对于本案,有三种不同的观点:

观点1:甲针对"他人"(代入"人"的概念)的不法侵害进行反击,导致"他人"死亡的结果,属于正当防卫,不构成犯罪。

观点2:甲针对乙(代入具体人名)的不法侵害进行反击,导致丙死亡的结果,属于紧急避险,不构成犯罪。

观点3：甲针对乙的不法侵害进行反击，不慎导致丙死亡的结果（代入具体人名，并强调过失心态），属于假想防卫，构成过失致人死亡罪。

2. 行为人想反击打坏人，结果打击错误打到另一个望风的坏人。对此有两种观点：正当防卫、偶然防卫。

[例] 甲、乙合谋杀害丙，计划由甲对丙实施砍杀，乙持枪埋伏于远方暗处，若丙逃跑，则伺机射杀。案发时，丙不知道乙的存在。为防止甲的不法侵害，丙开枪射杀甲，子弹与甲擦肩而过，击中远处的乙，致乙死亡。丙的行为如何定性？

（1）分析思路如下：

❶根据法定符合说，丙遭遇"他人"（代入"人"的概念）的不法侵害进行反击，造成"他人"损害，属于正当防卫；

❷根据具体符合说，丙遭遇甲（代入具体人名）的不法侵害进行反击但"打偏"（危险的行为），造成了另一个不法侵害人乙死亡的结果（好的结果），属于偶然防卫。

（2）在表达技巧上，注意每一种观点的侧重。

本案中，丙意图对甲进行正当防卫，却导致乙死亡，对此存在两种观点：

观点1：丙针对"他人"（代入"人"的概念）的不法侵害进行反击，导致"他人"死亡的结果，属于正当防卫，不构成犯罪。

观点2：丙在针对甲（代入具体人名）的不法侵害进行反击时发生了行为偏差，但在客观上实现了防卫效果，导致了乙死亡的结果，属于偶然防卫。

3. 行为人想杀好人，结果打击错误将想杀好人的坏人打死（如打到同伙）。

如前文所述，这样的案件既涉及偶然防卫的问题，又涉及打击错误的问题，两套思路都要会分析。

[例] 甲和乙一起去杀害丙，甲欲砍向被害人丙，不料砍偏，将举刀的乙砍死，被害人丙趁机逃跑。

首先，本案属于偶然防卫。根据"防卫意思必要说"，甲有罪；根据"防卫意思不要说"，甲无罪。

其次，本案属于打击错误。如果采用甲有罪的观点，根据法定符合说，甲成立犯罪既遂；根据具体符合说，甲成立犯罪未遂和过失犯罪，从一重罪处罚。

14 紧急避险

[法条链接]《刑法》第21条第1、2款 [紧急避险] 为了使国家、公共利益、本人或者他人的人身、财产和其他权利免受正在发生的危险，不得已采取的紧急避险行为，造成损害的，不负刑事责任。

紧急避险超过必要限度造成不应有的损害的，应当负刑事责任，但是应当减轻或者免除处罚。

一、紧急避险的成立条件

成立条件		缺乏该条件可能构成的概念
前提条件	合法权益遭受危险	假想避险
主观条件	有避险意思	偶然避险
时间条件	危险正在发生	避险不适时
对象条件	侵害者以外的人	正当防卫
限度条件	"保大损小"	避险过当
其他条件	避险必要性	——
	特定责任者不得避险	——
	对自招的危险不得避险	——

二、"危险"的界定

紧急避险要求合法权益遭受"危险"。这里的"危险"的范围大于正当防卫中"不法侵害"的范围。"危险"包括：

1. 不法侵害，如遭遇他人追杀。

❗注意：在遭遇合法追捕的过程中，由于不存在保护合法权益的问题，不得紧急避险。

2. 自然力的侵害，如遭遇台风、地震、海啸等。

3. 野生动物侵袭。

❗注意：如果动物是他人犯罪的工具，对动物的打击行为不属于紧急避险，而是正当防卫。

三、紧急避险的对象

正当防卫针对不法侵害人本人（包括侵害者的财物），紧急避险针对无辜第三人。

迷你案例

案情：甲遭到黑帮追杀，将路人乙的摩托车强行骑走保命。

问1：甲的行为如何定性？

答案：甲面对危险采取避险措施，造成无辜第三人乙的损害，属于紧急避险。

问2：如果本案中，甲反击将黑帮成员打死，甲的行为如何定性？

答案：甲面对不法侵害，针对不法侵害人本人进行防卫，造成他人死亡的结果，属于正当防卫。

四、紧急避险的限度

紧急避险要求"保大损小"。

1. 形式上,需要满足"保大损小"的条件。

如何判断法益的大小?

人身法益>财产法益,生命不得衡量,对生命不得紧急避险。

迷你案例

案情:甲被乙用枪抵住脑袋,让其强奸丙,甲不得已强奸了丙。

问1:甲和乙的行为如何定性?

答案:甲面对危险不得已侵害了较小的法益,属于紧急避险,不构成犯罪;乙利用甲作为强奸的工具,属于强奸罪的间接正犯。

问2:如果甲被乙用枪抵住脑袋,让其杀害丙,甲不得已杀害了丙,甲和乙的行为如何定性?

答案:甲牺牲他人生命,不属于紧急避险,可能通过"缺乏期待可能性"出罪;乙利用甲作为杀人的工具,属于故意杀人罪的间接正犯。

2. 实质上,需要考虑伦理因素。

[例] 为了不让自己身上的名贵西装被梅雨淋湿,一把夺走穿着便宜衣服的穷人的伞,导致穷人衣服损坏的,虽然从形式上来看好像符合"保大损小",但按照一般人的伦理考量,不属于紧急避险;为了挽救亲人生命强行对路人采血的,虽然从形式上来看好像符合"保大损小",但按照一般人的伦理考量,不属于紧急避险。

迷你案例

案情:(2002/4/2 改编)陈某因曾揭发他人违法行为,被两名加害人报复砍伤。陈某逃跑过程中,两名加害人仍不罢休,持刀追赶陈某。途中,陈某多次拦车欲乘,均遭出租车司机拒载。当两名加害人即将追上时,适逢一中年妇女丁某骑摩托车(价值9000元)缓速行驶,陈某当即哀求丁某将自己带走,但也遭拒绝。眼见两加害人已经逼近,情急之下,陈某一手抓住摩托车,一手将丁某推下摩托车(丁某倒地,但未受伤害),骑车逃走。

问题:陈某的行为如何定性?

答案:陈某将丁某推下摩托车然后骑车逃走的行为属于紧急避险。陈某为了使本人的人身法益免受正在发生的危险,不得已给丁某造成损害,且所保护的利益大于损害的利益,因此,陈某将丁某推下摩托车然后骑车逃走的行为属于紧急避险,不构成犯罪。

五、紧急避险的其他条件

1. 紧急避险只能在必要的情况下发生。如果行为人可以采取更加缓和的方式,则不得进行避险。

[例] 跆拳道冠军甲被黑帮追杀时,可以逃离也可以痛击黑帮,甲选择痛击黑帮。正

当防卫中没有"必要性"的要求,即使甲可以采取更加缓和的方式,也不影响其成立正当防卫。

迷你案例

案情:甲被黑帮追杀时,可以逃离也可以骑走他人的摩托车,甲选择将他人摩托车骑走。

问题:甲是否成立紧急避险?

答案:不成立。甲可以采取更加缓和的方式,不符合"必要性"的要求,不成立紧急避险。

2. 职务上、业务上有特定责任者不得紧急避险。

[例] 甲作为消防员在执勤期间遇到火灾逃跑,甲具有救火的特定责任,不成立紧急避险,构成相应犯罪。

3. 自招的危险不得避险。

[例] 甲醉酒驾驶,就在快要撞上老太太之际掉转车头将孩童撞成重伤。甲醉酒驾驶造成了危险,属于"自招风险",不成立紧急避险。

迷你案例

案情:(案例指导用书)刘甲(精神病人)来到李某家厨房外,用尖刀割开厨房纱窗,李某用铁管打了刘甲一下,刘甲遂躲进院内玉米地。李某持铁管进玉米地寻找刘甲,在玉米地里与刘甲相遇。刘甲持尖刀袭击李某,李某持铁管击打刘甲。刘甲的父亲刘乙为了救刘甲,而用木棍打了李某,造成李某轻伤。

问题:刘乙是否成立紧急避险?

答案:不成立。刘甲自己实施了不法侵害导致了危险,是"自招风险",刘乙不成立紧急避险。

六、正当防卫和紧急避险的竞合问题

迷你案例

1. 案情:甲侵害乙,乙用丙的花瓶反抗甲,导致花瓶破裂。

问题:乙的行为如何定性?

答案:就"甲被打"这件事而言,乙对不法侵害者甲进行防卫,成立正当防卫;就"花瓶破裂"这件事而言,乙损害了无辜第三人丙的财产法益,对丙成立紧急避险。

2. 案情:甲用丙的花瓶砸乙,乙出于本能用手阻挡,导致花瓶破裂。

问题:乙的行为如何定性?

答案:乙"出于本能用手阻挡"不符合"有意性"的条件,不属于实行行为,不符合构成要件,乙不构成犯罪。

15 被害人承诺和自杀相关问题

一、被害人教义学

被害人承诺、自杀、自陷风险等制度本质上的原理都是一样的，就是被害人过错可以降低甚至免除行为人的罪责。

如果被害人有一定程度的法律意义上的过错，则行为人无需负责或者可以减轻责任。

[例1]（"绿卡"案）甲欺骗乙称自己可以为乙办美国"绿卡"，让乙与其发生性关系，乙答应。后查明，甲根本没有办"绿卡"的能力。甲不构成强奸罪，因为乙用自己身体换取"绿卡"的行为不受刑法保护，如果处罚甲，则是变相鼓励了乙的这种行为。因此，乙的承诺有效，甲不构成强奸罪。

[例2]甲趁夜冒充乙的丈夫与乙发生性关系，乙没有作出类似例1中的法秩序不允许的行为，乙的法益值得刑法保护，甲构成强奸罪。

> **迷你案例**
>
> 1. 案情：城市居民甲收到乡下邻居乙的短信，问可否将其乡下住宅的院墙拆除。甲本欲回复"不可以"但漏打了"不"字，乙遂将院墙拆除。
>   问题：甲的承诺是否有效？乙是否构成犯罪？
>   答案：甲自己对自己的过错负责，其承诺有效；乙不构成犯罪。
>
> 2. 案情：甲误以为反射到室内的马路灯光是火光，情急之下找不到钥匙，恳请路人乙破门灭火，乙照办。
>   问题：甲的承诺是否有效？乙是否构成犯罪？
>   答案：甲自己对自己的过错负责，其承诺有效；乙不构成犯罪。

二、被害人承诺的要求

被害人承诺，是指受害人在他人侵害自己利益时表示允诺或者同意。被害人承诺如果符合特定条件，则是一种违法阻却事由。

1. 承诺权限：不能承诺别人的法益。

> **迷你案例**
>
> 案情：儿童甲的父母恳求人贩子乙："求求你把我孩子卖到富贵人家吧。"乙照做。
> 问题：甲的父母的承诺是否有效？乙的行为如何定性？
> 答案：甲的父母不能承诺孩子（他人）的法益，其承诺无效；乙构成拐卖儿童罪。

2. 承诺能力：幼儿、精神病人、深度醉酒者没有承诺能力。

[例] 甲趁乙深度醉酒与其发生性关系。乙处于深度醉酒状态，不具有承诺能力，甲构成强奸罪。

迷你案例

案情：5岁孩子甲恳求人贩子乙："求求你把我卖到富贵人家吧。"乙照做。

问题：甲的承诺是否有效？乙的行为如何定性？

答案：孩童甲没有承诺能力，承诺无效；乙构成拐卖儿童罪。

3. 承诺范围

（1）任何人对生命、重大健康的承诺都无效。即使对方同意，造成对方重伤、死亡的，也构成相应犯罪。

注意：刑法中，切大拇指是重伤，切小手指是轻伤。

（2）幼女对性自主权的承诺无效。即使幼女自愿，对方也构成强奸罪，但有一个例外，即"青梅竹马条款"：根据《最高人民法院关于审理未成年人刑事案件具体应用法律若干问题的解释》第6条的规定，已满14周岁不满16周岁的人偶尔与幼女发生性行为，情节轻微、未造成严重后果的，不认为是犯罪。

（3）未成年人对器官的承诺无效。即使未成年人同意，割取未成年人器官的行为仍构成故意伤害罪。

4. 承诺时间：在行为当时。事后作出的承诺无效，事后撤回承诺也无效。

[例] 乙自愿与甲发生性关系之后，因为没有拿到报酬而告发甲强奸。由于在行为当时被害人乙已经作出了承诺，事后撤回承诺无效，甲不构成强奸罪。

迷你案例

案情：甲压制乙的反抗，强行与其发生性关系之后，用钱取得了乙的同意。

问1：乙的承诺是否有效？

答案：无效。由于在行为当时被害人乙没有作出承诺，事后承诺无效。

问2：甲构成何罪？

答案：强奸罪。甲压制乙反抗，与乙发生性关系，且无责任阻却事由，因此构成强奸罪。

5. 基于重大错误作出的承诺无效；但为了取得物质利益而处分人身法益，最终没有取得该利益的，不影响承诺的有效性，对方不构成犯罪。

[例] 医生甲对母亲乙说："你的孩子需要移植眼角膜。"于是乙同意摘除自己的眼角膜给自己的孩子。但是甲摘除乙的眼角膜后移植给了他人。乙基于重大错误作出承诺，其承诺无效。因此，甲成立故意伤害罪。

迷你案例

案情：导演甲欺骗演员乙，如果同意与他发生关系即可出演女主角。乙答应。但最终乙没有出演女主角。

问题：乙的承诺是否有效？甲是否构成强奸罪？

答案：有效。乙为了取得物质利益而处分人身法益，最终没有取得该利益不影响承诺的效力。甲不构成强奸罪。

总 结

要 求	内 容
真实承诺	承诺必须是对方的真实意思。
承诺权限	不能承诺别人的法益。
承诺能力	幼儿、精神病人、深度醉酒者没有承诺能力。
承诺范围	（1）任何人对生命、重大健康的承诺均无效； （2）幼女对性自主权的承诺无效； （3）未成年人对器官的承诺无效。
承诺时间	事后作出的承诺无效。
承诺意思	基于重大错误的承诺无效。

三、自杀相关问题

1. 自杀行为不构成犯罪。
2. 帮助、教唆自杀的，不构成犯罪。

[例] 甲欲跳楼自杀，围观者乙大喊"怎么还不跳"，甲跳楼而亡。乙强化了甲自杀的意图，属于"帮助自杀"，不构成犯罪。

注意：这里的"帮助"必须是刑法意义上的帮助，不包括动手杀人；这里的"教唆"必须是刑法意义上的教唆，不包括支配对方而构成间接正犯的情形。（见后面第3、4点）

3. 亲自动手杀人不属于"帮助自杀"，对方对生命的承诺无效，杀人者构成故意杀人罪。

迷你案例

案情：甲想要自杀，邻居乙买了老鼠药，甲自己将其喝下后死亡。

问1：乙的行为如何定性？

答案：乙没有亲自动手，属于"帮助自杀"，不构成犯罪。

问2：如果乙买了老鼠药，并给甲灌下（甲同意），导致甲死亡，乙的行为如何定性？

答案：乙亲自动手实施了杀人行为，且甲对生命的承诺无效，乙构成故意杀人罪。

问3：如果甲和乙是夫妻关系，乙的行为如何定性？

答案：乙虽然没有自己动手，但基于特定关系有救助的义务，乙构成不作为的故意杀人罪（遗弃罪）。

4. 利用、支配他人自杀行为的，构成间接正犯。

[例] 医生甲欺骗患者乙说："你得了绝症，最好自杀。"乙信以为真，遂自杀。甲欺骗了乙，不再属于"教唆自杀"，而是构成故意杀人罪的间接正犯。

迷你案例

案情：甲用枪抵着乙的脑袋，逼迫乙自杀。

问题：甲的行为如何定性？

答案：甲通过胁迫的方式支配了乙的自杀行为，构成故意杀人罪的间接正犯。

5. 相约自杀，如果没有胁迫和欺骗，不构成犯罪；如果有胁迫或者欺骗，则构成故意杀人罪（间接正犯）。

[例] 甲和妻子乙相约自杀，两人一起跳河，乙淹死，甲获救。甲不构成犯罪。

迷你案例

案情：甲欺骗妻子殉情，妻子跳入河中，甲逃跑。

问题：甲的行为如何定性？

答案：甲欺骗妻子，利用妻子作为工具实施杀人行为，构成故意杀人罪的间接正犯。

第四讲 回顾与应用

总结梳理

违法性：不具有违法阻却事由 — 违法阻却事由
- 正当防卫
  - 防卫不适时
  - 假想防卫
  - 偶然防卫
  - 防卫过当
- 紧急避险
- 被害人承诺
  - 承诺能力
  - 承诺时间
  - 受欺骗的承诺

小综案例

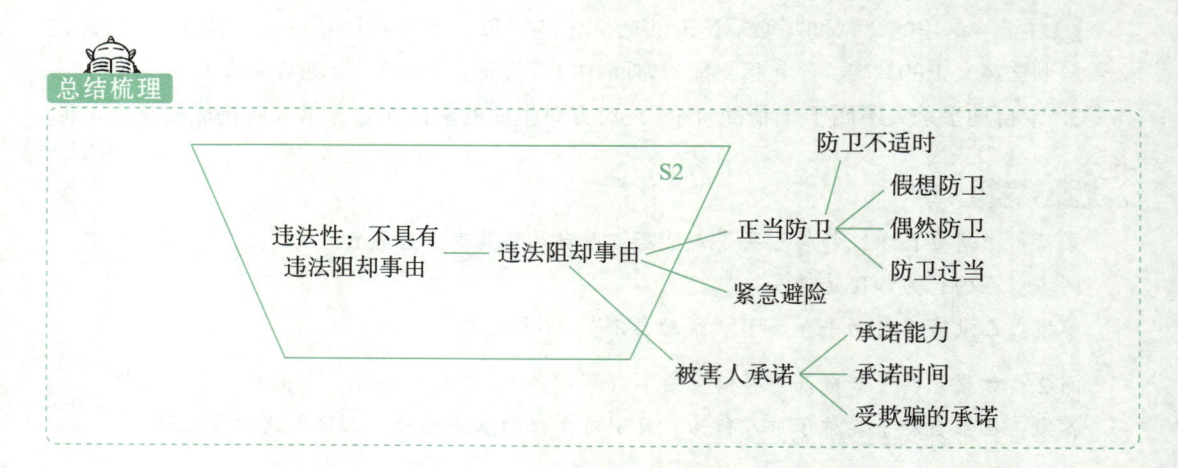

[案情] 甲回家发现忘记带钥匙，于是准备撬锁进入。邻居乙看见后以为甲是小偷，于

是用木棒袭击甲，将甲打成轻伤。甲看到乙袭击自己以为其是劫匪，于是用铁棒反击乙。邻居丙看到甲用铁棒"袭击"乙，以为甲是强盗，于是用空手道袭击甲，将甲打成重伤。

问题：
1. 乙用木棒袭击甲是否成立正当防卫？其行为如何定性？
2. 甲用铁棒反击乙是否成立正当防卫？
3. 丙用空手道袭击甲是否成立正当防卫？其行为如何定性？

答案

1. 不成立。甲撬锁进入自己家中是合法行为，乙不可能对其成立正当防卫。乙误以为存在不法侵害而进行"防卫"，属于假想防卫，排除故意犯罪的成立。由于过失致人轻伤不构成犯罪，因此，乙无罪。
2. 成立。乙的假想防卫虽然在主观上不具有故意，但在客观上仍然具有违法性，属于不法侵害，因此，甲针对乙的不法侵害可以进行防卫。甲对乙成立正当防卫，不构成犯罪。
3. 不成立。甲的行为属于正当防卫，不是不法侵害，丙不能再对甲的正当防卫进行防卫。丙误以为存在不法侵害而进行"防卫"，属于假想防卫，排除故意犯罪的成立，成立过失致人重伤罪。

别贪心，我们不可能什么都有；
也别灰心，我们不可能什么都没有。

致奋进中的你

第5讲 LECTURE 05

责任阻却事由（S3）

通过"违法性"（S2）判断得出行为具有法益侵害性的结论后，可以认定行为在刑法意义上属于违法。但就行为人个人而言，是否需要承担刑事责任，则需要通过"有责性"（S3）进行判断，如果不存在责任阻却事由，行为人就需要承担刑事责任。刑法主观题涉及的责任阻却事由包括不具有刑事责任能力、未达到刑事责任年龄、缺乏期待可能性。

16 刑事责任能力和刑事责任年龄

一、刑事责任能力的判断标准

1. 丧失辨认能力或控制能力者是精神病人，精神病人不负刑事责任。
   注意：抑郁症不是精神病。
2. 间歇性精神病人在犯病导致丧失辨认能力或控制能力的情况下犯罪的，不负刑事责任；在精神正常的情况下犯罪的，应负刑事责任。

二、刑事责任年龄

相对责任年龄，是指特定年龄阶段的人只对特定的犯罪负责。

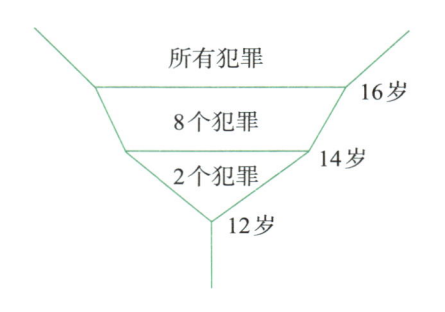

```
        所有犯罪
                 16岁
     8个犯罪
              14岁
   2个犯罪
        12岁
```

（一）12~14 周岁的刑事责任

已满 12 周岁不满 14 周岁的人，犯故意杀人、故意伤害罪，致人死亡或者以特别残忍手段致人重伤造成严重残疾，情节恶劣，经最高人民检察院核准追诉的，应当负刑事责任。

❗**注意**：周岁从生日的第二天起算，因此 12 岁生日当天是 11 周岁。

12~14 周岁的人承担刑事责任要同时满足四个条件：①罪名：故意杀人罪、故意伤害罪；②结果：致人死亡或者以特别残忍手段致人重伤造成严重残疾；③情节：恶劣；④程序：经最高人民检察院核准。

（二）14~16 周岁的刑事责任

已满 14 周岁不满 16 周岁的人，犯故意杀人、故意伤害致人重伤或者死亡、强奸、抢劫、贩卖毒品、放火、爆炸、投放危险物质罪的，应当负刑事责任。

[口诀] 杀伤强抢贩放爆投。

❗**注意1**：这里的八类犯罪包括被其他犯罪包含的情况。

[例] 15 周岁的甲实施绑架行为之后杀害被绑架人。甲是否需负刑事责任？我们按照一个成年人的标准列出罪数公式（详见后文第 8 讲"罪数处理"）：绑架罪+故意杀人罪=绑架罪↑。可以发现，在公式等号的左边出现了八类犯罪之一（故意杀人罪）。因此，15 周岁的甲需对被包含的故意杀人罪负刑事责任。

❗**注意2**：这里的八类犯罪包括转化的情况，但《刑法》第 269 条规定的转化抢劫除外。根据《最高人民法院关于审理未成年人刑事案件具体应用法律若干问题的解释》第 10 条第 1 款的规定，已满 14 周岁不满 16 周岁的人盗窃、诈骗、抢夺他人财物，为窝藏赃物、抗拒抓捕或者毁灭罪证，当场使用暴力，故意伤害致人重伤或者死亡，或者故意杀人的，应当分别以故意伤害罪或者故意杀人罪定罪处罚。

[例] 15 周岁的甲在聚众斗殴过程中造成他人死亡。甲是否需负刑事责任？我们按照一个成年人的标准列出罪数公式：聚众斗殴罪+过失致人死亡罪=故意杀人罪。可以发现，在公式等号的右边出现了八类犯罪之一（故意杀人罪）。因此，15 周岁的甲需对转化来的故意杀人罪负刑事责任。

迷你案例

1. 案情：15 周岁的甲盗窃后为抗拒抓捕将被害人打成重伤。

   问题：甲的行为如何定性？

答案：根据《最高人民法院关于审理未成年人刑事案件具体应用法律若干问题的解释》第10条第1款的规定，甲不对转化抢劫负责。甲使用暴力造成他人重伤的结果，属于故意伤害致人重伤，其应对此负刑事责任。

2. 案情：（案例指导用书）2017年5月25日11时许，颜某（17周岁）和韩某（当天16岁生日）一起实施某种犯罪，公安人员接警后赶至案发地点，欲抓捕颜某、韩某二人。韩某暴力拒捕，将一名干警打成重伤。颜某趁机逃跑。

问题：韩某的行为如何定性？颜某是否对此结果负责？

答案：16岁生日当天为15周岁，韩某此时不满16周岁，不对袭警罪或者妨害公务罪负刑事责任，只对故意伤害致人重伤负刑事责任。因此，韩某构成故意伤害致人重伤。韩某的伤害行为对于颜某来说属于实行过限，颜某不对此负责。

17 期待可能性

一、期待可能性的概念

缺乏期待可能性，是指在特定场景下法律不强人所难，不强求其作出合法行为。

"有期待可能性"就是"有得选"，"缺乏期待可能性"就是"没得选"或者"别人都会这么做"。

二、缺乏期待可能性的常考情形

1. 以命换命。

[例] 甲和乙流落到荒岛上，没有食物来源，甲为了自己活命，迫于无奈将乙杀死并吃掉。甲在违法层面构成犯罪，但可以通过责任层面（缺乏期待可能性）出罪。

2. 生活所迫。

[例1] 已婚妇女甲流落他乡没有依靠，无奈与别人重婚以谋求生存。因甲属于"为生活所迫"（"没得选"），缺乏期待可能性，故其不构成重婚罪。

[例2] 甲没钱，在一天都没有吃饭的情况下去面包店偷面包吃。因甲可以去找警察（"有得选"），具有期待可能性，故其构成盗窃罪。

3. 事后不可罚。（详见后文考点28"四、事后不可罚"）

> [口诀] 期待可能性
> 流落异乡没饭吃，无奈重婚二次嫁。
> 为保性命把人杀，偷完东西卖或砸。

18 原因自由行为

一、生理性醉酒

1. 生理性醉酒，是指过量饮酒使酒精直接影响中枢神经系统的状态。绝大多数醉酒状态属于此种情况。

2. 生理性醉酒不影响犯罪认定，不按照"原因自由行为"的规则处理。

注意：如果题目中只是表述"醉酒"，则默认是"生理性醉酒"而非"病理性醉酒"。这是因为日常生活中绝大多数醉酒都是生理性醉酒，而不是病理性醉酒。

二、原因自由行为

原因自由行为，是指有责任能力的行为人陷入了无责任能力的状态，其原本可以自由决定，但因故意或过失使自己一时陷入无责任能力状态，并在这种状态下实施了符合构成要件的行为。

病理性醉酒，是指喝酒之后"变身"为精神病状态。

通过病理性醉酒或者吸毒使自己陷入无责任能力状态而犯罪的，是"原因自由行为"。

原因自由行为的处理分为两种情况：

精神正常时 无具体犯罪意图	第一次陷入该状态造成损害	过失犯罪
	多次陷入该状态造成损害	故意犯罪
精神正常时 有具体犯罪意图	精神正常时主观上意图实施特定犯罪，没有得逞的，认定为犯罪未遂	
	看无责任能力状态时造成的结果是否可以被精神正常时主观上的犯罪故意所包含，如果可以，还成立特定罪名	

1. 精神正常时无具体犯罪意图

如果是第一次陷入丧失心智状态造成损害，确实没想到结果，是过失犯罪；如果已经多次陷入丧失心智状态造成损害，则是故意犯罪。

[口诀] 突发恶疾丧能力，一次过失后故意。

迷你案例

案情：（2018-回）甲多次吸毒，某日在家中吸毒后产生幻觉，快递员乙前来甲家中送快递，甲以为乙要杀害自己，将乙打成重伤。

问题：甲的行为如何定性？

答案：由于甲是"多次吸毒"，其行为构成故意伤害罪，不能从轻或者减轻处罚。

2. 精神正常时有具体犯罪意图

此时必须遵循"主客观相统一"原则（详见前文考点5"'主客观相统一'原则"）定罪。

迷你案例

1. 案情：甲自幼有病理性醉酒的毛病，一旦喝醉，就成为完全精神病人。某日，甲欲抢劫乙女，于是故意让自己喝醉，之后将乙女杀死。

问题：甲的行为如何定性？

答案：甲在精神正常时主观上具有抢劫的故意，但未取得财物，构成抢劫罪（未遂）；甲的杀人行为可以被其精神正常时主观上具有的抢劫的故意所包含，因此，甲还构成故意杀人罪。甲构成抢劫罪（未遂）和故意杀人罪，从一重罪处罚。

2. 案情：甲自幼有病理性醉酒的毛病，一旦喝醉，就成为完全精神病人。某日，甲欲抢劫乙女，于是故意让自己喝醉，之后对乙女实施了强制猥亵行为。

问题：甲的行为如何定性？

答案：甲在精神正常时主观上具有抢劫的故意，但未取得财物，构成抢劫罪（未遂）；甲在无责任能力的状态下实施的强制猥亵行为不可以被其精神正常时主观上具有的抢劫故意所包含，因此，甲仅构成抢劫罪（未遂）。

第五讲

回顾与应用

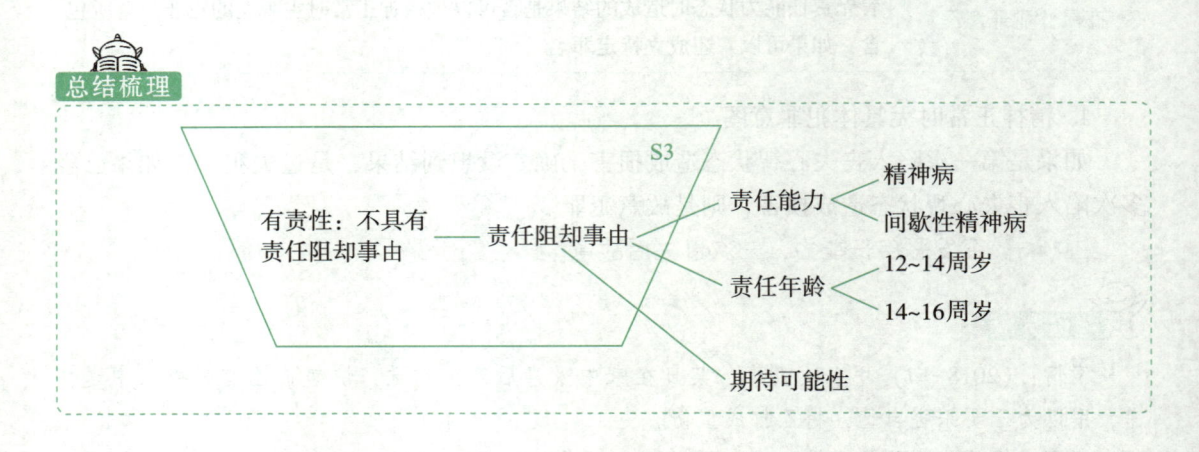

总结梳理

```
                                          ┌─ 精神病
                           ┌─ 责任能力 ─┤
                           │              └─ 间歇性精神病
有责性：不具有              │
              ─ 责任阻却事由─┤              ┌─ 12~14周岁
责任阻却事由                │─ 责任年龄 ─┤
                           │              └─ 14~16周岁
                           └─ 期待可能性
```
（S3）

小综案例

[案情] 甲（男，15周岁）与乙（女，16周岁）因缺钱，共同绑架了富商之子丙，并成功索得50万元赎金。甲担心丙将来可能认出他们，便提议杀丙，乙表示同意，并给甲一根绳子，甲用绳子勒死了丙。

问题：
1. 乙是否触犯故意杀人罪？
2. 甲和乙是否成立共同犯罪？若成立，是在哪个罪的范围内成立？
3. 甲和乙的行为分别如何定罪处罚？

答案

1. 触犯。乙为甲的杀人行为提供了物理帮助和心理帮助，构成故意杀人罪的帮助犯。
2. 成立。15周岁的甲对故意杀人罪负刑事责任，不对绑架罪负刑事责任。因此，甲、乙均构成故意杀人罪，二人在故意杀人罪的范围内成立共同犯罪。
3. 甲不满16周岁，不对绑架罪负刑事责任，只对故意杀人罪负刑事责任，因此，甲构成故意杀人罪；乙在实施绑架行为之后又帮助甲杀害了被绑架人，构成绑架罪，属于"绑架并杀害被绑架人"，应加重处罚。

明天的计划再完美，
也不如今天的全力以赴。

致奋进中的你

第6讲 LECTURE 06

结果归属（P2）

如前文所述，构成要件该当性（S1）、违法性（S2）、有责性（S3）的依次判断，决定了行为人是否构成犯罪以及构成何种犯罪。至于行为人是否对实害结果负责，一般情况下不影响定罪，但可能对既遂还是未遂（S4）、基本犯还是结果加重犯（S5）的认定产生影响。因此，需要讨论在"实害结果发生"的情况下，行为人是否需要对该结果承担责任的问题，即"结果归属"问题或者"归责"问题。

> **注意**：在刑法理论中，"责"既可以指刑事责任，又可以指特定实害结果。因此，"归责"即"结果归属"。

19 结果归属体系

把结果"给"到所有共同犯罪人被称为"结果归属"。刑法中"结果归属"的方法有二：①通过确定的因果关系归责；②通过成立共同犯罪归责。因此，在判断多人是否要对结果负责的问题上，先判断是否存在因果关系，如果不存在，再看是否成立共犯，符合其一即可"归责"；若都不符合，行为人就无需对结果负责。

归责体系	1. 因果关系归责（Plan A）。如果能确定有因果关系，即可直接将结果归属于行为人。	**注意**：因果关系归责的前提是能够查清是谁导致了结果。如果查不清，就不能确定因果关系，不能通过因果关系归责。	特定罪名的因果流程。
			在无介入因素的情况下，用条件说。
			在有介入因素的情况下，用相当因果关系说。（看介入因素是否异常）

续表

	2. 共同犯罪归责（Plan B）。如果成立共同犯罪，原则上，所有人均需对结果负责。
归责体系	符合以上任何一种情况，即可将结果归属于行为人；如果两种都不符合，行为人就无需对结果负责。

	情　　形	对死亡结果负责	不对死亡结果负责
是否归责对量刑的影响	故意杀人罪	故意杀人罪（既遂）	故意杀人罪（未遂）
	故意伤害罪	故意伤害致人死亡	普通伤害
	抢劫罪	抢劫致人死亡	普通抢劫

[例1] 甲和乙同时（共谋）向被害人开枪，但只有一颗子弹打中被害人并导致其死亡，查不清致命子弹由谁所发。虽然无法查明因果关系（Plan A），但二人成立共同犯罪（Plan B），因此，甲和乙均需对死亡结果负责。

[例2] 甲和乙分别（无意思联络）向被害人开枪，但只有一颗子弹打中被害人并导致其死亡，查不清致命子弹由谁所发。由于因果关系（Plan A）无法查明，且二人不成立共同犯罪（Plan B），因此，甲和乙均无需对死亡结果负责。

[例3] 甲和乙比赛打兔子，二人同时开枪，但其中一颗子弹击中了被害人，查不清致命子弹由谁所发。由于因果关系（Plan A）无法查明，且过失不成立共同犯罪（Plan B），因此，甲和乙均无需对死亡结果负责。

[例4] 甲和乙一起抬着建筑垃圾从5楼扔下，不慎将被害人砸死。根据因果关系中的"条件说"（Plan A），甲和乙均需对死亡结果负责，因此，即使二人不成立共同犯罪（Plan B），也均需对死亡结果负责。

迷你案例

案情：甲和乙分别（无意思联络）朝被害人大腿开枪，两处伤口共同导致被害人失血过多而亡。

问题：甲和乙的行为分别如何定性？

答案：根据重叠因果关系，甲和乙均与被害人的死亡结果存在因果关系，因此，即使二人不成立共同犯罪，也均需对死亡结果负责。甲和乙朝被害人大腿开枪，均具有伤害的故意，且均需对被害人的死亡结果负责，故二人均成立故意伤害致人死亡。

⚠ 注意：共同犯罪归责（Plan B）是基于共犯处理的"原则"（"一人既遂，全体既遂"），如果"查不清"这一问题中出现了"片面共犯""承继共犯"等共犯处理的"例外"情况时，就不能直接由"成立共同犯罪"得出"所有人都需负责"的结论。处理这种情况需要运用后文（考点22"共同犯罪的认定与归责"）中的"逻辑双刀"。

20 因果关系

刑法上的因果关系,是指危害行为(实行行为)与危害结果(构成要件意义上的实害结果)之间的一种引起与被引起的关系。在下列三种不同的情形下,存在三套不同的因果关系判断方法:

情形1	诈骗罪、敲诈勒索罪、抢劫罪	判断是否符合特定因果流程。
情形2	一个行为导致结果,无介入因素	用"条件说",看撤掉行为后结果是否依然发生。
情形3	多个行为导致结果,有介入因素	用"相当因果关系说",看介入因素是否异常。

一、特定罪名的因果关系判断:特定因果流程

在诈骗罪、敲诈勒索罪、抢劫罪中,必须符合特定因果流程,才能认定存在因果关系。在这些犯罪中,必须同时符合以下两个条件才能认定犯罪既遂:①结果发生(取得财物);②有因果关系(符合特定因果流程)。两个条件缺一个,都只能考虑成立犯罪未遂。

1. 诈骗罪

本罪成立既遂要求行为人通过欺骗行为使被害人产生错误认识,且被害人基于错误认识处分财物。如果被害人基于怜悯、同情等其他原因处分财物,只能认定为诈骗罪(未遂)。

迷你案例

案情:甲将自己的汽车藏匿,并以汽车被盗为由向保险公司索赔。保险公司认为该案存有疑点,遂报警。在充分掌握证据后,侦查机关安排保险公司向甲"理赔"。甲到保险公司二楼财务室领取20万元赔偿金后,刚走到一楼即被守候在此的多名侦查人员抓获。

问题:甲的行为如何定性?是何种犯罪形态?

答案:甲虽然取得财物,但保险公司并非基于认识错误处分财物,因此,甲构成保险诈骗罪(未遂)。

2. 敲诈勒索罪

本罪成立既遂要求行为人通过恐吓行为使被害人产生恐惧心理,且被害人基于恐惧心理处分财物。

3. 抢劫罪

本罪成立既遂要求行为人压制被害人反抗,强行取得财物。

[口诀] 特定因果流程
诈骗要既遂，对方认错主动给。
敲诈要既遂，对方恐惧魂魄飞。
抢劫要既遂，压制反抗不敢追。

二、在无介入因素的情况下，用条件说

1. 适用条件：不存在介入因素。
2. 检验标准：条件说。

将行为去掉后，如果结果还是会发生，行为与结果之间没有因果关系；如果结果不再发生，则有因果关系。

⚠️**注意1**：条件说中的行为必须是实行行为，不能是生活行为。例如，在追小偷导致小偷被车撞死的案件中，由于追小偷是生活行为，因此，财物主人的追逐行为与小偷的死亡结果之间肯定没有因果关系。

⚠️**注意2**：条件说中的结果必须是具体结果。例如，在故意杀人的案件中，必须对被害人的死亡方式和时间"作具体表述"。不能说即使没有杀人行为，被害人100年后也会死，需要表述为：如果没有杀人行为，被害人就不会在×年×月×日被砍死。因此，杀人行为与被害人的死亡结果之间有因果关系。

[例] 甲与乙发生争执，甲推了乙一下，导致其死亡。后来查明，乙有先天性心脏病。根据条件说，如果甲没推乙的话，乙就不会死。因此，甲的行为与乙的死亡结果之间有因果关系。

⚠️**注意**：本案中，甲的行为与乙的死亡结果之间虽然存在因果关系，但甲主观上对结果没有预见可能性，一般认定为意外事件。

迷你案例

案情：生产毛笔的工厂主没有给山羊毛消毒，导致负责加工的女工感染病毒而亡。后来查明，即使当时严格按照程序对山羊毛进行消毒，也无法清除该病毒。

问题：工厂主是否需对女工的死亡结果负责？

答案：<u>无需负责</u>。根据条件说，即使工厂主对山羊毛进行了消毒，也无法避免女工死亡结果的发生。因此，工厂主没有消毒的行为与女工的死亡结果之间<u>不存在因果关系</u>。

3. 条件说的变形

条件说有三种变形，分别是"假定因果关系""二重的因果关系""重叠的因果关系"。这三种变形本质上还是用条件说得出的结论，并不违反条件说的判断方法。

(1) 假定因果关系

[例] 死刑犯30分钟后将被执行绞刑，甲迫不及待按下开关提前执行。根据条件说，如果甲不提前按下开关，死刑犯就不会提前30分钟死亡。因此，甲的行为与死刑犯的死

亡结果之间有因果关系。

(2) 二重的因果关系

[例] A、B两人无意思联络，同时分别投了100%致死量的毒药，导致被害人死亡。根据条件说，如果A没有投毒，被害人就不会喝下200%致死量的毒药死亡（需要具体表述被害人的死法）。因此，A的投毒行为与被害人的死亡结果之间有因果关系。同理，B的投毒行为与被害人的死亡结果之间也有因果关系。

(3) 重叠的因果关系

[例] A、B两人无意思联络，同时分别投了50%致死量的毒药，导致被害人死亡。根据条件说，如果A没有投毒，被害人就不会喝下100%致死量的毒药死亡。因此，A的投毒行为与被害人的死亡结果之间有因果关系。同理，B的投毒行为与被害人的死亡结果之间也有因果关系。

注意：二重的因果关系和重叠的因果关系都是在被害人一口喝下毒药的情况下讨论的，如果被害人是前后两次中毒，则要按照"相当因果关系说"进行判断。

[例] 甲在丙的酒中加入毒药，丙喝下毒酒后赶紧喝饮水机中的水解毒，不料水中被乙掺入了毒药，丙喝下水后当场死亡。（喝两次，中两次毒）由于存在介入因素，本案用的不是"条件说"进行判断，而是用"相当因果关系说"（见后文"三、在有介入因素的情况下，用相当因果关系说"）。由于介入因素异常，甲无需对丙的死亡结果负责，属于故意杀人未遂；乙需对丙的死亡结果负责，属于故意杀人既遂。

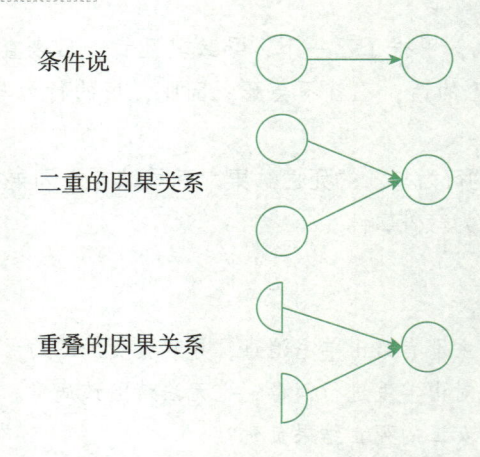

条件说

二重的因果关系

重叠的因果关系

三、在有介入因素的情况下，用相当因果关系说

（一）适用对象：存在介入因素的情况

介入因素是指危害行为和结果之间多出的要素。例如，甲举刀杀乙，乙跑出门，被泥石流卷走。甲杀人是行为，乙死亡是结果，因此，泥石流就是介入因素。

（二）判断步骤

在存在介入因素的案件中，判断因果关系的步骤如下：找介入因素→判断介入因素是否异常→介入因素异常，切断原行为与结果之间的因果关系；反之，则不切断原行为与结果之间的因果关系。

[例] 甲砍杀乙，乙跑出门，被泥石流卷走。第一步：介入因素为泥石流；第二步：泥石流不常见，是异常介入因素；第三步：异常介入因素切断因果关系，甲无需对乙的死亡结果负责，成立故意杀人罪（未遂）。

（三）介入因素是否异常的判断

其主要包括以下情况：

被害人自杀以及其他自陷风险行为	一般为异常，切断原行为与结果之间的因果关系。
其他公民的犯罪行为	异常，切断原行为与结果之间的因果关系。
履行职务不当的行为	
被害人的重大过失	
被害人的求生动作	正常，不切断原行为与结果之间的因果关系。
道路上的自然二次碾压	

1. 被害人自杀一般为异常介入因素，切断原行为与结果之间的因果关系。被害人自陷风险一般也为异常介入因素，切断原行为与结果之间的因果关系。

迷你案例

案情：甲毁坏乙面容，导致乙自杀。

问题：甲的行为如何定性？

分析思路：本案中，不能说"如果没有甲的伤害行为，就没有乙自杀的结果，因此，甲的伤害行为与乙的自杀之间有因果关系"。由于本案有介入因素，故不能适用"条件说"，应该适用"相当因果关系说"。

答案：甲伤害他人身体，构成故意伤害罪。乙的自杀行为属于异常介入因素，切断了因果关系，甲的伤害行为与乙的死亡结果之间不具有因果关系，甲属于故意伤害罪的基本犯，不属于故意伤害致人死亡。

注意1： 自陷风险，是指被害人明知有危险还自愿承担风险，导致结果发生。自陷风险是异常介入因素。

迷你案例

案情：（2013/4/2改编）司机谢某见甲、乙打人后驾车逃离，对乙车紧追。甲让乙提高车速并走"蛇形"，以防谢某超车。汽车开出2公里后，乙慌乱中操作不当，车辆失控撞向路中间的水泥隔离墩。谢某刹车不及撞上乙车受重伤。赶来的警察将甲、乙抓获。

问题：甲、乙是否应当对谢某重伤的结果负责？

答案：不应当。谢某明知前方车辆"蛇形"驾驶仍然追击，属于自陷风险，系异常介入因素，切断了行为与重伤结果之间的因果关系，因此，甲、乙不应对谢某的重伤结果负责。

注意2：被害人自杀以及其他自陷风险行为一般情况下为异常介入因素，但有三个例外：

（1）心智尚未成熟者利用特定事物实施自我侵害的，不是异常介入因素（不属于自陷风险）。

［例］甲将毒品送给10周岁的乙，乙吸食后身亡。10周岁的乙对毒品没有抵抗力，介入因素不异常，甲的行为与乙的死亡结果之间有因果关系。

迷你案例

案情：甲将钱扔到湍急的河流中，让精神病人去捡，结果精神病人跳入河中被淹死。

问题：甲的行为和精神病人的死亡结果之间是否存在因果关系？

答案：存在因果关系。本案中，"精神病人跳入河中被淹死"这一介入因素不异常，甲的行为与精神病人的死亡结果之间存在因果关系。

（2）为了救助婴儿而自发陷入危险的，在特定场景中不是异常介入因素。

迷你案例

案情：甲对乙的住宅放火，乙为救出婴儿冲入住宅被烧死。

问1：甲的放火行为与乙的死亡结果之间是否存在因果关系？

答案：存在因果关系。"乙为救出婴儿冲入住宅被烧死"这一介入因素不异常，甲的放火行为与乙的死亡结果之间存在因果关系。

问2：如果乙为救出财物冲入住宅被烧死，根据通说观点，甲的放火行为与乙的死亡结果之间是否存在因果关系？

答案：不存在因果关系。通说认为，乙为救出财物冲入住宅被烧死，属于自陷风险，是异常介入因素，甲的放火行为与乙的死亡结果之间不存在因果关系。

（3）虐待罪、暴力干涉婚姻自由罪由于常发生于家庭成员之间，被害人会感到无助和绝望，因此，他们的自杀一般是正常介入因素。

迷你案例

案情：甲为了阻止儿子和乔某结婚，用暴力干涉二人，结果二人双双跳河自杀身亡。

问1：甲的行为如何定性？

答案：甲以暴力的方式干涉他人婚姻自由，构成暴力干涉婚姻自由罪，且导致其子自杀，属于暴力干涉婚姻自由致人死亡。

问2：甲是否需对自己儿子的死亡结果负责？是否需对乔某的死亡结果负责？

答案：在暴力干涉婚姻自由罪中，儿子自杀是正常介入因素，乔某自杀是异常介入因素，因此，甲需对儿子的死亡结果负责，无需对乔某的死亡结果负责。

2. 其他公民的犯罪行为一般为异常介入因素，切断原行为与结果之间的因果关系。

［例］甲在砍伤仇人乙之后继续追杀乙，结果乙在路上被另一个仇人丙枪杀。"丙杀人"

这一介入因素异常，甲的行为与乙的死亡结果之间没有因果关系。

> **迷你案例**
>
> 案情：（2016/2/2/A）甲重伤乙致其昏迷。乞丐目睹一切，在甲离开后取走乙的财物。
>
> 问题：甲的行为与乙的财产损失之间有无因果关系？
>
> 答案：没有因果关系。"乞丐取走乙的财物"这一介入因素异常，甲的行为与乙的财产损失之间没有因果关系。

3. 有义务者履行职务不当的行为一般为异常介入因素，切断原行为与结果之间的因果关系。

> **注意**：医生的重大过失是异常介入因素，但医生的一般（一定）过失是正常介入因素。

> **迷你案例**
>
> 案情：（2016/2/2/C）甲酒后开车被查。交警指挥甲停车不当，致甲的车撞上乙的车，乙身亡。
>
> 问题：甲的行为与乙的死亡结果之间有无因果关系？
>
> 答案：没有因果关系。交警没有恰当履行职务，属于异常介入因素，故甲的行为与乙的死亡结果之间无因果关系。

4. 被害人的求生动作一般为正常介入因素，不切断原行为与结果之间的因果关系。

> **迷你案例**
>
> 案情：（2016/2/2/B）甲纠集他人持凶器砍杀乙，将乙逼至江边，乙无奈跳江被淹死。
>
> 问题：甲的行为与乙的死亡结果之间有无因果关系？
>
> 答案：有因果关系。乙被逼无奈跳江属于正常介入因素，不切断因果关系，甲的行为与乙的死亡结果之间有因果关系。

5. 道路上的自然二次碾压一般为正常介入因素，不切断原行为与结果之间的因果关系。

> **迷你案例**
>
> 案情：（2019-回）甲交通肇事后逃逸，将乙撞倒在路边，后丙驱车经过未发现乙，驾车从乙身上轧过，将其轧死。
>
> 问1：甲的行为与乙的死亡结果之间有无因果关系？
>
> 答案：有因果关系。公路上后车辆的自然碾压属于正常介入因素，甲的行为与乙的死亡结果之间存在因果关系。
>
> 问2：如果甲交通肇事后逃逸，将乙撞倒在路边，交警保护现场后对乙施救。丙醉酒驾车闯入事故现场，将乙轧死，甲的行为与乙的死亡结果之间有无因果关系？
>
> 答案：没有因果关系。丙醉酒驾车闯入交警保护的事故现场将乙轧死属于异常介入因素，

甲的行为与乙的死亡结果之间不存在因果关系。

6. 被害人的重大过失一般为异常介入因素，切断原行为与结果之间的因果关系。

［例］甲伤害乙，导致其重伤。乙出于迷信用香灰擦拭伤口，导致感染死亡。乙的行为属于重大过失行为，是异常介入因素，切断因果关系，甲不对乙的死亡结果负责。

迷你案例

案情：（案例指导用书进阶案例）7月23日凌晨2时15分许，甲潜入一家店铺，为不惊醒楼上熟睡的店主，甲打开手电筒在一楼悄悄翻找。甲正要离开时，不小心碰倒一个板凳，惊醒了睡梦中的店主。店主急忙下楼查看，不慎一脚踩空，从楼梯上翻滚而下，导致手臂骨折。

问题：甲的盗窃行为与店主的受伤结果之间是否存在因果关系？

答案：不存在因果关系。店主在自己家摔倒是异常介入因素，甲的盗窃行为与店主的受伤结果之间不存在因果关系。

21 事实认识错误

刑法教科书中，事实认识错误一般放在"犯罪故意"的章节中讨论，但从判定逻辑上说，事实认识错误并不影响定罪，只会影响行为人是否成立既遂的问题，说到底还是"结果归属"的问题。因此，本书将事实认识错误放在"因果关系"之后进行讨论。总体来说，有些事实认识错误会导致因果关系被切断，影响犯罪既遂的成立；有些事实认识错误不切断因果关系，不影响犯罪既遂的成立；而有些事实认识错误在处理上存在所依据的处断原则不同而产生不同观点。

事实认识错误，是指行为人对与自己行为有关的事实情况有不正确理解。备考中，务必熟练掌握事实认识错误的分类和处理方法，包括通说结论和观点展示。

一、事实认识错误的分类

（一）按错因分

人整错了	认错了		对象错误
	打偏了		打击错误
人没整错	时间整错了	事前故意	统称为"因果关系错误"
		结果提前实现	
	时间没整错，方式整错了	狭义因果关系错误	

1. 对象错误和打击错误的区分

（1）简单的案件中：认错人了是对象错误，子弹打偏了是打击错误。

（2）复杂的案件中：对象错误是着手前（时）错误，打击错误是着手后错误，区分标准在于着手之前是否已经发生了错误。

[例] 甲欲打电话诈骗A，但是拨错号码打给了B，对B实施了诈骗。由于开始通过语言行骗是诈骗罪的着手，在此之前已经出现了拨错号码的情况，因此，本案属于对象错误。

一招制敌 如果在考试中遇到复杂案件，搞不清是对象错误还是打击错误，一般认定为对象错误。

（3）如果实行者的行为属于对象错误，则教唆者的行为属于打击错误。

迷你案例

案情：甲雇用乙杀丙，乙认错了人，将丙的哥哥丁杀死。

问题：甲和乙分别属于何种错误类型？

答案：乙认错了人，属于对象错误；教唆者甲相当于"打偏了子弹"，属于打击错误。

2. 结果提前实现：结果发生比预想的早。

[口诀] 阎王要他五更死，他三更就死了。

[例] 甲想用安眠药将乙迷晕后用绳子勒死，结果乙被安眠药药死。

3. 事前故意：结果发生比预想的晚。

[口诀] 阎王要他三更死，他五更才死。

[例] 甲砍了乙5刀，以为其已经死亡，便将其"抛尸"河中，其实乙系被溺死。

一招制敌 考试时，"事前故意"也可以写作"结果推迟发生"或者"结果推迟实现"，更加便于自己理解。

4. 狭义因果关系错误：结果发生的时间和预想的几乎一致，但导致结果发生的方式不同。

[口诀] 阎王要他这么死，他非要那么死。

[例] 甲想用枪射杀乙，但乙系被枪声吓死。

（二）按性质分：具体事实认识错误与抽象事实认识错误

具体事实认识错误是在同一构成要件中的错误，抽象事实认识错误是在不同构成要件之间的错误。

一招制敌 区分具体事实认识错误和抽象事实认识错误的关键在于，看行为人主观上和客观上侵犯的是不是同一个法益，如果是同一个法益，是具体事实认识错误；如果不是同一个法益，则是抽象事实认识错误。

[例1] 甲开枪射杀乙，结果子弹打偏打中了丙。甲主观上想侵犯他人的人身法益，客观上侵犯的也是他人的人身法益，因此属于具体事实认识错误。

[例2] 甲开枪射杀乙，结果子弹打偏将旁边的珍贵文物打碎。甲主观上想侵犯他人的人身法益，客观上侵犯的是财产法益，因此属于抽象事实认识错误。

[例3] 甲想偷普通财物，回家发现偷得的是枪支。甲主观上想侵犯他人的财产法益，客观上侵犯的主法益是公共安全（盗窃枪支罪规定在危害公共安全罪一章中），因此属于抽象事实认识错误。

⚠️注意：两种区分标准下的认识错误是交叉关系，但因果关系错误只能是具体事实认识错误。

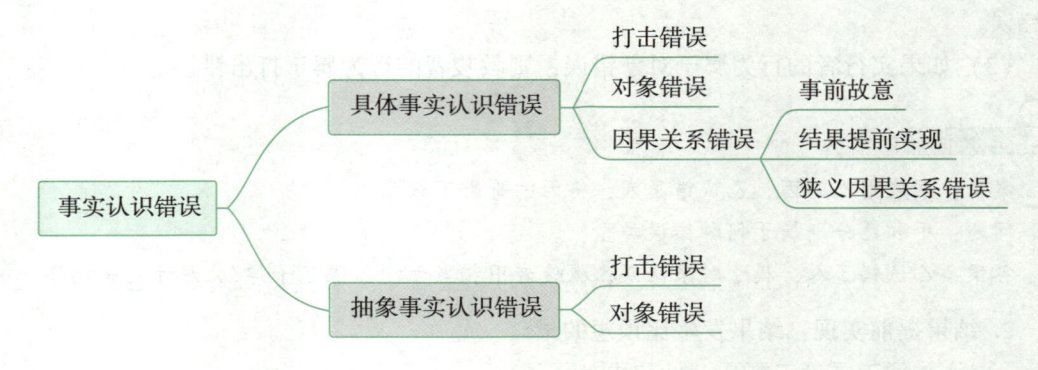

```
                           ┌─ 打击错误
            ┌─具体事实认识错误─┼─ 对象错误       ┌─ 事前故意
            │                └─ 因果关系错误 ──┼─ 结果提前实现
事实认识错误─┤                                └─ 狭义因果关系错误
            │                 ┌─ 打击错误
            └─抽象事实认识错误─┴─ 对象错误
```

[口诀] 事实认识错误分类
对象提前认错人，打击现场没瞄准。
具体错误分三样，因果打击和对象。
事前故意和提前，结果发生后与先。
狭义没有时间差，发生方式差别大。
具体抽象好分离，是否侵犯同法益。

二、抽象事实认识错误的处理

抽象事实认识错误的处理分两种情况：

1. 如果主观上意图触犯的和客观上实际触犯的罪名可以包容评价，认定为轻罪的既遂；如果另外还触犯重罪的未遂犯，则从一重罪处罚。

⚠️注意："包容评价"，是指A和B两个概念在其他要素上一样，但A比B多出一种要素特征。（"包容评价"的问题具体见前文考点5下的"二、2.'主客观相统一'和'包容评价思维'"）

[例] 甲想偷普通财物，回家发现偷得的是枪支。甲主观上意图盗窃，客观上盗得枪支，属于抽象事实认识错误，且枪支是特殊的"财物"，盗窃枪支是特殊的盗窃，盗窃罪和盗窃枪支罪可以包容评价，因此，甲的行为应评价为轻罪的既遂，即盗窃罪（既遂）。

> 🐾 **迷你案例**

案情：甲想偷枪支，回家发现偷得的是普通财物。
问题：甲的行为如何定性？
答案：甲主观上意图盗窃枪支，客观上盗得普通财物，属于抽象事实认识错误，且枪支是特殊的"财物"，盗窃枪支是特殊的盗窃，盗窃罪和盗窃枪支罪可以包容评价，因此，甲的行为应评价为轻罪的既遂，即盗窃罪（既遂）；同时，甲想要盗窃枪支但没得逞，构成盗窃枪支罪（未遂），与盗窃罪从一重罪处罚。

2. 如果主观上意图触犯的和客观上实际触犯的罪名不可以包容评价，分别成立未遂犯与过失犯，则从一重罪处罚。

> 🐾 **迷你案例**

案情：甲开枪射杀乙，结果子弹打偏将旁边的珍贵文物打碎。
问题：甲的行为如何定性？
分析思路：甲的行为属于抽象事实认识错误，且"人"和"文物"不能包容评价，因此，甲构成故意杀人罪（未遂）和过失损毁文物罪（过失犯），从一重罪处罚。
答案：甲主观上意图杀害他人，但因客观原因未得逞，构成故意杀人罪（未遂）；同时，甲不慎导致文物毁损，构成过失损毁文物罪，与故意杀人罪（未遂）从一重罪处罚。

三、具体事实认识错误中对象错误、狭义因果关系错误的处理

1. 对象错误不影响既遂的成立。
［例］甲误将张三认成李四杀害。本案属于对象错误，甲想杀的就是"眼前的人"，不管他叫什么名字。因此，无论根据何种学说，甲均成立故意杀人罪（既遂）。

> 🐾 **一招制敌** ▶ 为何无论根据何种学说，对象错误都不影响既遂的成立呢？因为行为人想杀的就是眼前的人，至于这个人叫什么名字在所不问。

如果刑法主观题考试中让你写出对象错误的两种不同观点，可以写成："根据法定符合说……行为人成立故意杀人罪（既遂）；根据具体符合说……行为人成立故意杀人罪（既遂）。"两种观点的结论可以一样，但形式一定要有。

2. 狭义因果关系错误中，介入因素不异常，不影响既遂的成立。
［例］（2011-多）甲为使被害人溺死而将被害人推入井中，但井中没水，被害人实际上是被摔死的。甲主观上意图非法剥夺他人生命，客观上导致他人死亡的结果，属于狭义因果关系错误，成立故意杀人罪（既遂）。

> 🐾 **迷你案例**

1. 案情：甲翻墙入院欲毒杀乙的名犬（价值1万元）以泄愤，不料该犬对甲扔出的含毒肉块不予理会，径直朝甲扑过去，情急之下，甲拔刀刺杀该犬。

问1：甲发生了何种认识错误？
答案：甲对财物的毁坏方式和预先的设想不同，属于狭义因果关系错误。

问2：甲的行为如何定性？
答案：甲主观上意图毁坏他人财物，且客观上造成了他人财物毁坏的后果，虽然发生了狭义因果关系错误，但不影响既遂的成立，因此，甲成立故意毁坏财物罪（既遂）。

2. 案情：（2007/2/5）甲为杀害仇人林某在偏僻处埋伏，见一黑影过来，以为是林某，便开枪射击。黑影倒地后，甲发现死者竟然是自己的父亲。事后查明，甲的子弹并未击中父亲，但其父亲患有严重心脏病，听到枪声后过度惊吓死亡。

问题：甲的行为如何定性？
答案：甲主观上意图非法剥夺他人生命，客观上导致他人死亡的结果，构成故意杀人罪。虽然存在对象错误和狭义因果关系错误，但均不影响犯罪既遂的认定，故甲成立故意杀人罪（既遂）。

四、具体事实认识错误中对打击错误、事前故意、结果提前实现的处理的观点展示

（一）打击错误的观点展示

[基本模型] 甲开枪杀乙，结果导致丙死亡。

打击错误的处理存在法定符合说和具体符合说两种观点。"法定符合说"站在上帝视角，打击对象全部用法定概念"人"进行表达；"具体符合说"站在平民视角，打击对象全部用具体人名进行表达。

在具体操作上，针对打击错误的问题，"先分析主观，再分析客观"，存在法定符合说和具体符合说两种观点，其中法定符合说代入"人"的概念，具体符合说代入具体人名。

[例1] 甲开枪杀乙，结果导致丙死亡。本案存在两种观点：

观点1：根据"法定符合说"，甲主观上想杀人（代入"人"的概念），客观上导致了他人死亡的结果，故甲构成故意杀人罪（既遂）。

观点2：根据"具体符合说"，甲主观上想杀乙（代入具体人名），但乙没死，对乙构成故意杀人罪（未遂）；客观上导致了丙死亡的结果，对丙构成过失致人死亡罪。想象竞合，对甲从一重罪处罚。

[例2]（2008延/二/53-多）甲欲杀乙，便向乙开枪，但开枪的结果是将乙和丙都打死了。本案存在两种观点：

观点1：根据"法定符合说"，甲主观上存在杀害他人（代入"人"的概念）的故意，客观上导致了他人死亡的结果，构成故意杀人罪（既遂）。

观点2：根据"具体符合说"，甲主观上意图杀乙（代入具体人名），且导致了乙死亡的结果，构成故意杀人罪（既遂）；甲过失导致丙死亡，构成过失致人死亡罪。想象竞合，对甲从一重罪处罚。

迷你案例

案情：甲欲伤害乙，便向乙的腿部开枪，但开枪的结果是将路人丙打死。

问题：甲的行为如何定性？

答案：甲意图伤害乙，结果导致丙死亡，属于打击错误，对此存在两种不同的观点：

观点1：根据"法定符合说"，甲主观上存在伤害他人的故意，客观上导致了他人死亡的结果，构成故意伤害致人死亡。

观点2：根据"具体符合说"，甲主观上意图伤害乙，但未得逞，构成故意伤害罪（未遂）；甲过失导致丙死亡，构成过失致人死亡罪。想象竞合，对甲从一重罪处罚。

（二）事前故意的观点展示

[基本模型] 甲砍了乙5刀，以为其已经死亡，便将其丢入河中，导致其被淹死。

在事前故意的基本模型中，分析的总体思路是要不要把两段杀人行为看成一个整体。如果看成一个整体，成立犯罪既遂；如果拆成两段，则成立未遂犯和过失犯，数罪并罚（前后的两个行为）。

在具体操作上，针对事前故意的问题，"先分析主观，再分析客观"，但是在表述不同观点时，一种笼统地表述为"杀害"，一种详细地表述为"如何杀害"。

[例] 甲砍了乙5刀，以为其已经死亡，便将其丢入河中，导致其被淹死。本案属于事前故意，对此有两种观点：

观点1：甲主观上具有杀害他人的故意（笼统表述），客观上导致了他人死亡的结果，构成故意杀人罪（既遂）。

观点2：甲主观上具有砍杀他人的故意（详细表述），但未以此法得逞，构成故意杀人罪（未遂），之后"抛尸"构成过失致人死亡罪，数罪并罚。

注意1：如前文所述，事实认识错误的本质是对因果关系的判断。因此，对于事前故意，也可以以因果关系是否被切断作为判断标准，对于上面的案例也可以表述为：

[例] 甲砍了乙5刀，以为其已经死亡，便将其丢入河中，导致其被淹死。本案属于事前故意，对此有两种观点：

观点1：甲"抛尸"的行为属于正常介入因素，不切断因果关系，构成故意杀人罪（既遂）。

观点2：甲"抛尸"的行为属于异常介入因素，切断因果关系，乙的死亡结果不能归属于甲先前的杀人行为。因此，甲构成故意杀人罪（未遂）与过失致人死亡罪，数罪并罚。

注意2：在"事前故意"的基础模型之上，如果行为人存在其他的犯罪故意，如行为人在抢劫时杀人、在放火时导致他人死亡等，则考虑将死亡结果分别"归属"于前段行为、后段行为，分别构成观点1、观点2。

迷你案例

案情：（案例指导用书）魏某听说同村村民刘某代收电费款，遂萌生抢劫之念。次日2时许，魏某携带作案工具，翻墙进入刘某家，发现刘某在东屋睡觉。刘某被入室的魏某惊醒，魏某用钳子朝刘某头部猛击，见刘某不动，在认为刘某已死亡的情况下，用钳子将抽屉撬开，将里面的 9700 元电费款拿走，并将刘某的手机、银行卡等物品搜刮一空。为了毁灭罪证，魏某用打火机点燃一些纤维编织袋扔在刘某所盖的被子上，导致刘某颅脑损伤后吸入一氧化碳窒息死亡，价值 7209 元的物品被烧毁。

问题：魏某的行为如何定性？

答案：魏某进入刘某家中实施抢劫，属于"入户抢劫"，之后放火，构成抢劫罪与放火罪，数罪并罚。至于刘某死亡结果的归属，对此有两种观点：

观点1：如果将死亡结果归属于魏某的抢劫行为，则魏某构成抢劫致人死亡与放火罪，数罪并罚。

观点2：如果将死亡结果归属于魏某的放火行为，则魏某构成放火致人死亡与抢劫罪，数罪并罚。

注意3：事前故意中如果有人共同抛尸，导致被害人死亡，他的行为如何定性呢？如果共同犯罪人不知道被害人尚未死亡的事实，其属于过失犯罪；如果共同犯罪人知道并隐瞒被害人尚未死亡的事实，则按照情况应认定其为故意犯罪的帮助犯、间接正犯或者直接正犯。

[例1] 甲砍杀被害人，乙事后加入，和甲一同埋尸。甲埋尸的行为属于事后不可罚，乙构成帮助毁灭证据罪。

[例2] 甲砍杀被害人，误以为其已经死亡，和事后来帮忙的乙一同掩埋"尸体"，掩埋行为导致被害人死亡。甲的行为属于事前故意；乙在不知情的情况下"埋尸"导致被害人死亡，构成过失致人死亡罪。

[例3] 甲砍杀被害人，误以为其已经死亡。事后来帮忙的乙发现被害人尚未死亡，但没有告诉甲，还和甲一同掩埋"尸体"，掩埋行为导致被害人死亡。甲的行为属于事前故意；乙明知被害人没死，还"亲自"动手"埋尸"，导致被害人死亡，属于故意杀人罪的直接正犯。

[例4] 甲砍杀被害人，误以为其已经死亡。事后来帮忙的乙发现被害人尚未死亡，但没有告诉甲。之后在甲"埋尸"的时候，乙在旁边大喊加油。掩埋行为导致被害人死亡。

本案中，甲的行为属于事前故意，可能有两种观点，乙的行为与之对应，也有两种观点：

观点1：如果认定甲构成故意杀人罪（既遂），那么，乙在过程中提供了帮助，属于帮助犯。

观点2：如果认定甲构成故意杀人罪（未遂）和过失致人死亡罪，数罪并罚，那么，乙在后半段利用了甲的杀人行为，属于间接正犯。

迷你案例

案情：（2016/4/2 改编）赵某砍杀钱某后叫来朋友孙某，二人一起将钱某抬至汽车的后座，由赵某开车，孙某坐在钱某身边。开车期间，赵某不断地说"真不该一时冲动"，"悔之晚矣"。其间，孙某感觉钱某身体动了一下，仔细察看，发现钱某并没有死。但是，孙某未将此事告诉赵某。到野外后，赵某一人挖坑并将钱某埋入地下（致钱某窒息身亡），孙某一直站在旁边没做什么，只是反复催促赵某动作快一点。

问题：赵某和孙某的行为如何定性？

答案：赵某的行为属于事前故意，可能有两种观点，孙某的行为与之对应，也有两种观点：

观点1：赵某有杀人的故意，并导致了他人死亡的结果，构成故意杀人罪（既遂）。孙某在中途强化了赵某的犯意，属于故意杀人罪的帮助犯。

观点2：赵某有砍杀钱某的故意，但未以此法得逞，构成故意杀人罪（未遂），之后"埋尸"的行为构成过失致人死亡罪，与故意杀人罪（未遂）数罪并罚。孙某利用不知情赵某的"埋尸"行为导致钱某死亡，属于故意杀人罪的间接正犯。

（三）结果提前实现的观点展示

[基本模型] 甲想用安眠药将乙迷晕后勒死，但乙因食用过多安眠药死亡。

在结果提前实现的基本模型中，分析的总体思路是要不要把杀人行为看成一个整体，如果看成一个整体，成立犯罪既遂；如果拆成两段，则成立未遂犯和过失犯，从一重罪处罚。

在具体操作上，针对结果提前实现的问题，"先分析主观，再分析客观"，但是在表述不同观点时，一种笼统地表述为"杀害"，一种详细地表述为"如何杀害"。

迷你案例

案情：甲想用安眠药将乙迷晕后勒死，但乙因食用过多安眠药死亡。

问题：甲的行为如何定性？

答案：本案中，乙的死亡结果发生的时间早于甲的预料，属于结果提前实现，对此有两种观点：

观点1：甲主观上具有杀人的故意，客观上导致了他人死亡的结果，构成故意杀人罪（既遂）。

观点2：甲主观上具有勒杀乙的故意，但未以此法得逞，构成故意杀人罪（未遂），同时构成过失致人死亡罪，由于"勒杀"计划在时间上涵盖了过失致人死亡，是一个行为，因此应从一重罪处罚。

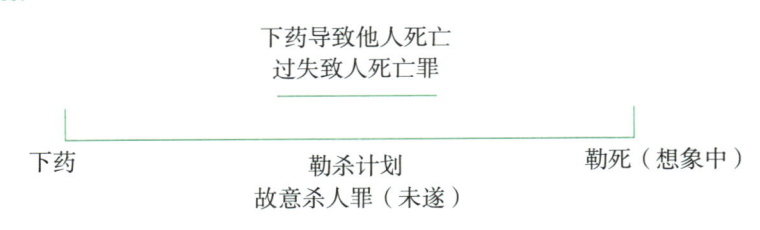

```
            下药导致他人死亡
            过失致人死亡罪
        ┌─────────────────────┐
        下药      勒杀计划      勒死（想象中）
               故意杀人罪（未遂）
```

⚠️**注意**：结果提前实现需要进行观点展示的前提是行为人已经着手实施犯罪。如果行为人尚未着手实施犯罪，而其预想的结果提前发生，则需要将前行为的犯罪预备与后行为（一般是过失犯罪）数罪并罚，这种情况下，一般不需要进行观点展示。

[例] 甲购买毒药准备下在丈夫的食物中毒死丈夫，其先将毒药藏在家中的柜子里，准备等时机成熟时下毒。结果当晚丈夫偶然看到柜中毒药，以为是营养品而服用，导致死亡。本案中，甲的杀人行为尚未着手，因此一般不需要进行观点展示，应将准备毒药（故意杀人罪预备）与管理毒药不慎致人死亡（过失致人死亡罪）两个行为数罪并罚。

22 共同犯罪的认定与归责

除了因果关系，共同犯罪理论也可以把结果归属于所有行为人，完成"归责"的任务。在此之前，需要先讨论共同犯罪的成立条件。

一、共同犯罪的成立条件

1. 共同犯罪的法定成立条件

[法条链接]《刑法》第25条 [共同犯罪的概念] 共同犯罪是指2人以上共同故意犯罪。

2人以上共同过失犯罪，不以共同犯罪论处；应当负刑事责任的，按照他们所犯的罪分别处罚。

通过分析上述法条可知，共同犯罪的法定成立条件包括：①2人以上；②意思联络（合意，共谋）；③均是故意犯罪。

2. 共同犯罪不要求参与人有相同的犯罪故意。不同犯意的人，就其中共同的部分成立共同犯罪。

[例] 甲以杀人的故意，乙以伤害的故意，共同对被害人施暴。二人虽然犯意不同，但存在共同的部分，即故意伤害。因此，二人在故意伤害罪的范围内成立共同犯罪。甲构成故意杀人罪，乙构成故意伤害罪。

注意："在故意伤害罪的范围内成立共同犯罪"，代表"故意伤害罪"是二人认定罪名的共性部分，不代表二人均以故意伤害罪定罪。

迷你案例

1. 案情：（2018-主，改编）林某、丁某二人共谋后共同向被害人武某开枪，武某头部中弹身亡。事后查明，林某是朝武某腿部开的枪，丁某是朝武某腹部开的枪，但无法查明击中武某头部的子弹是谁射击的。

问题：林某、丁某的行为如何定性？

答案：林某和丁某在故意伤害罪的范围内成立共同犯罪，均需对武某的死亡结果负责。林某有伤害的故意，构成故意伤害致人死亡；丁某有杀人的故意，构成故意杀人罪（既遂）。

2. 案情：甲为了要债，乙做生意亏钱，也想借机摆脱困境，两人共同控制丙向其父索要财物。

问1：甲和乙是否成立共同犯罪？

答案：二人虽然犯意不同，但存在共同的部分，即非法拘禁罪。因此，二人在非法拘禁罪的范围内成立共同犯罪。

问 2：甲和乙如何定罪？

答案：甲不具有非法占有目的，构成非法拘禁罪；乙具有非法占有目的，向第三人索要财物，构成绑架罪。

3. 成立共同犯罪不要求行为人达到刑事责任年龄。没有达到刑事责任年龄但具有规范理解能力的人，也可能在违法层面与他人成立共同犯罪。

[例 1] 甲（18 周岁）和乙（13 周岁）共同盗窃。13 周岁已经有了规范理解能力，因此，甲不可能支配乙，甲不是间接正犯。本案中，我们先抛开年龄不谈，甲和 13 周岁的乙在违法层面是"心与心的对话"，从而，二人在违法层面成立共同犯罪。然后再结合年龄来看，甲 18 周岁，已经达到刑事责任年龄，需要对盗窃行为负刑事责任；乙 13 周岁，没有达到盗窃罪的刑事责任年龄，不需要负刑事责任。

[例 2] 甲（18 周岁）唆使乙（5 周岁）盗窃。5 周岁没有规范理解能力，因此，甲是间接正犯，乙无罪。

迷你案例

案情：甲（18 周岁）和乙（13 周岁）轮流对妇女实施性侵害。

问题：甲和乙的行为分别如何定性？

分析思路：本案中，我们先抛开年龄不谈，甲和乙在违法层面成立共同犯罪，且属于"轮奸"。然后再结合年龄来看，甲 18 周岁，已经达到刑事责任年龄，需要负刑事责任；乙 13 周岁，没有达到强奸罪的刑事责任年龄，不需要负刑事责任。所以最终甲单独构成强奸罪，且属于"轮奸"，应加重处罚。

答案：甲和乙在违法层面成立共同犯罪，且属于"轮奸"。乙没有达到强奸罪的刑事责任年龄，不负刑事责任；甲已经达到刑事责任年龄，需负刑事责任。

二、不成立共同犯罪的情形

1. 共同过失犯罪

2 人以上共同过失犯罪的，虽然外表上有共同行为，但行为人无意思联络，不成立共同犯罪。犯罪人分别对自己的行为负责。

迷你案例

案情：负责同一处铁路扳道的扳道工甲和乙都忘记了扳道，导致火车发生事故。

问题：甲和乙的罪过是什么？二人是否成立共同犯罪？

答案：甲、乙对结果均有过失，二人都是过失犯罪，不成立共同犯罪。

2. 故意犯与过失犯

故意犯罪人与过失犯罪人的行为相互连接或联系，但因为其相互之间无意思联络，故不成立共同犯罪。故意犯罪人与过失犯罪人分别对自己的行为负责。

[例] 监管人员甲擅离职守，导致重大案犯乙趁机脱逃。甲构成过失犯罪（失职致使

在押人员脱逃罪），乙构成故意犯罪（脱逃罪）。

3. 同时犯

2人以上同时以各自行为侵犯同一对象，但彼此之间无意思联络，属于同时犯。犯罪人分别对自己的行为负责。

[例] 甲、乙二人趁商店失火之际，不谋而合地同时到失火地点窃取商品，不成立共同犯罪，应分别对自己盗窃的数额负责，不能适用"部分实行，全部责任"的共犯处理原则。

4. 间接正犯和"工具"之间一般不成立共同犯罪。

间接正犯是指行为人利用他人作为工具实施犯罪的情况。间接正犯没有亲手实施犯罪，但由于将他人当作犯罪工具，因此在规范意义上视为亲手实施，也视为正犯。

间接正犯的标志：欺骗、胁迫、特殊认知。

间接正犯的类型		举 例
欺骗型	欺骗他人造成损害第三人的后果	行为人欺骗患有白内障的猎人前方有兔子（行为人知道是人），让猎人开枪打兔子，导致他人死亡。
	欺骗他人自我损害	行为人欺骗被害人，称被害人的狗有病，让被害人将狗杀死。
胁迫型	间接正犯压制对方反抗，不给对方选择空间。如果给对方一定选择空间，胁迫者属于主犯，被胁迫者属于胁从犯。	（见后文的例题）
特殊认知型	利用没有身份的人实施身份犯罪	国家工作人员利用非国家工作人员的妻子进行受贿。
	利用没有目的的人实现特定目的	行为人有牟利目的，让没有牟利目的的乙帮其传播淫秽物品，行为人成立传播淫秽物品牟利罪的间接正犯。
	利用缺乏规范理解能力者	行为人让5岁的孩童实施犯罪。
	站在认知制高点，把他人当作犯罪工具	甲知道丙设置路障想要摔死丁，于是将自己的仇人乙引诱到路障上，将乙摔死。丙成立故意杀人罪的直接正犯，甲成立间接正犯。

[例] 钱某找到以前的同伙周某，骗周某说："我要去罗某家抢劫，你帮我去放风吧。"周某起初不答应，钱某就恐吓周某："抢劫的事也告诉你了，你要不去的话，我明儿灭你的口。"周某被迫同意。钱某虽然有胁迫的行为，但没有达到完全剥夺对方自由意志的程度（存在"时间差"），因此，钱某不是间接正犯，而是教唆犯、主犯（周某是胁从犯）。

迷你案例

案情：颜某将周某逼入水中，此时，周某抓住了货船边的一条绳子，蒋某想将周某拉起。颜某见状，用扳手顶着蒋某脑袋，呵斥道："谁叫你拉的？把绳子解掉，不然打爆你的头！"蒋某被迫将绳子解掉。

问题：颜某的行为如何定性？

答案：颜某胁迫他人，达到了使对方没有选择空间的程度。颜某利用他人作为工具实施杀人行为，是故意杀人罪的间接正犯。

三、共同犯罪的处理原则

1. 原则上，成立共同犯罪，要把每个人造成的结果"给"到所有人，包括既遂的结果（"一人既遂，全体既遂"）、数额的结果（"部分实行，全部责任"）、加重的结果（"一人加重，全体负责"）。

［例1］罪犯甲和乙共同挖洞越狱，甲逃出，乙卡在洞口被抓获。二人成立共犯，甲犯罪既遂，其既遂结果需要"给"到乙，甲相当于乙的"腿替"，因此，乙也成立脱逃罪既遂。

［例2］甲和乙共同实施抢劫，甲抢得3万元，乙抢得4万元。二人成立共犯，甲抢得的3万元需"给"到乙，乙抢得的4万元需"给"到甲，二人均需对7万元的数额负责。

迷你案例

案情：甲、乙、丙一起实施强奸行为，甲和乙强奸成功，丙没有成功。

问题：甲、乙、丙的行为分别如何定性？

答案：甲、乙、丙三人是共同犯罪，甲、乙二人属于"轮奸"，根据共同犯罪的原理，丙也属于"轮奸"，三人均应加重处罚。

2. 共同犯罪中，如果无法确定结果是由谁导致的，原则上所有人都要对结果负责。这是因为即便无法确定是谁导致了犯罪结果发生，但对于共同犯罪人来说，要么是自己造成结果，要么被"给"到别人造成的结果，无论如何都要对结果负责。

四、共同犯罪处理原则的例外

	类型	含义	判断标准	后果	举例
例外1	"共犯离线型"（共犯脱离）	共同犯罪中有人中途离开	切断物理因果和心理因果	脱离者无需对退出之后的结果负责	甲和乙共谋盗窃，甲在实施之前明确告诉乙自己要退出，并要回钥匙。甲是共犯脱离。
例外2	"共犯超神型"（实行过限）	一方在对方不知情的情况下实施了原本没有计划的行为	行为人的行为超出了对方的预见可能性	不知情者不对想不到的部分负责	甲和乙共同盗窃，甲入户，乙望风。甲入户后遇到主人，对其实施了强奸行为，乙对此浑然不知。甲是实行过限。
例外3	"暗中观察型"（片面共犯）	一方在对方不知道的情况下实施了帮助、教唆或者实行行为	暗中实施帮助、教唆或者实行行为	不知情的人对其认识以外的结果不负责	甲入户盗窃，乙自愿在外面为甲望风，为其阻拦主人23次，使甲成功窃取财物。乙是片面共犯。

续表

类型	含义	判断标准	后果	举例
例外4	"共犯后入型"（承继共犯）	一方中途加入对方的犯罪	一般是在对方既遂之前加入	中途加入者不对加入前的结果负责	甲为了抢劫将被害人打晕（造成重伤），乙知情后为甲照明，使甲取得财物。乙是承继共犯。

[口诀] 共同犯罪的原则与例外
脱离切断双因果，之后结果不归我。
实行过限想不到，超出部分我不要。
中途加入是承继，罪名相同责任异。
片面就像单相思，对方知道我不知。

下面对四个例外一一详细论述：

（一）"共犯离线型"——共犯脱离

共犯脱离，是指成立共同犯罪之后中途离开，成功脱离者不对之后发生的结果负责。共犯脱离要同时切断物理因果和心理因果，二者缺一不可。

[例1] 甲与乙共谋盗窃汽车，甲将盗车所需的钥匙交给乙。但甲后来向乙表明了放弃犯罪之意，并让乙还回钥匙。乙对甲说："你等几分钟，我用你提供的钥匙配制一把钥匙后再还给你。"配制完成后，甲要回了自己原来提供的钥匙。后乙利用自己配制的钥匙盗窃了汽车（价值5万元）。甲先前提供的钥匙仍起到作用，没有切断物理因果，不属于共犯脱离，对甲依然适用"一人既遂，全体既遂"的原则，认定其成立犯罪既遂。

[例2] 甲和乙约定入室盗窃，乙因为肚子疼没去，甲没有等到乙，于是自己单独实施了盗窃。甲虽然没能和乙一起盗窃，但乙提供的心理因果一直存在。乙不属于共犯脱离，因此依然适用"一人既遂，全体既遂"的原则，成立犯罪既遂。

[例3] （2017/2/6）甲欲前往张某家中盗窃。乙送甲一把擅自配制的张家房门钥匙，并告诫甲说，张家装有防盗设备，若钥匙打不开就必须放弃盗窃，不可入室。甲用钥匙开张家房门，无法打开，本欲依乙告诫离去，但又不甘心，思量后破窗进入张家窃走数额巨大的财物。本案中，当甲发现打不开门的时候，乙的心理因果就被切断，因此，乙属于共犯脱离，成立盗窃罪未遂的帮助犯。两人成立共犯，但一人认定为既遂、一人认定为未遂，属于共同犯罪原则的例外。

迷你案例

案情：（2015/4/2改编）按照事前分工，宗某发微信将钱某诱骗到湖边小屋。但宗某得知钱某到达后害怕出事后被抓，给高某打电话说："我不想继续参与了。一日网恋十日恩，你也别杀她了。"高某大怒："你太不义气啦，算了，别管我了！"宗某又随即打钱某电话，打算其离开小屋，但钱某手机关机未接通。最终，高某杀害了钱某。

问题：宗某的行为如何定性？

答案：宗某用微信将钱某约到指定地点后未能成功通知钱某离开，没有切断物理因果，不属于"共犯脱离"的情形，构成故意杀人罪既遂。

（二）"共犯超神型"——实行过限

实行者的行为超出了原计划，如果望风者能想到，需要对超出的部分负责；如果望风者想不到，则不对超出的部分负责，即实行过限。

[例1] 甲入户盗窃，乙在外望风，甲在盗窃之后实施了强奸。由于强奸超出了乙原本的犯罪故意，乙无法想到，因此，乙不对强奸罪负责，只能认定其构成盗窃罪。

[例2] 甲入户盗窃，乙在外望风，甲在盗窃之后为了抗拒抓捕使用暴力，转化为抢劫罪。由于转化抢劫超出了乙原本的犯罪故意，乙无法想到，因此，乙不对抢劫罪负责，只能认定其构成盗窃罪。

[例3] 甲入户故意伤害丙，乙在外望风，甲在实施伤害的过程中导致丙死亡。由于故意伤害致人死亡是结果加重犯，属于"常见、常发、常伴随"的情形，因此，乙能预想到丙的死亡结果，也认定其构成故意伤害致人死亡。

⬤ 注意：结果加重犯"常见、常发、常伴随"，不属于实行过限。一般的加重情节（如"绑架并杀害被绑架人"）"常见"程度没有结果加重犯高，因此属于实行过限。

[例] 甲入户绑架，乙在外望风，甲在绑架之后杀害了被绑架人。由于"绑架并杀害被绑架人"属于一般的加重情节，不是结果加重犯，"常见"程度没有结果加重犯高，因此，乙无法预见甲的杀人行为，不构成"绑架并杀害被绑架人"，只能认定其构成普通绑架罪。

迷你案例

案情：甲、乙共谋行抢。甲在偏僻巷道的出口望风，乙将路人丙的书包（内有现金1万元）一把夺下，转身奔逃。丙随后追赶，欲夺回书包。甲在丙跑过巷道口时突然伸腿将丙绊倒，丙倒地后摔成轻伤，甲、乙趁机逃脱。

问题：甲、乙的行为分别构成何罪？

答案：甲、乙共同对物使用暴力，对人身有一定危险性，在抢夺罪的范围内成立共同犯罪。甲为了抗拒抓捕使用暴力，转化为抢劫罪。甲的抢劫超出了乙原本的犯罪故意，属于实行过限，乙无需对此负责。因此，乙构成抢夺罪，甲构成抢劫罪。

⬤ 注意1：实行过限的基本模型是一方入户，一方望风。如果双方都在场，则要考虑不作为犯的问题。

迷你案例

案情：（2018-回）甲、乙约定"搞一下"丙，一起入户捆绑丙后，甲开始抢劫，看见乙在脱裤子，甲才知道乙说的"搞一下"是强奸的意思。甲没有阻止乙的强奸行为。

问题：甲不阻止乙强奸的行为如何定性？

答案：甲捆绑的行为升高了丙被强奸的风险，因此，其有阻止乙实施强奸行为的义务，构成不作为的强奸罪。

❶注意2：如果共同犯罪中受到损害的是共同犯罪人中的一方，则受到损害的一方不对损害结果负责，但不影响另一方对结果单独负责。这也是一种特殊的"实行过限"。

[例]甲雇乙强奸室友，结果受雇者乙误把甲当成目标进行强奸。甲和乙成立强奸罪的共同犯罪，但由于受到损害的是甲，甲不可能对"自己被强奸"这件事情负责，因此，甲属于犯罪未遂，乙属于犯罪既遂。对两人的处罚不同，这也属于共同犯罪处理原则之例外。

迷你案例

案情：甲和乙共同实施抢劫，在抢劫过程中，甲不慎将乙砍成重伤。

问题：甲和乙的行为分别如何定性？

答案：甲抢劫时导致同伙重伤，构成抢劫致人重伤，但乙不能对自己的重伤结果负责，因此，乙不构成抢劫致人重伤，只构成抢劫罪的基本犯。

❶注意：本案还涉及偶然防卫的问题，这里不再详细分析。（详见前文考点13"正当防卫"）刑法主观题考试中分别按照实行过限的模型和偶然防卫的模型分析即可，不用进行整合。

（三）"暗中观察型"——片面共犯

1. 概念：片面共犯，是指一方在对方不知情的情况下"为了对方"实施了实行、帮助或教唆行为。

❶注意：片面共犯是为了对方的利益，而间接正犯是为了自己的利益。

[例1]甲知道乙要在电影院杀自己，于是让自己的胞妹替自己去看电影，借乙杀死自己的胞妹。甲为了自己的利益利用了乙，属于间接正犯。

[例2]甲得知邻居乙的妻子出轨，将其妻子与其他男子的床照悄悄放在乙的桌上，并放了一把枪，乙看到后将妻子杀害。甲是为了对方的利益（提醒对方），属于片面教唆犯。

迷你案例

案情：甲PS（技术合成）了邻居乙的妻子与其他男子的床照，悄悄放在乙的桌上，并放了一把枪，乙看到后将妻子杀害。

问题：甲的行为如何定性？

答案：甲欺骗乙，利用乙作为工具实施杀人行为，属于故意杀人罪的间接正犯。

2. 最典型的片面共犯：片面帮助犯

如果行为人暗中为他人提供帮助，则属于片面帮助犯。

[例]甲得知乙要杀丙，就在丙逃生必经的路上设置路障，使乙成功杀死丙。乙对甲的帮助并不知情。甲属于故意杀人罪的片面帮助犯，应对丙的死亡结果负责。

3. 如果行为人暗中实施实行行为，对此有两种观点：

观点1：如果承认片面共同正犯，按照实行罪名的片面共同正犯处罚。

观点2：如果不承认片面共同正犯，则可以降格评价为片面帮助犯。

注意：片面共同正犯是指暗中实施某罪的实行行为，如暗中实施抢劫罪或强奸罪中压制反抗的行为。

迷你案例

案情：（2017/2/54）甲知道乙计划前往丙家抢劫，为帮助乙取得财物，便暗中先赶到丙家，将丙打昏后离去（丙受轻伤）。乙来到丙家时，发现丙已昏迷，以为丙是疾病发作晕倒，遂从丙家取走价值5万元的财物。

问题：甲和乙的行为如何定性？

答案：本案中，无论甲的行为如何定性，乙没有压制他人反抗，而是以平和手段取走他人财物，构成盗窃罪。

对于甲的行为的定性，存在两种不同观点：

观点1：如果承认片面共同正犯，甲暗中实施了压制反抗的行为，是抢劫的正犯行为，属于抢劫罪的片面共同正犯。

观点2：如果不承认片面共同正犯，根据共犯从属性，甲压制丙反抗的行为从属于乙的盗窃行为，甲属于盗窃罪的片面帮助犯，同时构成故意伤害罪。由于伤害行为本身即盗窃的帮助行为，因此只有一个行为，应从一重罪处罚。

（四）"共犯后入型"——承继共犯

1. 概念：承继共犯是指在正犯实施犯罪过程中加入对方。
2. 承继共犯加入的时机

（1）一般犯罪中，承继共犯需要在他人犯罪既遂之前加入，如果他人的犯罪已经既遂，加入者一般只构成"赃物犯罪"。

```
           加入时机
          /        \
    既遂前加入    既遂后加入
         |            |
      共同犯罪     "赃物犯罪"
```

迷你案例

案情：（2017/2/86）某小区五楼刘某家的抽油烟机发生故障，王某与李某上门检测后，决定拆下搬回维修站修理，刘某同意。王某与李某搬运抽油烟机至四楼时，王某发现其中藏有一包金饰，遂暗自将之塞入衣兜。王某与李某将抽油烟机搬走后，刘某想起自己此前曾将金饰藏于其中，追赶前来，见王某神情可疑，便要其返还金饰。王某为洗清嫌疑，趁乱将金饰转交李某，李某心领神会，接过金饰藏于裤兜中。刘某确定王某身上没有金饰后，转身再找李某索要。李某突然一拳击倒刘某，致其倒地重伤。李某与王某随即逃走。

问题：李某的行为如何定性？

答案：李某在王某盗窃既遂后加入，其行为属于掩饰、隐瞒犯罪所得，因此不能转化为抢劫罪，应当认定为掩饰、隐瞒犯罪所得罪，与故意伤害罪数罪并罚。

（2）继续犯中，行为人可以在前行为既遂之后加入，只要不法状态仍在持续，加入者就可以成立承继共犯。

[例] 甲绑架丙之后，乙加入，向丙家人索要财物。虽然甲已经控制人质，属于绑架罪既遂，但是，由于绑架罪是继续犯，乙是在不法状态持续期间加入的，因此仍然成立承继共犯。

（3）承继共犯的处理原则：和前行为人适用同一罪名，但对前行为人造成的重伤、死亡等结果不负责。（"罪名共用，责任分担"）

迷你案例

案情：（2007/2/53）周某为抢劫财物在某昏暗场所将王某打成重伤。周某的朋友高某正好经过此地，高某得知真相后应周某的要求提供照明，使周某顺利地将王某钱包拿走。

问题：周某和高某的行为分别如何定性？

答案：周某属于抢劫致人重伤，高某属于抢劫罪的基本犯。周某压制他人反抗而取得财物，构成抢劫罪。高某中途加入，成立抢劫罪的承继共犯，高某和周某构成抢劫罪的共同犯罪。周某在抢劫过程中导致他人重伤，属于抢劫致人重伤，高某无需对王某的重伤结果负责，属于抢劫罪的基本犯。

（五）"逻辑双刀"

前文中（考点19"结果归属体系"）提到，如果成立共同犯罪，一般情况下，可以将结果归属于所有行为人。但这一结论是基于共同犯罪的处理原则而言，如果出现了共同犯罪处理的例外，或者根本不成立共同犯罪，在"查不清"这一问题上，需要使用"逻辑双刀"。

"逻辑双刀"，是指在无法查清事实的情况下分情况讨论，最后根据不同的可能性整合结论。"逻辑双刀"一般用于承继共犯、片面共犯这些共犯的例外情形，以及不构成共犯的情形中。

[例]（2019-回）甲交通肇事后逃逸，将乙撞倒在路边，后丙驾车经过未发现乙，驾车从乙身上轧过。乙死亡，但无法查明其死亡结果是甲还是丙导致的。本案中，运用"逻辑双刀"：①如果是甲将乙撞死，则甲需要对死亡结果负责，在这种假设下，丙相当于碾压了尸体，无需对死亡结果责任；②如果是丙将乙轧死，由于公路上后车辆的自然碾压属于正常介入因素，甲的行为与乙的死亡结果之间具有因果关系，甲和丙都要对死亡结果负责。综上所述，无论哪一种情况，甲都需要对死亡结果负责；丙可能需要负责，也可能不需要负责，因此根据"存疑有利于被告"的原则，丙不需要对死亡结果负责。

注意1："存疑有利于被告"，是指在认定事实存在模糊之处时，应作出有利于被告人的推论。即在一个案件中，如果对行为人的定性"基于事实原因"有两种可能，应按照有利于行为人的推论定性。

⚠ **注意2**："存疑有利于被告"也可写成"存疑有利于被告人"或者"存疑有利于行为人"，但不能写成"存疑有利于被害人"或者"疑罪从无"。

迷你案例

案情：甲向仇人丙开枪，乙也想杀死丙，为了确保万无一失，于是也暗中（甲不知情）朝着丙开枪。丙中弹死亡，但身上只有一处弹孔，无法查明是甲还是乙击中了丙。

问题：甲和乙的行为分别如何定性？

分析思路：如果是甲的子弹击中丙，乙没有提供物理帮助，也没有提供心理帮助，不是片面帮助犯，无需对丙的死亡结果负责；如果是乙的子弹击中丙，甲在不知情的情况下也无需对丙的死亡结果负责。因此，根据"存疑有利于被告"的原则，甲和乙均无需对死亡结果负责。

答案：甲和乙均具有杀人的故意，但根据"存疑有利于被告"的原则，甲和乙均无需对死亡结果负责，二人均成立故意杀人罪（未遂）。

23 归责的意义

通过前文的因果关系理论、认识错误理论、共同犯罪理论，可以确定行为人"是否要对结果负责"。在绝大部分情况下，"是否要对结果负责"并不会影响定罪，但可能影响量刑。

具体而言，"归责"有以下四个方面的意义：

一、影响既遂与否

如果行为人一开始追求的就是 X 结果，那么行为人是否需要对 X 结果负责会影响既遂与否。

［例1］甲意图杀人，但异常介入因素"泥石流"导致被害人死亡。甲无需对被害人的死亡结果负责，只成立故意杀人罪（未遂）。

［例2］甲意图杀人，但发生了正常介入因素"狭义因果关系错误"。甲需要对被害人的死亡结果负责，成立故意杀人罪（既遂）。

［例3］甲对乙实施诈骗，虽然取得了财物，但乙是基于怜悯和同情给的钱。由于不存在因果关系，甲无需对诈骗的结果负责，成立诈骗罪（未遂）。

二、影响罪数问题

如果某罪的基本结果是 X，但法律规定了附加结果 Y（致人重伤、致人死亡），行为人在成立特定罪名的基础上还需对Y结果负责，那么通过罪数处理，行为人可能成立结果加重犯、从一重罪处罚等。

[例1] 甲在抢劫过程中和被害人乙发生打斗，乙在激烈打斗中不慎摔下楼梯死亡。甲构成抢劫罪（X），打斗导致了乙的死亡结果（Y）发生，且介入因素正常，甲还需要对Y结果负责。因此，甲的行为应整体评价为"抢劫致人死亡"这一结果加重犯。

[例2] 甲在抢劫过程中和被害人乙发生打斗，乙突然举枪自杀。甲构成抢劫罪（X），虽发生了乙死亡的结果（Y），但介入因素异常，甲无需对Y结果负责。因此，甲成立抢劫罪的基本犯，而非"抢劫致人死亡"。

[例3] 甲在强制猥亵被害人乙的过程中不慎导致乙滑倒死亡。甲构成强制猥亵罪（X），同时需要对乙的死亡结果（Y）负责。由于强制猥亵罪没有结果加重犯，因此，甲构成强制猥亵罪和过失致人死亡罪，从一重罪处罚。

三、影响过失犯的成立

过失犯罪当中，只有需要对实害结果负责才构成犯罪。因此，如果行为人无需对结果负责，则不能构成过失犯罪。

迷你案例

案情：甲和乙比赛打兔子，两人射出的子弹中有一颗击中了丙，无法确定致命子弹由谁所发。

问题：甲和乙的行为分别如何定性？（不考虑枪支犯罪的问题）

答案：本案中，由于不能确定行为与死亡结果之间的因果关系，过失又不能成立共同犯罪，因此，甲和乙都无需对死亡结果负责。由于过失犯的成立以需要对实害结果负责为前提，因此，甲和乙不成立过失犯罪。又由于甲和乙没有犯罪的故意，因此对二人只能作无罪处理。

四、共同犯罪中，每个人的归责是独立的

原则上，所有共同犯罪的参与者都需要对造成的实害结果负责，但如前文所述，参与者的主观故意可能不同，因此，在对每一个参与者定罪量刑时，需要在其自身罪名的基础上判断其需要负责的结果的罪数问题。

迷你案例

案情：甲、乙、丙三人约定一起去"搞一下"丁，三人共同实施暴力导致丁死亡。后查明，甲说的"搞一下"是伤害的意思，乙说的"搞一下"是抢劫的意思，丙说的"搞一下"是杀人的意思。

问题：甲、乙、丙的行为分别如何定性？

答案：本案中，三人成立共同犯罪，均对丁的死亡结果负责，结合各自的罪名，甲构成故意伤害致人死亡，乙构成抢劫致人死亡，丙构成故意杀人罪（既遂）。

第六讲 回顾与应用

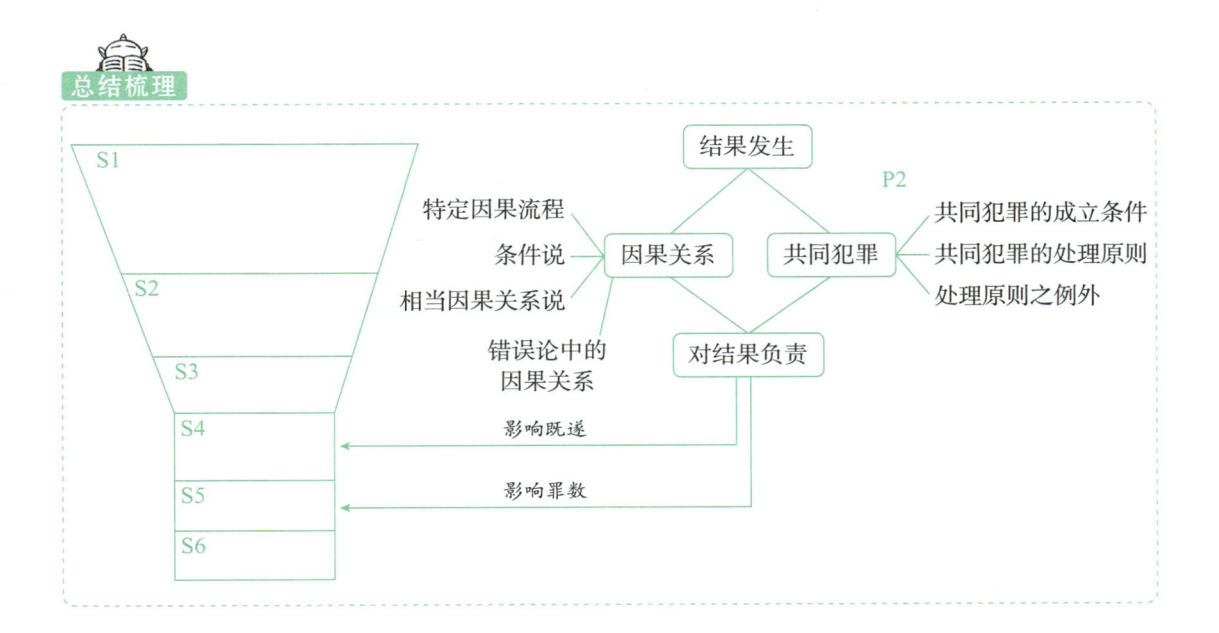

总结梳理

```
S1
S2         特定因果流程                          结果发生
S3         条件说         因果关系    共同犯罪   P2   共同犯罪的成立条件
S4         相当因果关系说                              共同犯罪的处理原则
S5         错误论中的      对结果负责                    处理原则之例外
S6         因果关系
              影响既遂
              影响罪数
```

小综案例

[案情] 甲、乙、丙共谋要"狠狠教训一下"他们共同的仇人丁。到丁家后，甲在门外望风，乙、丙进屋打丁。但当时只有丁的好友田某在家，乙、丙误把体貌特征和丁极为相似的田某当作是丁进行殴打，遭到田某的强烈抵抗和辱骂，二人分别举起板凳和花瓶向田某头部猛击，将其当场打死。

问题：

1. 甲、乙、丙三人是否成立共同犯罪？
2. "乙、丙误把体貌特征和丁极为相似的田某当作是丁"属于什么事实认识错误？对乙、丙二人应如何处理？
3. 甲的行为如何定性？

答案

1. 成立。乙、丙用板凳和花瓶猛击被害人头部，该行为有导致他人死亡的高度危险性，是杀人行为，乙、丙构成故意杀人罪。甲以伤害的故意为乙、丙望风，三人在故意伤害罪的范围内成立共同犯罪，其中，乙、丙是正犯；甲是帮助犯，应当从轻、减轻或免除处罚。
2. "乙、丙误把体貌特征和丁极为相似的田某当作是丁"属于对象错误，对象错误不影响既遂的成立，乙、丙非法剥夺他人生命，构成故意杀人罪（既遂）。

3. 对甲而言，乙、丙的杀人行为超出了甲原本的犯罪故意，属于实行过限，只能认定甲构成故意伤害罪。甲可以预见被害人的死亡结果，因此，其应对被害人的死亡结果负责，属于故意伤害致人死亡。

第 7 讲 LECTURE 07

未完成罪（S4）

"未完成罪"适用的前提有两种：①结果没有发生，如杀人案件当中没有造成被害人的死亡结果；②结果发生，但行为人不对结果负责，如前文提到的异常介入因素切断因果关系的情形。在以上两种情况下，行为人不成立犯罪既遂，只可能成立犯罪预备、犯罪中止或者犯罪未遂。三种未完成罪应如何区分、其各自有哪些成立条件，是本讲讨论的内容。

24 未完成罪的基础理论

一、几种未完成罪的关系

预备阶段和实行阶段的界限在于是否"着手"（见后文"三、着手的判断"），实行阶段结束成立"既遂"（见后文"四、既遂的判断"）。

1. 在预备阶段，行为人因为客观原因停止犯罪，成立犯罪预备；因为主观原因放弃犯罪，成立预备阶段中止。

2. 在实行阶段，行为人因为客观原因停止犯罪，成立犯罪未遂；因为主观原因放弃犯罪，成立实行阶段中止。

二、几种犯罪形态之间相互排斥

1. 只要达到犯罪既遂，就不可能再成立犯罪预备、犯罪未遂或犯罪中止。例如，抢到财物后又归还也成立犯罪既遂；绑架中已经控制他人勒索财物的，即使没有实际拿到财物，也成立犯罪既遂。

迷你案例

案情：甲趁在路上行走的妇女乙不注意之际，将乙价值12 000元的项链一把抓走，然后逃跑。跑了50米之后，甲以为乙的项链根本不值钱，就转身回来，跑到乙跟前，打了乙两耳光，然后将项链扔给乙。

问题：甲的行为如何定性？属于何种犯罪形态？

答案：甲对他人的财物使用暴力，对他人的人身造成一定危险，构成抢夺罪。由于已经取得财物，甲的行为成立抢夺罪既遂。

2. 如果前一次停止已呈终局形态，就会排斥其他未完成形态的成立。例如，已经形成了犯罪未遂的终局状态，就不再成立犯罪中止；已经形成了犯罪中止的终局状态，就不再成立犯罪未遂。

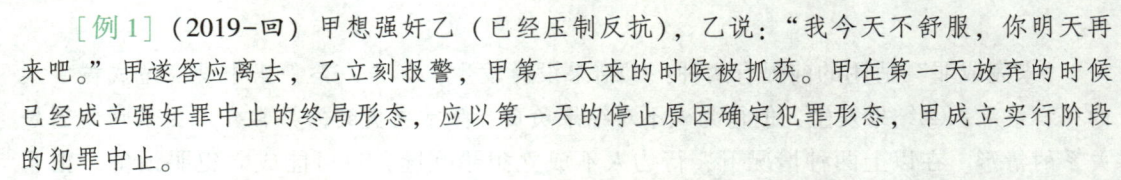

[例1]（2019-回）甲想强奸乙（已经压制反抗），乙说："我今天不舒服，你明天再来吧。"甲遂答应离去，乙立刻报警，甲第二天来的时候被抓获。甲在第一天放弃的时候已经成立强奸罪中止的终局形态，应以第一天的停止原因确定犯罪形态，甲成立实行阶段的犯罪中止。

[例2]甲想强奸乙（已经压制反抗），乙说："我先去洗个澡，10分钟就好。"甲答应守在门口，其间乙报警将甲抓获。因为答应暂停10分钟并没有形成犯罪的终局状态，甲成立强奸罪未遂。

迷你案例

案情：（2019-回）甲砍乙数刀后离开。2小时后，为了毁灭证据，甲回到现场，发现乙还没死，心生怜悯将其送医，乙被救活。

问题：甲的行为如何定性？

答案：甲意图非法剥夺他人生命，构成故意杀人罪。甲在2小时前离开的时候，因为客观原因未能得逞，已经形成故意杀人罪未遂的终局状态，之后的救助行为不再成立犯罪中止。因此，甲成立故意杀人罪未遂。

三、着手的判断

着手，即对法益产生"现实、紧迫、直接的危险"时。

1. 投放危险物质罪，投放毒药时是着手。例如，向村里的水井投毒时，就是投放危险物质罪的着手。

2. 通过投毒方式实施的故意杀人罪，被害人食用含有毒药的食物时是着手。例如，向丈夫的饭菜里投毒，丈夫食用有毒食物时，就是故意杀人罪的着手。

3. 抢劫、强奸犯罪中，开始压制反抗，就已经着手。

> **迷你案例**

案情：甲将被害人按倒在地，准备实施强奸，却被被害人打晕。
问题：甲的行为如何定性？
答案：甲压制他人反抗，意图与他人发生性关系，构成强奸罪。甲在实施强奸的过程中压制了被害人反抗，已经着手，因为客观原因未能得逞，构成强奸罪（未遂）。

四、既遂的判断

既遂，是指行为人所希望或者放任的、行为性质所决定的危害结果已经发生。刑法主观题考试中涉及的重要既遂标准包括：

1. 故意杀人罪的既遂标准是被害人死亡。
2. 拐卖妇女、儿童罪，绑架罪的既遂标准是控制被害人。

> **迷你案例**

案情：甲以出卖为目的偷盗婴儿后，因惧怕承担刑事责任，又将婴儿送回原处。
问题：甲的行为如何定性？
答案：甲已经以出卖为目的控制被害婴儿，构成拐卖儿童罪（既遂），将婴儿送回原处也不再成立犯罪中止。

3. 财产犯罪的既遂标准是取得财物。

（1）如果是小件物品，如耳环、项链、戒指等，入手、入兜、入袋即为犯罪既遂。

[例] 甲在珠宝柜台偷拿一枚钻戒后迅速逃离，慌乱中在商场内摔倒。保安扶起甲后发现其盗窃行为并将其控制。甲构成盗窃罪（既遂）。

（2）如果是大件物品，行为人出门、出店即为犯罪既遂。

（3）如果行为人将财物藏在一个"只有他知道"的地方，即使是被害人家中或者家附近，也成立犯罪既遂。

> **迷你案例**

案情：甲潜入乙的住宅盗窃，将乙的皮箱（内有现金3万元）扔到院墙外，准备一会儿翻墙出去再捡。偶然经过此处的丙发现皮箱无人看管，以为是遗失物，便将其拿走，据为己有。15分钟后，甲来到院墙外，发现皮箱已无踪影。
问1：甲的行为如何定性？
答案：甲打破他人对财物的占有、建立新的占有，构成盗窃罪，且属于"入户盗窃"。由于其已经将财物扔到偏僻的地方，排除了被害人的占有，因此构成盗窃罪（既遂）。
问2：丙的行为如何定性？
答案：丙以为皮箱是遗失物而取走，主观上有侵占的故意；客观上，丙打破他人占有、建立新的占有，是盗窃行为。主客观相统一，丙构成侵占罪。

4. 受贿罪的既遂标准是收受贿赂，不要求将钱取出或者实际使用。

［例］（2015/2/5/B 改编）国家工作人员甲非法收受他人给予的现金支票后，未到银行提取现金即被查获。由于甲已经收受他人支票，因此构成受贿罪（既遂）。

5. 抽象危险犯的既遂标准是开始实行行为，即行为发生就成立既遂。例如，危险驾驶罪，只要行为人开始开车就成立既遂；运输毒品罪，只要开始运输就成立既遂，不要求到达目的地。

25 犯罪未遂

［法条链接］《刑法》第 23 条 ［犯罪未遂］ 已经着手实行犯罪，由于犯罪分子意志以外的原因而未得逞的，是犯罪未遂。

对于未遂犯，可以比照既遂犯从轻或者减轻处罚。

一、犯罪未遂的成立条件

1. 行为人已经着手。
2. 犯罪没有既遂。
3. 未得逞是由于行为人意志以外的原因。

二、未遂犯的类型

1. 实行终了的未遂：犯罪人已将其认为达到既遂所必需的全部行为实行终了，但由于其意志以外的原因未得逞。

［例］甲想杀死乙，便来到乙家中，对着乙连砍 10 刀后溜走。乙被邻居送到医院，经诊断，乙没有受到严重伤害。甲已经完成了他计划中的所有行为，但乙的死亡结果没有发生，甲属于"实行终了的未遂"。

2. 未实行终了的未遂：由于意志以外的原因，犯罪人未能将其认为达到既遂所必需的全部行为实行终了。

［例］甲想杀死乙，便来到乙家中，但他对着乙挥刀的时候就被乙以空手道制服。甲没有完成他计划中的所有行为，乙的死亡结果也没有发生，甲属于"未实行终了的未遂"。

⚠️注意："实行终了的未遂"和"未实行终了的未遂"这种学理分类在答题的时候不用区分写出，了解即可。

三、未遂与不能犯

1. 不能犯的概念：行为人虽然主观上有犯意，但是其客观行为不具有任何法益侵害危险，行为人属于不能犯，不构成犯罪。

一招制敌 学理上有"绝对不能犯""相对不能犯""不能犯的未遂"等概念。出于简便，考试中，只需写"未遂"和"不能犯"两个概念即可。"未遂"就是要处罚，"不能犯"就是无罪。

2. 未遂和不能犯的区别在于，未遂有造成结果的可能性，不能犯没有造成结果的可能性。

一招制敌 迷信犯是不能犯。例如，甲扎小人，想通过邪术"克死"乙。甲属于迷信犯，是不能犯，不构成犯罪。

区分未遂和不能犯，就看如果同样的场景重现一次，成功的概率有多大。如果概率很大，属于未遂；如果还是几乎不能成功，则属于不能犯。

[例1] 甲在男生宿舍大楼里想强奸妇女，将一人按倒之后发现其是楼管大爷。男生宿舍出现女生的概率非常小，甲再试几次也成功不了，因此，其属于不能犯，不构成犯罪。

[例2] 甲在女生宿舍大楼里想强奸妇女，将一人按倒之后发现其是楼管大爷。女生宿舍出现女生的概率很大，甲再试一试很可能成功，因此，其属于强奸罪未遂。

注意：未遂和不能犯的区分只能站在行为当时判断，不能站在上帝视角判断；否则，得出的结论全是不能犯。

[例] 甲看到乙倒在地上，便用石头砸乙的头部。后来发现，乙在2分钟前已经死亡。本案不能站在"全知"的上帝视角，认为不能将死人杀死，因此，甲属于不能犯。正确的判断方法是，如果这个案件重现一次，乙很有可能没死，甲可能杀人成功，因此，甲属于故意杀人罪未遂。

迷你案例

案情：甲深夜潜入乙家中行窃，发现留长发穿花布睡衣的乙正在睡觉，便意图奸淫，扑在乙身上强脱其衣。乙惊醒后大声喝问，甲才发现乙是男人，慌忙逃跑被抓获。

问题：甲的行为如何定性？

分析思路：本案中，换个场景甲很有可能强奸成功，因此，甲属于未遂，而非不能犯。

答案：甲意图压制被害人反抗，与被害人发生性关系，构成**强奸罪**，但在实行阶段因为客观原因未能得逞。由于甲在行为当时具有造成结果的危险性，因此，其属于**强奸罪未遂**，而非不能犯。

26 犯罪中止

[法条链接]《刑法》第24条 [犯罪中止] 在犯罪过程中，自动放弃犯罪或者自动有效

> 地防止犯罪结果发生的，是犯罪中止。
> 对于中止犯，没有造成损害的，应当免除处罚；造成损害的，应当减轻处罚。

可见，犯罪中止需要符合"两性"，即"自动性"和"有效性"。如果不符合"自动性"，可能成立犯罪预备或者犯罪未遂；如果不符合"有效性"，则可能成立犯罪既遂。

一、犯罪中止的类型

1. 预备阶段的中止

行为人在着手前自动放弃犯罪的，是预备阶段的中止。

2. 实行阶段的中止

行为人在着手后、既遂前自动放弃犯罪的，是实行阶段的中止。

注意："预备阶段的中止"和"实行阶段的中止"在量刑上并没有明文规定的区别。真正在量刑上有区别的是"造成损害的中止"和"没造成损害的中止"。（考点29"量刑情节"部分会集中说明）

二、"自动性"的判断

犯罪中止的"自动性"是指行为人自愿放弃犯罪。"自动性"是区分犯罪未遂和犯罪中止（犯罪预备和犯罪中止）的标准。

关于"自动性"的判断标准，需要掌握三种观点："主观说"（通说）、"客观说"、"限定主观说"。

（一）"主观说"（通说）

"主观说"的判断标准如下：

1. 在不存在认识错误的情况下，要看行为人能不能成功。能成功而放弃的，是犯罪中止；不能成功而放弃的，是犯罪未遂（犯罪预备）。

更简单的是，用一般人标准看阻力大还是小：

（1）行为人因为较小阻力放弃犯罪的，属于犯罪中止。

[例] 甲朝被害人开两枪，没有打中被害人，在枪里还有子弹的情况下没有继续开枪，而是选择逃走。甲在可以继续的情况下放弃，是犯罪中止。

迷你案例

1. 案情：（案例指导用书）晚上10时，张某普见一人骑自行车过来，顿生歹意，将自行车上的刘某拽下，按翻在地，欲行强奸。不料刘某居然是其多年未见的中学校友，刘某认出张某普后说："我认识你，你要敢，我就报案。"张某普闻言遂起身逃走，强奸未成。

问题：张某普的行为如何定性？

分析思路：受害人系张某普的校友，张某普担心日后被告发而放弃实行犯罪行为，是小阻力，张某普构成强奸罪（中止）。

答案：张某普意图实施强奸，但在实行阶段自动放弃犯罪，构成强奸罪（中止）。

2. 案情：（案例指导用书）张某普路过陈某住处，见陈某独自在房内睡觉，遂产生强奸念头。张某普从窗户进入室内，从室内拿了一根绳子将陈某捆绑并实施了奸淫。后张某普害怕陈某报警，便用手掐其颈部，意图灭口，因发现陈某面露痛苦之色，心生恐惧，不忍心再下手，遂解开陈某手脚上的绳子，逃离现场（勒颈行为造成了陈某颈部勒痕等轻微伤）。

问题：张某普杀人的行为如何定性？

分析思路：被害人面露痛苦之色是正常现象，是小阻力，张某普构成故意杀人罪（中止）。

答案：张某普意图杀害被害人，但在实行阶段自动放弃犯罪，构成故意杀人罪（中止）。

(2) 行为人因为较大阻力放弃犯罪的，属于犯罪未遂（犯罪预备）。

[例1] 甲意图强奸，对方妇女谎称自己有艾滋病，甲听闻遂放弃强奸。艾滋病是致死疾病，是大阻力，甲属于犯罪未遂。

[例2] 甲抢劫的过程中发现对方是自己的父亲，不得已只能放弃。"父亲"这一身份对于甲来说是重大的伦理障碍，甲属于犯罪未遂。

迷你案例

案情：甲举枪射击仇人乙，准备开枪时才发现对方是乙的表弟丙，遂放弃。

问1：甲的行为如何定性？

答案：甲意图非法剥夺他人生命，构成故意杀人罪。甲在杀人时发现目标错误，是大阻力，其在实行阶段因为客观原因未能得逞，构成故意杀人罪（未遂）。

问2：如果本案中，甲意图抢劫，发现认错人而放弃，甲的行为如何定性？

答案：甲在抢劫时发现认错人，是小阻力，其在实行阶段自动放弃犯罪，构成抢劫罪（中止）。

2. 在存在认识错误的情况下，行为人对"能不能成功"产生误解的，应按照其主观上认识到的事实判断是否能成功。

(1) 行为人主观上误以为可以成功而放弃，客观上已经不能成功的，成立犯罪中止；

(2) 行为人主观上误以为不能成功而放弃，客观上仍可以成功的，成立犯罪未遂。

一招制敌 在行为当时问行为人"你能成功吗"，如果回答是肯定的，行为人成立犯罪中止；反之，成立犯罪未遂。

[例] 甲毒杀妻子，看到妻子痛苦不堪，就将其送医。后来发现，毒药已经过期3天，即使当时不送医，妻子也不会死。甲主观上认为能够成功而放弃犯罪，成立犯罪中止。

迷你案例

案情：甲欲杀乙，将乙打倒在地，然后掐住乙的脖子致其深度昏迷。30分钟后，甲发现乙未死，便举刀刺向乙，第一刀刺中乙的腹部，第二刀扎在乙的皮带上，欲刺第三刀时，刀柄折断。甲长叹："你命太大，整不死你，我服气了！"遂将乙送医救治。经查，甲刺的第一刀已致乙重伤。

问题：甲的行为如何定性？

分析思路：从甲说的话来看，他主观上确信被害人是"杀不死"的（虽然客观上并非如此），按照"主观说"，甲认为不能成功而放弃犯罪，构成故意杀人罪（未遂）。

答案：甲意图非法剥夺他人生命，构成故意杀人罪；甲在主观上认为不能得逞的情况下不得已停止犯罪，构成故意杀人罪（未遂）。

（二）"客观说"

与"主观说"以行为人认识的素材为准不同，"客观说"只看一般人在相同场景下是否会放弃犯罪。

"客观说"的具体判断标准为：在行为人所处的特定场景下，如果一般人会放弃犯罪，行为人也放弃的，行为人属于犯罪未遂；如果一般人不会放弃犯罪，而行为人放弃的，行为人则属于犯罪中止。

[例1] 甲在实施抢劫的过程中被警察包围，遂放弃犯罪。本案中，一般罪犯在被警察包围的时候都会选择放弃犯罪，这种情况下甲主动放弃犯罪的，属于犯罪未遂。

[例2] 乙在入户盗窃的时候听到门外有动静，于是放弃了犯罪。本案中，一般罪犯在盗窃时不会仅仅因为听到动静就放弃盗窃行为，这种情况下乙主动放弃犯罪的，构成盗窃罪（中止）。

（三）"限定主观说"

"限定主观说"认为，只有基于悔悟、同情等对自己的行为持否定评价的规范意识、感情或者动机而放弃犯罪的，才是自动中止。据此，如果题目里面缺乏表明行为人表现出真诚悔悟的材料，其放弃犯罪的，都是犯罪未遂。该学说将犯罪中止的认定标准设置得过高，导致犯罪中止的适用情况极其有限。

> **注意**："主观说"是法考通说，但其他两种学说也需掌握，以便应对观点展示类题目。

三、"有效性"的判断

犯罪中止的"有效性"是指行为人成功防止结果发生。成立有效的犯罪中止要满足三个条件：

1. "善心"，即行为人具有放弃犯罪的决意。
2. "善行"，即行为人做出可以有效防止犯罪结果发生的行为，做一些浮于表面的工作不属于中止。

[例] 甲捅了被害人乙 10 刀后离开，临走前给乙递了张餐巾纸，并嘱咐其多喝热水。甲没有做出自动有效地防止犯罪结果发生的行为，不成立犯罪中止。

3. "善果"，即有效防止结果发生。
（1）虽然自动采取措施，但结果还是发生的，行为人一般还是成立犯罪既遂；
（2）行为人有中止表现后，异常介入因素导致结果发生的，行为人成立犯罪中止。

[例]（2010/2/57/D）甲乙的饮食投放毒药后，乙呕吐不止，甲顿生悔意急忙开车送乙去医院，但由于交通事故耽误 1 小时，乙被送往医院时死亡。医生证明，早半小时送到医院乙就不会死亡。本案中，他人发生交通事故引发堵车，不是异常介入因素，甲成立

犯罪既遂。

迷你案例

案情：（2015/2/6）甲以杀人的故意放毒蛇咬乙，后见乙痛苦不堪，心生悔意，便开车送乙前往医院。途中等红灯时，乙声称其实自己一直想死，突然跳车逃走，3小时后死亡。后查明，只要当时送医院乙就不会死亡。

问题：甲的行为如何定性？

答案：甲意图非法剥夺他人生命，构成故意杀人罪。由于乙自杀是异常介入因素，切断因果关系，因此，甲无需对乙的死亡结果负责，且甲在实行阶段自动放弃犯罪，构成故意杀人罪（中止）。

总　结

"善心"	具有放弃犯罪的决意
"善行"	做出可以有效防止犯罪结果发生的行为
"善果"	有效防止结果发生

第七讲 回顾与应用

总结梳理

```
                        自动性   有效性
                           ↘    ↙
     因为主观原因 ────→  犯罪中止
     没有既遂
                                        结果发生，
                                        且行为人需
                                        对结果负责
                                            ↓
                                        犯罪既遂
     因为客观原因没有既遂

  不能犯 ← 犯罪未遂  犯罪预备
                                            S4
```

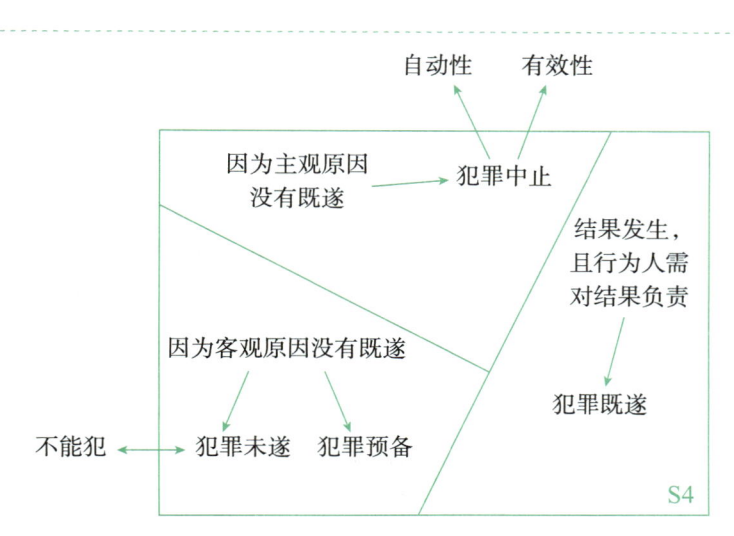

小综案例

[案情] 方某意图强奸单身妇女，当晚10时，方某见一人骑自行车过来，顿生歹意，将自行车上的朱某拽下，按翻在地，欲行强奸，不料朱某居然是其多年未见的中学校友。朱某认出方某后，说："你就是我同桌，当时我还借过你橡皮。"方某见自己被认出，立刻逃跑。（事实1）

后来，方某开始从事电信诈骗活动。一日，方某在进行电信诈骗的时候，发现对方居然又是朱某。方某情急之下报错了汇款账户，使得朱某将钱款汇入了错误的账户。（事实2）

方某怕朱某知道了太多事情而举报自己，于是前往朱某家中，准备将其枪杀。方某瞄准时才发现，当时在家的是朱某的朋友陈某。方某发现认错了人，于是赶紧离开。（事实3）

问题：
1. 事实1中，方某的行为如何定性？为什么？
2. 事实2中，方某的行为如何定性？为什么？
3. 事实3中，方某的行为如何定性？为什么？

答案

1. 事实1中，方某主观上意图压制他人反抗，并与其发生性关系，构成强奸罪；在实行阶段因为主观原因放弃犯罪，属于犯罪中止，且没有造成损害，应当免除处罚。
2. 事实2中，方某虚构事实、欺骗他人，实施了诈骗行为，构成诈骗罪。方某因为客观原因没有取得财物，属于犯罪未遂，可以比照既遂犯从轻或者减轻处罚。
3. 事实3中，方某主观上有杀人的故意，构成故意杀人罪；在实行阶段因为客观原因未能得逞，属于犯罪未遂，可以比照既遂犯从轻或者减轻处罚。

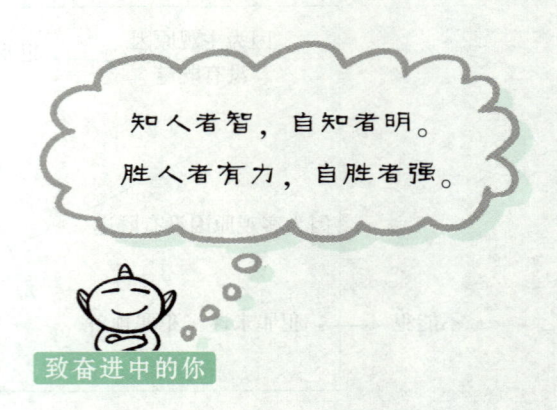

> 知人者智，自知者明。
> 胜人者有力，自胜者强。
>
> 致奋进中的你

第8讲 LECTURE 08

罪数处理（S5）

如果行为符合好几个罪的构成要件，还要考虑罪数的问题（S5）。例如，行为人甲先触犯了绑架罪，之后又触犯了故意杀人罪，最终认定甲只构成绑架罪一罪（加重处罚）。行为触犯多个罪名后的定罪量刑问题即"罪数处理"问题。

考点 27 罪数处理的原则与例外

罪数处理存在原则和例外，对于例外情况，法律一般有特别规定。把例外记住，其他的情况都按照原则处理即可。

❶ **注意**：从历年刑法主观题的考查角度来看，罪数处理考查得不会过于复杂，记住原则之外的处理结论即可，尤其不用定义概念，如牵连犯、包容犯、吸收犯等（这类概念大多存在争议），作答时只需要写出最终的罪数处理结论，如"从一重罪处罚"，"认定为绑架罪，加重处罚"，"认定为盗窃罪一罪"。

一、一个行为涉及数罪的处理

1. "一个行为"是指一个时间段发生的、不可分隔的连续动作。

2. 一个行为触犯两个罪名的，原则上应当按想象竞合，从一重罪处罚。想象竞合的逻辑公式为：A、B = A、B [1]，即一个行为同时触犯 A、B 两个罪名，按照 A、B 中较重的

---

[1] 注意："、"表示同时触犯，下同。

处罚。

[例] 甲盗窃公交车的重要部件，导致公交车倾覆、毁坏。甲的一个行为同时触犯了盗窃罪和破坏交通工具罪，应当从一重罪处罚。

一招制敌

（1）在刑法主观题考试中，"从一重罪处罚"即是答题结论，无需比较哪个罪更重；

（2）所谓"想象竞合"，可以理解为，在某人的想象中，两个罪名可以在一个行为中同时被触犯。

迷你案例

案情：甲明知乙身上的名贵药品是救命用的，如果将其偷走，乙发病必死，但为了谋财还是将药品偷走，导致乙死亡。

问题：甲的行为如何定性？

答案：甲打破他人对财物的占有、建立新的占有，构成盗窃罪；同时，甲放任他人死亡结果的发生，构成故意杀人罪。甲的一个行为同时触犯了盗窃罪和故意杀人罪，应当从一重罪处罚。

3. 一个行为触犯两个罪名的，在"从一重罪"原则的基础上存在若干例外：

	处理原则	处理例外	举例
一行为触犯两罪名	从一重罪处罚 A、B＝A、B	按照一罪加重处罚 A、B＝A↑[1] **结果加重犯**	强奸、过失致人死亡＝强奸罪↑ 伤害、过失致人死亡＝故意伤害罪↑ 抢劫、过失致人死亡＝抢劫罪↑ ……
		转化为新的一罪 A、B＝C **转化犯**	○聚众斗殴、过失致人死亡＝故意杀人罪 ○聚众斗殴、过失致人重伤＝故意伤害罪 ○刑讯逼供、过失致人死亡＝故意杀人罪 ○刑讯逼供、过失致人重伤＝故意伤害罪 ○非法拘禁、过失致人死亡（拘禁行为以外）＝故意杀人罪 ○非法拘禁、过失致人重伤（拘禁行为以外）＝故意伤害罪

二、两个行为涉及数罪的处理

1. "两个行为"是指两个时间段发生的、可分隔的两段动作。

---

[1] 注意："↑"表示加重处罚，下同。

2. 两个行为触犯两个罪名的，原则上应当数罪并罚。逻辑公式为：A+B=A+B[1]，即两个行为先后触犯 A、B 两个罪名，应当数罪并罚。

[例] 甲强奸妇女之后将其杀害，由于先后实施了两个行为，触犯了强奸罪和故意杀人罪，因此，对甲按照强奸罪和故意杀人罪数罪并罚。

3. 两个行为触犯两个罪名的，在并罚原则的基础上存在若干例外：

	处理原则	处理例外	举　　例
两行为触犯两罪名	数罪并罚 A+B=A+B	按照一罪加重处罚 A+B=A↑ 加重情节	绑架+故意杀人=绑架罪↑
			绑架+故意伤害致人重伤或者死亡=绑架罪↑
			拐卖妇女+强奸=拐卖妇女罪↑
			拐卖妇女+强迫卖淫=拐卖妇女罪↑
		按照一罪处罚 A+B=A 事后不可罚	盗窃+诈骗（冒充主人出售）=盗窃罪
		从一重罪处罚 A+B=A、B	受贿+徇私枉法=从一重罪处罚

迷你案例

案情：（案例指导用书）2015 年，向某（女）利用其担任某供电公司（非国有）出纳员的职务之便，多次动用自己保管的该供电公司账上的资金赌博。2016 年 10 月，向某从自己保管的该供电公司的小金库中取款 22 万元，用于填补挪用差款。后向某认为该供电公司的小金库管理松懈，遂产生侵吞该供电公司小金库资金的念头。之后，向某伙同其夫田某侵吞该供电公司小金库资金 70 余万元。

问题：向某的行为如何定性？

答案：向某作为该供电公司工作人员，挪用资金用于非法活动，构成挪用资金罪，之后将 92 万元非法据为己有，构成职务侵占罪，与挪用资金罪数罪并罚。

28
罪数中常考的概念

一、结果加重犯

结果加重犯，是指故意实施刑法规定的一个基本犯罪行为，由于发生了更为严重的结

---

[1] 注意："+"表示先后触犯，下同。

果，刑法加重其法定刑的情况。

1. 结果加重犯的逻辑公式

结果加重犯的逻辑公式为：A、B=A↑，即一个行为同时触犯 A 罪和 B 罪，根据法律的规定，按照其中一罪加重处罚。

注意：按照结果加重犯处罚要比按照原则（从一重罪）处罚更重。例如，强奸致人死亡的处罚比"强奸罪和过失致人死亡罪从一重罪"的处罚更重。立法者把一个行为造成两个结果，且符合"常见、常发、常伴随"的情况特别规定为结果加重犯，严厉处罚。

[例1] 甲在强奸妇女时导致其死亡。甲的一个行为触犯了强奸罪和过失致人死亡罪，根据法律的特别规定，按照强奸罪定罪，但加重处罚，即适用"强奸致人死亡"。

[例2] 甲在抢劫时杀害他人。甲的一个行为触犯了抢劫罪和故意杀人罪，根据法律的特别规定，按照抢劫罪定罪，但加重处罚，即适用"抢劫致人死亡"。

2. 结果加重犯的成立条件

（1）形式条件

结果加重犯是一种特殊的情节加重犯，在形式上符合"××致人重伤""××致人死亡"的要求。

[例] 甲绑架之后杀害被绑架人，根据法律的规定，按照绑架罪加重处罚。由于绑架之后又杀人是两个行为，因此，"绑架并杀害被绑架人"不是结果加重犯，而是普通的加重情节。

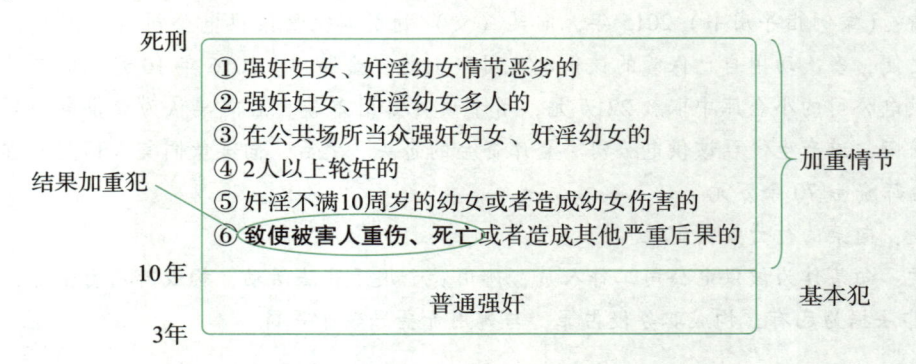

```
死刑
           ①强奸妇女、奸淫幼女情节恶劣的
           ②强奸妇女、奸淫幼女多人的
           ③在公共场所当众强奸妇女、奸淫幼女的
           ④2人以上轮奸的                        加重情节
结果加重犯   ⑤奸淫不满10周岁的幼女或者造成幼女伤害的
           ⑥致使被害人重伤、死亡或者造成其他严重后果的
10年
              普通强奸                            基本犯
3年
```

一招制敌 如果刑法主观题考试中搞不清是不是"结果加重犯"，保险起见，可全部写"加重处罚"。例如，表述为"行为人绑架并杀害被绑架人，应加重处罚"，一定没错。

（2）实质条件

结果加重犯在实质上符合"常见、常发、常伴随"的特征，因此，即使某个罪存在结果加重犯，但如果案情是不常见的情形，也不能认定为结果加重犯，只能按照原则（从一重罪）处罚。

[例] 甲在草垛上强奸妇女，不慎将在草垛下面睡觉的流浪汉压死。甲导致流浪汉死亡的方式很罕见，不属于强奸致人死亡，只能依原则，按照强奸罪与过失致人死亡罪从一重罪处罚。

3. 法考中常见的结果加重犯

A、B=A↑	只包括过失	故意伤害致人死亡	
		强奸致人重伤、死亡	
		非法拘禁致人重伤、死亡	
		暴力干涉婚姻自由致人死亡	包括被害人自杀
		虐待致人重伤、死亡	
	可以包括故意	抢劫致人重伤、死亡	
		拐卖妇女、儿童致人重伤、死亡（包括故意伤害，但不包括故意杀人；包括导致被害人亲属重伤、死亡的情况）	

迷你案例

案情：（案例指导用书）杨某某听闻其子杨某军处了一个对象，家境贫困，便希望其子和女方断绝往来，遭到杨某军拒绝。杨某某非常生气，便开始留意儿子的行动，一旦发现他再和女方来往，就对其进行殴打。此外，杨某某找到女方，威胁她不要再和自己的儿子来往。此后杨某某还多次因为此事殴打儿子。杨某军痛苦不堪，于是在2013年6月和女方一起投河自杀，两人均死亡。

问题：杨某某暴力干涉儿子婚姻自由，导致两人自杀的行为，应当如何定性？其是否应对二人的死亡结果负责？

答案：杨某某长期暴力干涉其子杨某军婚姻自由，导致杨某军自杀，其暴力干涉行为与杨某军的死亡结果之间存在因果关系。因此，杨某某的行为构成暴力干涉婚姻自由致人死亡。儿子的自杀常见，杨某某应对儿子的死亡结果负责；但女方的自杀并不常见，杨某某无需对女方的死亡结果负责。

二、转化犯

转化犯，是指行为人实施某一刑罚较轻的犯罪行为时，因具有特定情形而使其行为性质发生变化，转化为刑罚较重的其他罪名，不以原行为定罪，也不实行数罪并罚。

转化犯的逻辑公式为：A、B=C，即一个行为触犯 A 罪和 B 罪，根据法律的规定，按照新罪名 C 罪处理。

聚众斗殴，过失致人死亡的	转化为故意杀人罪
聚众斗殴，过失致人重伤的	转化为故意伤害罪
刑讯逼供，过失致人死亡的	转化为故意杀人罪
刑讯逼供，过失致人重伤的	转化为故意伤害罪
非法拘禁又使用拘禁以外的暴力，过失致人死亡的	转化为故意杀人罪
非法拘禁又使用拘禁以外的暴力，过失致人重伤的	转化为故意伤害罪

注意1：聚众斗殴，是指纠集众人成帮结伙地进行殴斗，破坏公共秩序的行为。

注意2：只有实际导致他人重伤、死亡者或者特定首要分子才成立转化犯，并非所有参与者都成立转化犯。

迷你案例

案情：首要分子甲通过手机指令参与者乙、丙、丁"和对方打斗时，下手重一点"。在聚众斗殴过程中，被害人被谁的行为重伤致死这一关键事实已无法查明。

问题：甲、乙、丙、丁的行为分别如何定性？

答案：由于无法查明是谁导致了死亡结果，因此根据"存疑有利于被告"的原则，乙、丙、丁的罪行均不能转化为故意杀人罪，三人仅构成聚众斗殴罪。但无论是谁导致了死亡结果，都在甲的意料之内，因此，甲的罪行转化为故意杀人罪。

注意3：聚众斗殴或者非法拘禁之后又故意杀人的，应当数罪并罚。

三、情节加重犯

情节加重犯，是指由于具有严重情节，法律规定加重其法定刑的犯罪。

情节加重犯的逻辑公式为：A+B=A↑，即两个行为先后触犯 A 罪和 B 罪，根据法律的规定，按照其中一罪加重处罚。

绑架又杀害被绑架人的，认定为绑架罪，加重处罚	绑架+故意杀人=绑架罪↑	[口诀] 绑架吸杀伤， 拐卖吸强强。
绑架又伤害被绑架人，致人重伤、死亡的，认定为绑架罪，加重处罚	绑架+故意伤害致人重伤、死亡=绑架罪↑	
拐卖妇女，又奸淫被拐卖的妇女的，认定为拐卖妇女罪，加重处罚	拐卖妇女+强奸=拐卖妇女罪↑	
拐卖妇女，又强迫被拐卖的妇女卖淫的，认定为拐卖妇女罪，加重处罚	拐卖妇女+强迫卖淫=拐卖妇女罪↑	

注意："拐卖吸强强"，是指拐卖之后强奸或者强迫卖淫的，只认定为拐卖妇女罪一罪的加重情节；拐卖之后强制猥亵的，应当数罪并罚。另外，只有拐卖可以吸收强奸的行为，如果是收买被拐卖的妇女之后又实施强奸，应当以收买被拐卖的妇女罪和强奸罪并罚。

四、事后不可罚

事后不可罚，是指某个犯罪已经既遂，行为人又实施了另一个犯罪行为，对后行为不予处罚。

事后不可罚的逻辑公式为：A+B=A，即两个行为先后触犯 A 罪和 B 罪，按照前行为触犯的罪名处罚。

杀人之后藏尸、抛尸、碎尸	藏尸、抛尸、碎尸的行为属于事后不可罚，只构成故意杀人罪
犯罪之后点火	如果是大面积点火，另行构成放火罪，与前罪数罪并罚
	如果是针对财物小范围点火，不构成放火罪
盗窃财物之后冒充主人出售	出售的行为属于事后不可罚，只构成盗窃罪
	如果以虚高价格将财物售出，另行构成诈骗罪，与盗窃罪数罪并罚
盗窃财物之后毁坏	毁坏财物的行为属于事后不可罚，只构成盗窃罪
	如果毁坏的是文物，另行构成故意损毁文物罪，与盗窃罪数罪并罚

迷你案例

1. 案情：甲杀人之后碎尸。

   问1：甲的行为如何定性？

   答案：甲杀人之后碎尸的行为属于"事后不可罚"，不具有期待可能性，不再单独认定为侮辱尸体罪，甲只构成故意杀人罪。

   问2：如果甲杀人之后奸尸，甲的行为如何定性？

   答案：甲奸尸的行为不属于"事后不可罚"，具有期待可能性，甲构成侮辱尸体罪，与故意杀人罪并罚。

2. 案情：甲盗窃一只价值3000元的花瓶，又隐瞒该花瓶盗赃物的性质在黑市悄悄将其卖给乙。

   问1：甲的行为如何定性？

   答案：甲隐瞒事实出售盗赃物的行为属于"事后不可罚"，不具有期待可能性，不再单独认定为诈骗罪，甲只构成盗窃罪。

   问2：如果甲盗窃一只价值3000元的花瓶，又将该花瓶冒充成价值3万元的文物卖给乙，甲的行为如何定性？

   答案：甲盗窃之后将所得赃物以虚高价格卖出的行为不属于"事后不可罚"，具有期待可能性，甲构成盗窃罪和诈骗罪，数罪并罚。

3. 案情：甲盗窃一辆价值3000元的摩托车，又将其推下山崖毁坏。

   问1：甲的行为如何定性？

   答案：甲盗窃之后毁坏财物的行为属于"事后不可罚"，不具有期待可能性，不再单独认定为故意毁坏财物罪，甲只构成盗窃罪。

   问2：如果甲盗窃一件价值3万元的文物，又将其毁坏，甲的行为如何定性？

   答案：甲盗窃之后毁坏文物的行为不属于"事后不可罚"，具有期待可能性，甲构成盗窃罪和故意损毁文物罪，数罪并罚。

第八讲 回顾与应用

总结梳理

罪数处理
- 原则
  - 一行为从一重罪处罚
  - 两行为数罪并罚
- 例外
  - 结果加重犯
  - 转化犯
  - 加重情节
  - 事后不可罚

S5

小综案例

[案情] 董某向在自己店里工作的路某提出："有人欠赌债不还，去把其子带来，逼其还债。"路某表示同意。当日下午，二人将被害人吴某捆绑回家，并打电话向吴某父亲索要财物。一日，趁路某出门，董某用花瓶猛击吴某头部，导致吴某死亡。

问题：
1. 董某和路某是否构成共同犯罪？
2. 董某的行为如何定性？
3. 路某的行为如何定性？

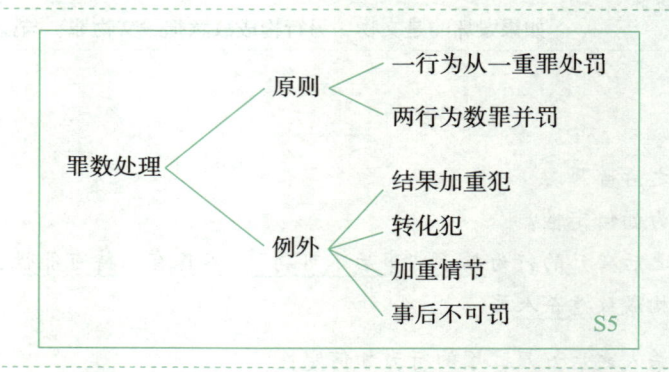

答案

1. 董某和路某在非法拘禁罪的范围内成立共同犯罪。董某具有非法占有目的，构成绑架罪；路某不具有非法占有目的，构成非法拘禁罪。
2. 董某绑架并杀害被绑架人，构成绑架罪，并加重处罚。
3. 路某虽然无需对董某的故意杀人行为负责，但在其与董某约定非法拘禁时，应对吴某的死亡结果有预见可能性，因此，其构成"非法拘禁致人死亡"。

第9讲 LECTURE 09

量刑和追诉时效（S6）

本书将刑法主观题中与量刑有关的所有问题放到本讲讨论。

29 量刑情节

一、量刑结论

[法条链接]《刑法》

第62条 [从重处罚与从轻处罚] 犯罪分子具有本法规定的从重处罚、从轻处罚情节的，应当在法定刑的限度以内判处刑罚。

第63条第1款 [减轻处罚] 犯罪分子具有本法规定的减轻处罚情节的，应当在法定刑以下判处刑罚；本法规定有数个量刑幅度的，应当在法定量刑幅度的下一个量刑幅度内判处刑罚。

从重、加重、从轻、减轻的区别

从　重	加　重	从　轻	减　轻

续表

从 重	加 重	从 轻	减 轻
在法定处罚种类和幅度内对行为人适用较重种类或者较高幅度的处罚	在法定处罚种类和幅度之上对行为人适用刑罚	在法定处罚种类和幅度内对行为人适用较轻种类或者较低幅度的处罚	在法定处罚种类和幅度之下对行为人适用刑罚

二、刑法主观题涉及的从重情节、加重情节、不需要数额的情节

从重情节	累犯	——
	受贿罪	索贿
	强奸罪	奸淫幼女
加重情节（标*的为结果加重犯）	抢劫罪	入户抢劫
		抢劫致人重伤、死亡*
		持枪抢劫
		在公共交通工具上抢劫
	强奸罪	强奸致人重伤、死亡*
		在公共场所强奸
		轮奸
	拐卖妇女、儿童罪	拐卖妇女、儿童致人重伤、死亡*
		拐卖又强奸
		拐卖又强迫卖淫
	交通肇事罪	交通肇事后逃逸
		交通肇事逃逸致人死亡
	非法拘禁罪	非法拘禁致人重伤、死亡（拘禁行为本身致人重伤、死亡）*
	绑架罪	绑架并杀害被绑架人
不需要数额的特殊情节	盗窃罪	入户盗窃
		扒窃
		携带凶器盗窃
		多次盗窃

三、刑法主观题涉及的从宽情节

未遂犯	可以比照既遂犯从轻或者减轻处罚
预备犯	可以比照既遂犯从轻、减轻或者免除处罚

续表

中止犯	没有造成损害的	应当免除处罚
	造成损害的	应当减轻处罚
从 犯	应当从轻、减轻或者免除处罚	
自 首	可以从轻或者减轻处罚；其中，犯罪较轻的，可以免除处罚	
立 功	一般立功	可以从轻或者减轻处罚
	重大立功 （被检举者可能被判处无期徒刑以上刑罚）	可以减轻或者免除处罚
未成年人	应当从轻或者减轻处罚	

一招制敌 "可以从轻、减轻处罚"与"应当从轻、减轻或者免除处罚"等情节均可以写作"从宽处罚"。

正确示范1：甲自动投案并如实供述罪行，属于自首，从宽处罚。

正确示范2：甲是帮助犯，是从犯，从宽处罚。

⚠ 注意1：犯罪中止中的"造成损害"，应当理解为行为符合一个轻罪的构成。

[例] 甲意图强奸，在强奸之前猥亵妇女，但因为悔过，最终没有实施奸淫行为，成立强奸罪中止。因为其行为符合"强制猥亵罪"这一轻罪的构成，属于"造成了损害"的中止，应当减轻处罚。

⚠ 注意2：犯罪中止中的"造成损害"，是指之前犯罪行为造成的"后遗症"，不包括救助过程中又造成的损害。

迷你案例

案情：甲杀害乙，之后心生怜悯，对其进行救助。在此过程中，甲为了实施救助行为，不得不弄坏了乙的名贵西装。最终乙痊愈。

问1：甲的杀人行为如何定性？

分析思路：甲的行为成立故意杀人罪中止，由于弄坏西装不是杀人行为留下的"后遗症"，因此应将甲的杀人行为评价为犯罪中止中的"未造成损害"。

答案：甲意图非法剥夺他人生命，构成故意杀人罪；其在实行阶段自动放弃，成立故意杀人罪中止。由于弄坏西装不属于杀人行为本身造成的损害，因此，甲的杀人行为属于犯罪中止中的"未造成损害"，应当免除处罚。

问2：甲弄坏乙西装的行为是否属于紧急避险？该行为如何定性？

答案：甲弄坏乙西装的行为属于"自招风险"，不属于紧急避险。甲故意毁坏他人财物，构成故意毁坏财物罪。

30 一般累犯、自首和立功的认定

一、一般累犯

[法条链接]《刑法》第 65 条 [一般累犯] 被判处有期徒刑以上刑罚的犯罪分子，刑罚执行完毕或者赦免以后，在 5 年以内再犯应当判处有期徒刑以上刑罚之罪的，是累犯，应当从重处罚，但是过失犯罪和不满 18 周岁的人犯罪的除外。

前款规定的期限，对于被假释的犯罪分子，从假释期满之日起计算。

可见，一般累犯的成立条件包括：①前罪与后罪都是故意犯罪；②前罪被判处有期徒刑以上刑罚，后罪应当被判处有期徒刑以上刑罚；③过失犯罪和不满 18 周岁的人犯罪不成立累犯；④后罪发生在前罪的刑罚执行完毕或者赦免以后 5 年之内。

注意：以下三种情形由于不满足"刑罚执行完毕或者赦免以后"的条件，不可能成立累犯：
(1) 被假释的犯罪人在假释考验期内再犯新罪的；
(2) 被判处缓刑的犯罪人在缓刑考验期内再犯新罪的；
(3) 被判处缓刑的犯罪人在缓刑考验期满后再犯新罪的。

二、自首和立功

说自己	自动投案+如实供述罪行	一般自首
	如实供述未知罪行	特别自首
	如实供述已知罪行	坦　白
说别人	提供他人犯罪线索	立　功
其　他	帮助抓获	
	其他贡献	

[口诀] 自首和立功
一般自首分两步，自动投案和供述。
特别自首已被抓，未知罪行属其他。
立功说别人罪行，代为职务都不行。

（一）一般自首：自动投案+如实供述罪行

[法条链接]《刑法》第 67 条第 1 款 [一般自首] 犯罪以后自动投案，如实供述自己的罪行的，是自首。对于自首的犯罪分子，可以从轻或者减轻处罚。其中，犯罪较轻的，可以免除处罚。

自动投案，一般是指犯罪嫌疑人在其犯罪事实或其本人未被司法机关发觉，或者虽被发觉，但其尚未受到司法机关的讯问、未被采取强制措施、未被群众扭送时，主动将自己置于公安、检察、审判机关的合法控制下，接受公安、检察、审判机关的审查与裁判的行为。

如实供述自己的罪行，是指犯罪嫌疑人自动投案后，如实交代自己的主要犯罪事实。

1. 投案对象：一般为公权力机关，也包括可以代表公权力机关的个人。

迷你案例

案情：（2015/2/11/A）甲挪用公款后主动向单位领导承认了全部犯罪事实，并请求单位领导不要将自己移送司法机关。

问题：甲是否成立自首？

答案：不成立。甲没有投案的意思，不成立自首。

2. 投案后逃跑的，一般按照最后的状态认定犯罪嫌疑人是否成立自首。
（1）投案后逃跑的，不成立自首。
（2）逃跑后投案的，成立自首。
（3）逃跑后投案又逃跑的，不成立自首。
[例] 甲杀人后逃跑，过了一段颠沛流离的生活，之后去公安机关自首，吃了碗面后又趁乱逃跑，留下一张写着"谢谢招待"的字条。甲不成立自首。
（4）投案后逃跑又投案的，成立自首。

迷你案例

案情：甲觉得其罪行迟早会败露，便于 29 日向公安机关投案，如实交代了全部犯罪事实。公安人员听了甲的交代后，随口说了一句："你罪行不轻啊！"甲担心被判死刑，遂逃跑至外地。在被通缉的过程中，甲因身患重病无钱治疗，向当地公安机关投案，再次如实交代了自己的全部罪行。

问题：甲是否成立自首？

答案：成立。甲虽然中途逃跑，但最终投案，成立自首。

（5）被采取强制措施后逃跑又投案的，不成立自首。

迷你案例

案情：案发后，公安机关认为甲有犯罪嫌疑，即对其实施拘传。甲半路逃跑。半年后，得知甲行踪的乙告知甲，公安机关正在对其进行网上通缉，于是甲到派出所交代了自己的罪行。

问题：甲是否成立自首？

答案：不成立。甲在被动归案之后逃跑，之后又投案，不成立自首。

一招制敌 如果将"被动归案后逃跑又投案"认定为自首，就是变相鼓励被采取强制措施的犯罪嫌疑人从看守所逃跑，然后再回来自首，这显然和法律的初衷相悖。

3. 自首中供述的要求

（1）为自己辩解的，不影响自首的成立。

[例] 甲犯有故意伤害罪、抢夺罪，自动投案后，仅如实供述抢夺行为，对伤害行为一直主张自己是正当防卫，甲仍然可以成立自首。

（2）隐瞒犯罪事实的，如果不影响定罪量刑，仍成立自首。

[例] 甲自动投案后，如实交代自己的杀人行为，但拒绝说明凶器藏匿地点，甲仍然可以成立自首，因为凶器的藏匿地点不会影响定罪量刑。

（3）翻供的不成立自首，但一审前如实交代的仍成立自首。

[例] 甲自动投案并如实供述自己的罪行，后又翻供，但在二审判决前又如实供述，不应当认定为自首。

（4）犯罪嫌疑人交代部分犯罪事实的，对交代的部分成立自首。

迷你案例

案情：甲强奸他人后又杀人，自动投案后仅交代了强奸的事实，没有交代自己杀人的事实。

问题：甲的行为如何定性？

答案：甲仅交代了自己强奸的犯罪事实，仅对强奸罪成立自首，不对故意杀人罪成立自首。

（5）自首需要供述同案犯的共同犯罪事实，因为这会影响量刑。

4. 报警的问题

（1）报警后逃跑的，不成立自首。

（2）报警后留在原地等待公权力机关到来的，成立自首。

（3）报警后留在原地但否认罪行的，不成立自首。

[例]（2017/2/9/B）甲交通肇事后留在现场救助伤员，并报告交管部门发生了事故。交警到达现场询问时，甲否认了自己的行为，说："我只是个不留名的好心人。"甲不成立自首。

（4）报警后离开现场的，不成立自首。

迷你案例

案情：（2015/2/11/D）甲因纠纷致乙轻伤后，报警说自己伤人了。报警后见乙举拳冲过来，甲以暴力致其死亡，并逃离现场。

问题：甲是否成立自首？

答案：不成立。甲报警之后逃离了现场，不属于"自动投案"，不成立自首。

5. 自首中与亲友有关的情况

（1）犯罪嫌疑人并非出于主动，而是经亲友规劝、在亲友陪伴下投案的，成立自首；

（2）犯罪嫌疑人被其亲友采用捆绑等手段送到司法机关的，不成立自首。

迷你案例

案情：（2018-回）甲交通肇事后，其父协助公安机关将其抓获。

问题：甲是否成立自首？

答案：不成立。甲并没有自动投案，不成立自首。

6. "在路上"的情况

在被通缉、追捕过程中主动投案的，以及经查实确已准备去投案，或者已在投案途中，被公安机关捕获的，应当视为自动投案。

（二）特别自首：如实供述未知异种罪行

[法条链接]《刑法》第 67 条第 2 款 [特别自首] 被采取强制措施的犯罪嫌疑人、被告人和正在服刑的罪犯，如实供述司法机关还未掌握的本人其他罪行的，以自首论。

1. 特别自首的主体是被采取强制措施的犯罪嫌疑人、被告人和正在服刑的罪犯。强制措施包括拘传、取保候审、监视居住、拘留、逮捕等。

注意：特别自首和一般自首的核心区别在于，成立特别自首的行为人已经处于被采取强制措施的状态。

2. 特别自首需要供述司法机关尚未掌握的本人的其他罪行。"其他罪行"必须与司法机关已经掌握的其所触犯的罪名不同且没有事实上的关联性。

[例 1] 甲因为酒后驾驶机动车被行政拘留，其对公安人员说："酒后驾车算什么，我昨天还醉酒驾驶呢。"经查证属实。甲被控制后交代了司法机关尚未掌握的本人的其他罪行，成立特别自首。

[例 2] 甲因为危险驾驶被刑事拘留，其对公安人员说："危险驾驶算什么，我去年还杀过人呢。"经查证属实。甲被控制后交代了司法机关尚未掌握的本人的其他罪行，成立特别自首。

（三）坦白

[法条链接]《刑法》第 67 条第 3 款 [坦白] 犯罪嫌疑人虽不具有前两款规定的自首情节，但是如实供述自己罪行的，可以从轻处罚；因其如实供述自己罪行，避免特别严重后果发生的，可以减轻处罚。

坦白，是指在司法机关询问、传讯或者采取强制措施后，对已被司法机关怀疑、发觉的犯罪事实供认交代的行为。

1. 一般自首与坦白

（1）相同点：如实供述自己的罪行；

（2）不同点：一般自首是自动投案，坦白是被动归案。

2. 特别自首与坦白

（1）相同点：被动归案。

（2）不同点：如实供述司法机关还未掌握的本人其他罪行的，成立特别自首；如实供述司法机关已经掌握的本人罪行的，成立坦白。

（四）立功

[法条链接]《刑法》第68条 [立功] 犯罪分子有揭发他人犯罪行为，查证属实的，或者提供重要线索，从而得以侦破其他案件等立功表现的，可以从轻或者减轻处罚；有重大立功表现的，可以减轻或者免除处罚。

1. 提供线索
（1）有效性：不包括基本线索。例如，单纯提供电话号码、体貌特征的，不成立立功。
（2）自发性：提供以前执行公务中掌握的线索、亲友代为提供线索的，不成立立功。

迷你案例

案情：（2011/4/2 改编）在检察机关审查起诉阶段，陈某将自己担任警察期间查办犯罪活动时掌握的刘某抢劫财物的犯罪线索提供给检察人员，经查证属实。
问题：陈某是否成立立功？
答案：不成立。陈某提供的线索是其以前查办犯罪活动中，利用职务之便掌握的，因而不成立立功。

（3）独立性：需要提供与自己构成的犯罪相互独立的线索，不包括同案犯的线索（供述同案犯的共同犯罪事实成立自首）。
[例] 甲盗窃之后自动交代了望风者乙。甲供述乙望风的行为不成立立功，只成立自首。

迷你案例

1. 案情：甲犯罪后找到乙，要求乙窝藏自己，乙照做。之后甲交代犯罪事实的时候也交代了乙窝藏自己的行为。
问题：甲是否成立立功？
答案：不成立。由于乙的窝藏行为不是与甲之前实施的犯罪独立、无关的犯罪，因此，甲主动供述乙窝藏自己的行为不成立立功。

2. 案情：（2014/2/12）甲（民营企业销售经理）因合同诈骗罪被捕。在侦查期间，甲主动供述曾向国家工作人员乙行贿9万元，司法机关遂对乙进行追诉。后查明，甲的行为属于单位行贿，行贿数额尚未达到单位行贿罪的定罪标准。
问题：甲的主动供述行为如何定性？
答案：甲因为合同诈骗罪被捕，供述了与合同诈骗罪无关的他人受贿的罪行，成立立功。

2. 帮助抓获：①打电话约犯罪嫌疑人到指定地点；②当场指认、辨认犯罪嫌疑人；③带领侦查人员抓获犯罪嫌疑人。

注意1："提供线索型"的立功不包括提供同案犯共同犯罪线索的情形，但"帮助抓获型"的立功包括帮助抓获同案犯的情形。

❶ 注意 2： 如果协助司法机关抓捕的重大犯罪嫌疑人有可能被判处无期徒刑以上的刑罚，行为人成立重大立功。

> **迷你案例**

1. 案情：（2007/4/2 改编）高某和陈某共同绑架赵某。一日，高某回到宾馆房间，发现陈某不在，赵某倒在窗前已经断气。见此情形，高某到公安机关投案，并协助司法机关将陈某抓获归案。事后查明，赵某因爬窗逃跑被陈某用木棒猛击脑部，致赵某身亡。

   问题：高某的投案行为是否成立自首与立功？为什么？

   答案：成立。高某自动投案，如实供述罪行，成立自首；此外，高某协助司法机关将陈某抓获归案，由于陈某有可能被判处无期徒刑以上的刑罚，因此，高某还成立重大立功。

2. 案情：（2023-主）覃某因被人举报，被依法调查。调查过程中，覃某承认了自己违法解除陈某强制措施的事实，同时覃某为了立功，认为吴某一定收受了钱款，于是向检察机关检举。检察机关表示，覃某的检举没有证据，如果经查不属实，要追究其诬告陷害的责任。覃某表示，虽然没有实质证据，但是愿意对自己的检举行为负责。后来，检察机关将线索移交给监察机关。监察机关在立案前电话通知吴某到指定地点问话。吴某对收受洪某财物的行为如实供述，但坚称只收受了 100 万元。

   问题：请分析覃某和吴某的行为性质以及量刑情况。

   答案：

   （1）覃某在调查过程中承认了自己违法解除陈某强制措施的事实，属于针对徇私枉法罪的坦白。

   （2）覃某检举、揭发吴某受贿的犯罪事实，属于检举、揭发他人的犯罪行为，成立立功。

   （3）吴某在监察机关立案前主动到指定地点接受问话，属于自动投案；其如实供述收受洪某财物的行为（虽然坚称只收受了 100 万元），成立一般自首。

31 追诉时效（追诉期限）

一、追诉时效的起算

[法条链接]《刑法》第 89 条第 1 款 [追诉时效的起算]　追诉期限从犯罪之日起计算；犯罪行为有连续或者继续状态的，从犯罪行为终了之日起计算。

1. 追诉时效从犯罪之日起计算。

> **迷你案例**

案情：国家工作人员甲在 2010 年 1 月 10 日挪用公款 10 万元用于结婚，于当年 7 月 10 日归还该笔款项。

问题：甲的追诉时效应从何时起计算？

答案：2010年4月10日。甲挪用公款用于其他活动，数额较大，3个月后的4月10日仍未归还，此时甲已经构成犯罪，因此，对甲的追诉时效应从成立犯罪的2010年4月10日起计算。

2. 继续犯的追诉时效从犯罪行为终了（状态结束）之日起计算。

迷你案例

案情：（案例指导用书）1998年，田某与向某登记结婚。2008年4月，田某与杨某以夫妻名义同居。同年8月，二人举办了婚礼，并在B市购买了一套房产用于居住，二人育有一子。2010年，田某前往D市工作，未告知杨某。2013年，杨某找到田某要求与其办理结婚登记，田某表示拒绝并再次离开杨某。2014年年初，田某回到B市向某处生活。同年5月，在未通知杨某的情况下，田某将曾与杨某同居的房产（登记在田某名下）出售。2015年3月，杨某找到田某并报警，田某被抓获。

问题：田某的重婚行为属于何种罪数形态？其追诉时效应从何时开始计算？

答案：田某的重婚行为属于继续犯。2014年，田某回到原配向某处生活，并变卖房产，表明了其不再维持事实婚姻的意思，此时犯罪状态结束。故追诉时效应从2014年开始计算。

二、追诉时效的延长

[法条链接]《刑法》第88条 [追诉时效的延长]　在人民检察院、公安机关、国家安全机关立案侦查或者在人民法院受理案件以后，逃避侦查或者审判的，不受追诉期限的限制。

被害人在追诉期限内提出控告，人民法院、人民检察院、公安机关应当立案而不予立案的，不受追诉期限的限制。

三、追诉时效的中断

[法条链接]《刑法》第89条第2款 [追诉时效的中断]　在追诉期限以内又犯罪的，前罪追诉的期限从犯后罪之日起计算。

四、追诉时效期限

[法条链接]《刑法》第87条 [追诉时效期限]　犯罪经过下列期限不再追诉：

（一）法定最高刑为不满5年有期徒刑的，经过5年。

（二）法定最高刑为5年以上不满10年有期徒刑的，经过10年。

（三）法定最高刑为10年以上有期徒刑的，经过15年。

（四）法定最高刑为无期徒刑、死刑的，经过20年。如果20年以后认为必须追诉的，须报请最高人民检察院核准。

注意1："以上""以下"包括本数，"不满"不包括本数。因此，最高刑为5年有期徒刑的，其追诉时效是10年而非5年。

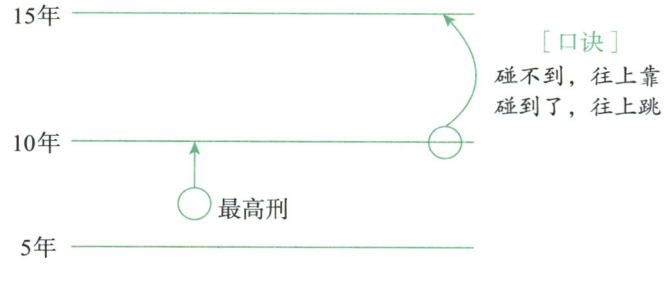

```
15年 ┐
              │
              │          [口诀]
              │          碰不到,往上靠
              │          碰到了,往上跳
10年 ─────────┘
        ↑
        ○ 最高刑
5年
```

❶ **注意 2**:刑法主观题会考的追诉时效期限:①危险驾驶罪:5 年追诉时效。②可能被判处死刑的罪行:20 年追诉时效。20 年以后认为必须追诉的,须报请最高人民检察院核准。

迷你案例

案情:(案例指导用书)2003 年 2 月 1 日,谭某的丈夫白某强奸并杀害被害人林某(女)。被害人家属报案称林某失踪,公安机关立案,但并未破获该案。2016 年 3 月 1 日,白某进入 A 家盗窃数额较大的财物。2018 年 6 月 1 日,白某在逃途中因盗窃 B 的信用卡并使用,数额较大,在外地被抓。

问题:白某的罪行是否已超过追诉时效?

答案:白某的罪行未超过追诉时效。白某强奸并杀害被害人,构成强奸罪和故意杀人罪。白某的强奸罪和故意杀人罪的追诉时效分别为 15 年、20 年,从 2003 年起计算,在 2016 年均未超过追诉时效。由于 2016 年白某又犯盗窃罪,其强奸罪和故意杀人罪的追诉时效从 2016 年起重新计算。因此,到 2018 年,白某的强奸罪、故意杀人罪、盗窃罪均未超过追诉时效。

第九讲

回顾与应用

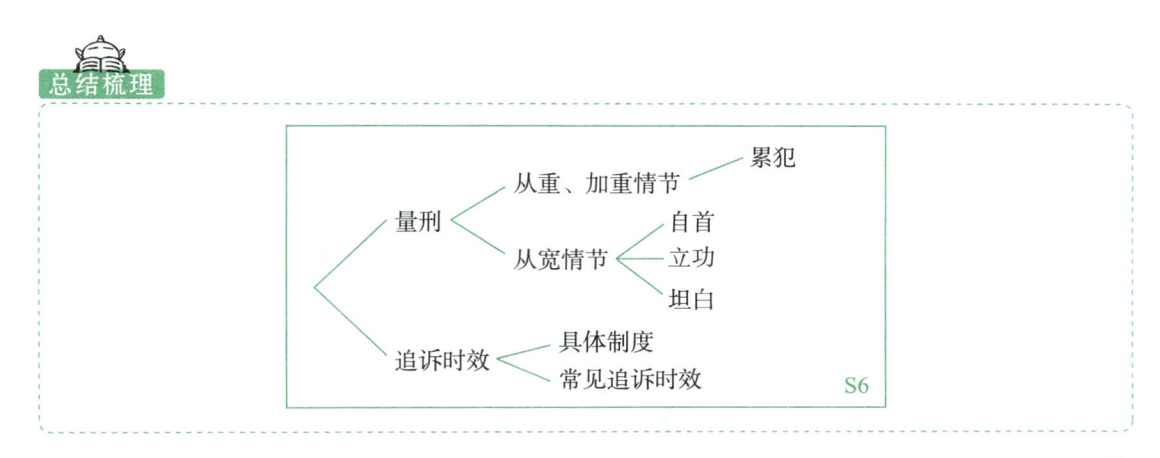

总结梳理

```
              ┌─ 从重、加重情节 ─ 累犯
              │                  ┌─ 自首
    量刑 ─────┤                  │
              └─ 从宽情节 ───────┼─ 立功
                                  └─ 坦白

              ┌─ 具体制度
    追诉时效 ─┤
              └─ 常见追诉时效                    S6
```

小综案例

[案情] 徐某和周某是夫妻。一日,徐某大骂周某没有情趣,周某一气之下承诺要帮助徐某强奸甲。之后周某将甲诱骗到家中并将其打晕,徐某对甲实施了强奸。后二人将甲杀死。(事实1)

之后,周某良心发现,跑到公安机关交代了二人强奸的事实,同时检举了徐某杀人的事实,但没有说自己参与了杀人行为。(事实2)

后来,周某因为想家,趁人不备逃回家中。1周后,周某良心发现,又回到公安局投案。徐某逃亡在外。(事实3)

1年后,徐某因为盗窃被刑事拘留,在此期间供述了自己强奸并杀人的事实,并交代了自己的妻子周某属于帮凶的事实,要求公安机关严惩周某。(事实4)

问题:
1. 事实1中,徐某和周某的行为如何定性?
2. 事实2中,周某是否成立自首?
3. 事实3中,周某逃跑的行为是否影响自首的成立?
4. 事实4中,徐某是否成立自首?

答案

1. 事实1中,徐某和周某共同压制被害人甲的反抗,对甲实施了奸淫行为,二人成立强奸罪的共同正犯,之后二人非法剥夺甲的生命,成立故意杀人罪的共同犯罪,前后两罪数罪并罚。
2. 事实2中,周某自动投案并如实供述自己强奸的事实,成立强奸罪的自首;周某没有如实交代自己杀人的事实,对故意杀人罪不成立自首。
3. 不影响。事实3中,周某在投案之后有逃跑的行为,但最终投案,不影响自首的成立。
4. 不成立。事实4中,徐某没有自动投案,且其供述的事实已经被公安机关掌握,因此不成立自首。

> 感觉成长的速度变慢了也没有关系,
> 1级和50级的成长速度怎么会一样呢?
>
> 致奋进中的你

第10讲 LECTURE 10

财产犯罪（C1）

32 财产犯罪的基本问题

一、财产犯罪保护的法益

1. 所有权。例如，侵占罪是"变占有为所有"，侵犯的是所有权。
2. 占有。例如，盗窃罪是"打破他人占有、建立新的占有"，侵犯的是占有。

[例]甲将乙的摩托车偷走。后查明，摩托车是乙前一天偷别人的。虽然乙不是摩托车的所有权人，但甲打破了乙对摩托车的占有，不影响盗窃罪的成立。

迷你案例

案情：甲擅自将乙的手机（价值6000元）拿走，并在桌上放了8000元。
问题：甲是否构成盗窃罪？
答案：构成。虽然乙没有受到金钱上的损失，但其对手机的占有被甲打破，甲构成盗窃罪。

二、行为对象：财物

1. 种类范围：包括财产性凭证、违禁品、虚拟财产、无体物、不动产等。

[例]甲欠乙5万元，为了不还钱，将借条从乙手中抢走。甲对财产性凭证实施抢劫的行为，构成抢劫罪。

2. 价值要求：财物需要具有值得刑法保护的价值。

⊙ 注意：法律不问琐事，扒窃他人一张餐巾纸的行为不构成犯罪。

三、非法占有目的

1. 排除意思

（1）行为人无返还意思。

（2）行为人虽有返还意思，但严重妨碍主人对财物的利用。

［例］甲在法考期间擅自拿走他人当年的法考书，即使第二年归还了此书，依然可以认定其具有排除他人使用的意思。

迷你案例

案情：甲将共享单车推回村里，供村民扫码使用。

问1：甲的行为是否构成盗窃罪？

答案：不构成。甲没有排除他人使用的意思，不构成盗窃罪。

问2：如果甲将没有上锁的共享单车推回家，仅供自己使用，甲的行为是否构成盗窃罪？

答案：构成。甲具有排除他人使用的意思，构成盗窃罪。

2. 利用意思

利用意思，即"为我所用"、满足自己的一定需求，不要求完全遵从财物的正常价值和本来用途。

［例］甲将他人的手机拿回家自己使用，由于手机满足了甲的一定需求，因此，甲具有利用意思，构成盗窃罪。

迷你案例

案情：甲擅自将邻居家价值5万元的白松露拿回家喂狗。

问题：甲是否具有利用意思？其行为如何定性？

答案：具有。由于邻居家价值5万元的白松露满足了甲的一定需求，因此，甲对其具有利用意思。甲打破他人占有、建立新的占有，构成盗窃罪。

四、"占有"的认定

（一）主观上具有占有的意思

行为人对物具有占有意思。

⊙ 注意：占有意思不要求特别申明，可以推定存在。

［例］父亲去世前告诉甲，家里后院埋着大量枪支，甲知道后无动于衷，并一直保持该状态。甲构成非法持有枪支罪。

（二）客观上形成对物的管理与控制

1. 事实上的占有

（1）主人随身携带的财物，由主人占有；

（2）财物明显处于主人实力控制范围内的，即使主人短暂遗忘，也由主人占有；
（3）狭小空间内的财物，主人丧失占有的，由场所管理者占有。

> **迷你案例**
>
> 案情：甲在宾馆房间"拾得"前一顾客遗忘的笔记本电脑1台。
> 问题：甲的行为如何定性？
> 答案：由于遗失的电脑归狭小空间的管理者即宾馆老板占有，因此，甲打破他人占有、建立新的占有，构成盗窃罪。

2. 观念上的占有

观念上的占有，是指虽然财物处于主人实力控制范围外，但依一般社会观念可推知财物仍由其占有。

[例] 甲将他人门前的石狮搬走。由于石狮在观念上由主人占有，因此，甲构成盗窃罪。

> **迷你案例**
>
> 案情：甲把车停在路边，其离开车时并未给车上锁。后乙擅自将车开走。
> 问题：乙的行为如何定性？
> 答案：甲虽然离开，但观念上仍然占有车辆，且车辆是否上锁不影响甲对车辆的占有。因此，乙打破他人占有、建立新的占有，构成盗窃罪。

（三）死者的占有问题

对于在户外杀死仇人后当场取走死者财物的行为定性，刑法理论中有两种观点：

观点1：如果认为死者不占有财物，行为人变占有为所有，构成侵占罪。

观点2：如果认为死者占有财物，行为人打破他人占有、建立新的占有，构成盗窃罪。

🅞 注意：杀人后去死者家中取走财物的，由于财物因继承转移给死者的家属，因此，行为人构成盗窃罪。

五、财产犯罪的数额要求

成立财产犯罪一般来说有数额要求，不需要数额即可成立犯罪且常考的有以下两种情况：

1. 抢劫罪。
2. 四种特殊盗窃：入户盗窃、近身扒窃、携带凶器盗窃、多次盗窃。（入近凶多）

六、财产犯罪的既遂标准

1. 财产犯罪总体的既遂标准：取得（失控）即既遂。

具体来说：

（1）大件物品，出门、出店即既遂。

（2）小件物品，入兜、入袋即既遂。

[例] 甲抢夺乙价值 1 万元的项链时，乙紧抓不放，甲最终只抢得半条项链。甲逃走 60 余米后，觉得半条项链无用，便回去打了乙两耳光，并说："出来混，也不知道戴条好的。"甲已经取得财物，成立犯罪既遂。

迷你案例

案情：甲在珠宝柜台偷拿一枚钻戒后迅速逃离，慌乱中在商场内摔倒。保安扶起甲后发现其盗窃行为并将其控制。

问题：甲的行为如何定性？

答案：甲打破他人占有、建立新的占有，构成盗窃罪，由于已经取得财物，因此成立盗窃罪既遂。

（3）将财物藏在一个只有行为人知道的地方，藏匿即既遂。

[例] 保姆甲将主人的项链藏在主人家第 3 层楼第 5 个房间第 7 个柜子第 2 个抽屉的第 8 层暗格中，主人已经找不到该项链。虽然项链还在主人家里，但这个地方只有甲知道，甲成立盗窃罪既遂。

2. 抢劫罪的独有既遂标准

根据《最高人民法院关于审理抢劫、抢夺刑事案件适用法律若干问题的意见》第 10 条的规定，造成他人轻伤以上后果但未取得财物的，也可以认定为抢劫罪既遂。

3. 以数额巨大的财物为盗窃目标，或者以珍贵文物为盗窃目标，但未得逞的，认定为盗窃罪未遂；以其他财物为盗窃目标但未得逞的，认定为无罪。

33
盗窃罪和财产犯罪整体框架

罪名名片 ▶ 盗窃罪

构成要件	客观（通说）	打破他人占有、建立新的占有
	主观	故意
特殊情节	不需要达到数额的情节	入户盗窃
		扒窃
		携带凶器盗窃
		多次盗窃

一、盗窃罪概念的不同学说

关于盗窃罪的概念,有以下两种不同学说:

1. 秘密窃取说,认为盗窃必须是秘密进行的。
2. 平和窃取说,认为盗窃不一定是秘密进行的,只要以平和手段打破他人占有、建立新的占有,就可以构成盗窃罪。(通说)

[例] 2015年4月7日19时40分,甲持匕首欲拦路抢劫。见乙孤身一人,便将乙拦下,用刀将其刺成重伤。在甲翻找财物时,丙路过此地,乙立刻向丙求助。丙上前大声呵斥甲,称如果不住手就立刻报警。甲夺路而逃。乙庆幸地对丙说:"多谢你帮忙保住了我藏在帽子里的3000元。"丙顿生歹意,当着乙的面将其帽子里的3000元拿走。对于丙拿走乙帽子里的3000元的行为的定性,有两种观点:

观点1:如果认为盗窃必须是秘密进行的,丙就不构成盗窃罪,只能构成抢夺罪。

观点2:如果认为盗窃不一定是秘密进行的,那么丙以平和手段打破他人占有、建立新的占有,构成盗窃罪。

迷你案例

案情:甲携带匕首翻墙进入乙的房间。乙65岁,因中风卧床多年,得知甲想要其财物,便哀求甲:"求求你不要拿走我第3个柜子第2个抽屉里的钱。"甲于是将第3个柜子第2个抽屉里的钱取走。

问题:甲的行为如何定性?

答案:对于甲的行为的定性,有两种观点:

观点1:如果认为盗窃必须是秘密进行的,甲的行为的性质是抢夺,由于携带凶器,转化为抢劫。

观点2:如果认为盗窃不一定是秘密进行的,那么甲以平和手段打破他人占有、建立新的占有,构成盗窃罪。

❶注意:法考通说是"平和窃取说",如果题目没有要求观点展示,全部以"平和窃取说"为准。

二、"平和窃取说"下的盗窃罪

1. 盗窃的行为逻辑

将他人占有的财物→通过平和手段→转移为自己占有。

2. 盗窃罪的特殊情节

在入户盗窃、近身扒窃、携带凶器盗窃、多次盗窃四种情况下,不需要达到"数额较大"即可构成盗窃罪,但这四种情况既不是加重情节,也不是既遂标准。

❶注意:"扒窃"要求在公开场合盗窃他人近身携带的财物,但不要求是小件财物。例如,对行李架上的行李,也可能构成扒窃。

三、根据"平和窃取说"展开的财产犯罪体系

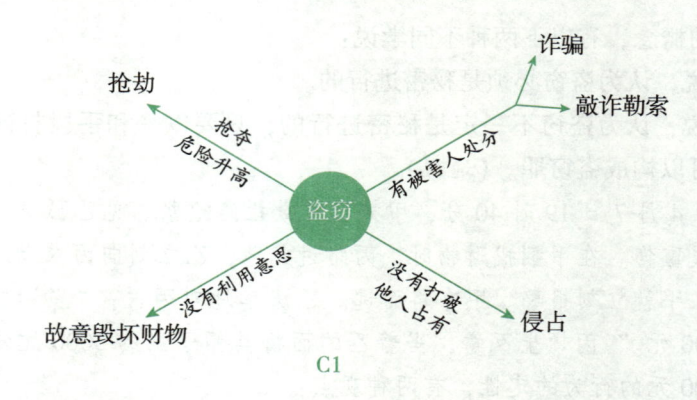

```
                        诈骗
            抢劫         ↑
             ↖         → 敲诈勒索
          抢夺  危险升高    有被害人处分
                  ↘    ↗
                   盗窃
                  ↗    ↘
         没有利用意思   没有打破   → 侵占
                    他人占有
         ↙
      故意毁坏财物
                    C1
```

迷你案例

1. 案情：甲去摩托车店对店主说："你去仓库给我拿新款的。"店主说："好的，我去5分钟，你替我看一下店。"甲假装答应。店主走后，甲将店内的摩托车（价值1万元）骑走。

   问题：甲的行为如何定性？

   答案：<u>店主没有处分摩托车</u>，且<u>仍占有摩托车</u>，甲<u>以平和手段打破店主对摩托车的占有、建立新的占有，构成盗窃罪</u>。

2. 案情：（2018-回）甲骑摩托车搭着乙过山路，路面崎岖泥泞，甲便推车前行。这时乙提出帮甲把车骑过去，甲表示同意，并且紧跟其后，双目一直注视着乙。不料，过了山路，乙便骑着摩托车扬长而去。

   问题：乙的行为如何定性？

   答案：<u>乙以平和手段打破甲的占有、建立新的占有，构成盗窃罪</u>。

四、盗窃罪与其他财产犯罪的包容评价问题

盗窃罪和抢劫罪是包容评价关系，盗窃罪和侵占罪也是包容评价关系，如果出现主客观不一致的情形，需要采用"主客观相统一"原则来确定行为人的定罪罪名。（见前文考点5"二、2.'主客观相统一'和'包容评价思维'"）

［例］甲在8楼阳台上浇花时，不慎将金镯子甩到了楼下。甲立即跑下楼去捡镯子。路过此处的乙看见地面上有一只金镯子，以为是谁不慎遗失的，在甲到来之前捡起镯子迅速逃离现场。乙主观上具有侵占的故意，客观上实施的是盗窃行为，根据"主客观相统一"原则，认定其构成侵占罪。

迷你案例

案情：甲看到一辆摩托车旁边站着乙，误以为乙是车主。甲为了取得摩托车，对乙使用暴力，导致乙重伤。实际上，乙只是站在别人的摩托车旁边看风景，并不是摩托车的主人。

问题：甲的行为如何定性？

分析思路：如后文所述，由于普通抢劫罪中被"压制反抗"的人必须与财物有关，因此，甲主观上具有抢劫的故意，客观上只构成盗窃罪，成立抢劫罪（未遂）与盗窃罪的想象竞合犯，再与故意伤害罪并罚。

答案：甲意图压制他人反抗而取得财物，主观上具有抢劫的故意；客观上对与财物无关的第三人使用暴力，之后取走财物，实施的是故意伤害和盗窃行为。主客观相统一，甲成立抢劫罪（未遂）与盗窃罪的想象竞合犯，再与故意伤害罪并罚。

34 抢夺罪

罪名名片 ▶ 抢夺罪

构成要件	客 观	对物使用暴力，对人身有一定危险性
	主 观	故 意

对人身的危险程度：抢劫＞抢夺＞盗窃。

抢夺罪，是指直接夺取他人紧密占有的数额较大的财物的行为（具有导致被害人伤亡的可能性）。

抢夺罪对物使用暴力，对人身有一定危险性；抢劫罪压制被害人的反抗，对人身有直接危险；盗窃罪采用平和的手段，对人身没有危险。

❗**注意1**：在刑法主观题考试中，不要把抢夺罪的构成要件写成"趁人不备，公然夺取财物"。

❗**注意2**：抢夺罪中的"对人身有一定危险性"表现在"物"的性质上。例如，耳环、项链、手包这种贴身之物，更容易成为抢夺罪的对象。

［例］甲骑摩托车从乙身边经过，将乙的手包一把夺过。甲对财物使用暴力，对乙的人身有一定危险性，构成抢夺罪。

❗**注意3**：根据《最高人民法院、最高人民检察院关于办理抢夺刑事案件适用法律若干问题的解释》第6条的规定，驾驶机动车、非机动车夺取他人财物，具有下列情形之一的，应当以抢劫罪定罪处罚：

（1）夺取他人财物时因被害人不放手而强行夺取的；

（2）驾驶车辆逼挤、撞击或者强行逼倒他人夺取财物的；

（3）明知会致人伤亡仍然强行夺取并放任造成财物持有人轻伤以上后果的。

迷你案例

案情：甲骑摩托车从乙身边经过，试图将乙的手包一把夺过，但未成功。两人对手包进行拉扯，甲最终将乙拖行至重伤。

问题：甲的行为如何定性？

答案：甲的行为对乙的人身有高度危险性，已经超出了抢夺的危险程度，构成抢劫罪，且属于抢劫致人重伤。

35 抢劫罪

罪名名片 ▶ 抢劫罪

构成要件	客 观	普通型	压制反抗，取得财物
		转化型（267型）	携带凶器抢夺
		转化型（269型）	犯盗窃、诈骗、抢夺罪，为窝藏赃物、抗拒抓捕、毁灭罪证，当场使用暴力或者以暴力相威胁
	主 观	故 意	
特殊情节	加重情节	入户抢劫	
		在公共交通工具上抢劫	
特殊情节	加重情节	抢劫银行或者其他金融机构	
		多次抢劫或者抢劫数额巨大	
		抢劫致人重伤、死亡	
		冒充军警人员抢劫	
		持枪抢劫	
		抢劫军用物资或者抢险、救灾、救济物资	
罪数问题	吸收故意杀人和过失致人死亡、故意伤害致人重伤和过失致人重伤： ⊙ 抢劫、杀人＝抢劫↑ ⊙ 抢劫、过失致人死亡＝抢劫↑ ⊙ 抢劫、故意伤害致人重伤＝抢劫↑ ⊙ 抢劫、过失致人重伤＝抢劫↑		

实施足以压制对方反抗的行为强行劫取财物的，成立抢劫罪。

一、普通抢劫

抢劫罪中的普通抢劫，即当场使用暴力、胁迫或者其他强制方法，强行劫取公私财物。使用暴力、胁迫或者其他强制方法，是手段行为；强行劫取公私财物，是目的行为。

🅘 **注意**："压制反抗"是抢劫罪的实行行为，压制反抗者是正犯，不是帮助犯。

普通抢劫的手段有以下三种：

压制反抗	暴力	暴力需要达到压制他人反抗的程度
		抢劫罪中的暴力可以包括故意杀人的暴力
	胁迫	胁迫是指以恶害相通告
		抢劫罪（包括事后抢劫）中的胁迫只包括以紧迫的暴力相威胁
	其他方式	其他方式是指创设了被害人不能反抗的状态

普通抢劫中被压制反抗的对象必须与财物有关，要么是财物的所有人，要么是财物的占有人，不包括被误认的路人。如果是被误认的路人，则涉及抢劫和盗窃的包容评价问题。

[例] 甲看到商店旁边停着一辆电动车，乙站在电动车旁边，以为乙是电动车的主人，于是使用暴力将乙打伤，骑走电动车。后查明乙只是和电动车无关的路人。因乙和电动车无关，无法认定甲构成普通抢劫罪既遂。（至于甲的行为如何定性，见前文考点33"四、盗窃罪与其他财产犯罪的包容评价问题"）

具体说明如下：

1. 暴力

（1）暴力不一定是有形力，但需要达到压制他人反抗的程度；

（2）抢劫罪中的暴力可以包括故意杀人的暴力。

2. 胁迫

胁迫是指以将来的恶害相通告。抢劫罪（包括事后抢劫）中的胁迫只包括以紧迫的暴力相威胁。

[例] 甲在夜间独自行走，突见一壮汉乙堵在狭小的路口，一声不吭，死死盯着自己。此时无声胜有声，出于害怕，甲将财物给了乙。乙构成胁迫型的抢劫罪。

3. 其他方式

其他方式是指创设了被害人不能反抗的状态。如果仅是利用了被害人不能反抗的状态，只构成盗窃罪。

[例1] 甲将安眠药放入乙酒中，乙喝完酒便睡去，甲趁机将乙的钱包掏空后离去。甲创设了对方不能反抗的状态，构成抢劫罪。

[例2]（2016/2/18 改编）甲在路上被铁丝绊倒，受伤不能动，包被甩出几米远，乙趁机将其包拿走。乙利用了甲不能反抗的状态，构成盗窃罪。

[例3]（2021-回）甲潜入他人房间欲实施盗窃，忽见床上有一不能动的老妪，哀求甲不要拿她的东西，甲不予理睬，拿走财物。甲利用了对方不能反抗的状态，构成盗窃罪。

[例4] 甲去一餐馆吃晚饭，要求老板亲自下厨准备饭菜。然后甲趁机将厨房门反锁，致使老板欲出不能，只能从递菜窗口看着甲打开柜台抽屉拿走1000余元后离去。甲创设了对方不能反抗的状态，构成抢劫罪。

迷你案例

案情：甲与乙同乘火车，甲欺骗乙说本站停车12分钟（实际停车2分钟）。乙信以为真，便下车购物。乙下车后火车就驶离了车站，甲将乙的财物据为己有。

问题：甲的行为如何定性？

答案：甲利用了火车开动的状态取得乙的财物，构成盗窃罪。

二、转化抢劫（267型）

[法条链接]《刑法》第267条第2款 [转化抢劫（267型）] 携带凶器抢夺的，依照本法第263条（抢劫罪）的规定定罪处罚。

1. "携带"不要求且不能显露凶器。

注意：如果显露凶器给被害人看，直接定"胁迫型"的普通抢劫即可，无需转化。

2. "携带"要求随时可以使用凶器，包括直接占有和间接占有两种情形。

[例1] 甲的妻子将水果刀用三层厚毛巾包好后放在甲的书包里并告知甲，甲上班途中临时起意实施抢夺。由于厚毛巾中的凶器不能随时取出使用，甲不属于"携带凶器抢夺"，其行为不应转化为抢劫。

[例2] 甲和乙共同实施抢夺，乙的书包里放有凶器，甲知道该事实并且书包里的凶器随时可以取出。甲属于间接占有凶器，属于"携带凶器抢夺"，其行为应转化为抢劫。

3. "凶器"需要具有杀伤力且非日常用品。携带日常用品抢夺的，不属于"携带凶器抢夺"，不应转化为抢劫。

迷你案例

案情：甲驾驶汽车抢夺乙的提包。

问题：甲使用的汽车是否属于"凶器"？甲的行为是否应转化为抢劫？

答案：汽车可以导致他人死亡，但具有日常性，因此，汽车不属于"凶器"，甲的行为不应转化为抢劫。

三、转化抢劫（269型）

[法条链接]《刑法》第269条 [转化抢劫（269型）] 犯盗窃、诈骗、抢夺罪，为窝藏赃物、抗拒抓捕或者毁灭罪证而当场使用暴力或者以暴力相威胁的，依照本法第263条（抢劫罪）的规定定罪处罚。

一招制敌：《刑法》第269条在学界被称为"转化抢劫"或者"事后抢劫"，而《刑法》第267条第2款的名称在学界一直有争议。保险起见，考试时，可以避开"转化抢劫"或者"事后抢劫"这样的写法，全部写作"转化为抢劫"。例如，"甲携带凶器抢夺，转化为抢劫"，这样的表述一定没错。

（一）成立条件

犯盗窃、诈骗、抢夺罪	不要求既遂
	不要求达到特定数额标准
为了窝藏赃物、抗拒抓捕、毁灭罪证	如果是基于其他目的，则不成立转化抢劫
当场针对他人使用暴力或以暴力胁迫他人	需要当场
	暴力需要达到"压制反抗"的程度
	针对自己或针对物使用暴力或者以暴力相威胁的，不应转化为抢劫
	不要求造成轻伤

具体说明如下：

1. 犯盗窃、诈骗、抢夺罪。不要求既遂，也不要求达到特定数额标准。

2. 为了窝藏赃物、抗拒抓捕、毁灭罪证。如果是基于其他目的，则不成立转化抢劫。

[例] 甲在公交车上扒窃到妇女乙的钱包后，到站下车。乙发现后，对已下车的甲破口大骂，骂得很难听，甲实在受不了，便又跳上车，扇了乙一耳光后下车。甲打乙不是出于窝藏赃物、抗拒抓捕、毁灭罪证三大目的，而是为了泄愤，因此，其行为不应转化为抢劫。

3. 使用的暴力需要达到"压制反抗"的程度。

[例1] 甲在一网吧里盗得财物并往外逃跑时，被管理人员乙发现。甲为阻止乙的追赶，便提起网吧门边的开水壶，将开水泼在乙身上。甲的行为达到了"压制反抗"的程度，属于使用暴力，因此，甲构成抢劫罪。

[例2] 甲在街头出售报纸时发现乙与一摊主因买东西发生纠纷，乙携带的箱子（内有贵重物品）放在其身旁的地上，甲便提起该箱子悄悄溜走。乙发现后紧追不舍。为摆脱乙的追赶，甲将手中剩余的几张报纸卷成一团，扔向乙，击中乙的脸，乙受到惊吓，差点滑倒。甲扔纸团的行为没有达到"压制反抗"的程度，不属于使用暴力，因此，甲不构成抢劫罪。

[例3] 甲入户盗窃，得逞之后翻窗逃跑，主人拉住甲的腿，甲本能地往后蹬了一下，摆脱了主人，成功逃跑。甲"往后蹬一下"的本能行为没有达到"压制反抗"的程度，因此，甲不构成抢劫罪。

迷你案例

案情：甲盗窃之后逃跑，主人追击。眼看主人即将追上，甲躲在一旁，伸腿将主人绊倒，主人摔成重伤。

问1：甲是否使用了抢劫罪中的"暴力"？

答案：是。甲将高速奔跑中的主人绊倒，达到了"压制反抗"的程度，使用了抢劫罪中的"暴力"。

问2：甲的行为如何定性？

答案：甲在实施盗窃之后为了抗拒抓捕使用暴力，其行为应转化为抢劫，且属于抢劫致人重伤。

4. 针对他人使用暴力或以暴力胁迫他人，不要求造成轻伤；针对自己或针对物的，不应转化为事后抢劫。

[例1] 甲盗窃之后被主人乙追击，甲拿起刀砍在自己身上，乙愣了一下，不再追击。甲对自己使用暴力，其行为不应转化为抢劫。

[例2] 甲盗窃之后被主人乙追击，甲拿起刀说："再追，信不信我砍死你。"乙被吓跑。甲针对乙使用暴力相威胁，其行为应转化为抢劫。

[例3] 甲盗窃之后被主人乙追击，乙放狗咬甲，甲将狗打死，乙看到爱犬去世，自己也被气死。甲没有针对他人使用暴力，其行为不应转化为抢劫，也不属于抢劫致人死亡。

[例4] （"助人为乐"的小偷）陈某入户盗窃，之后在该户逗留了3个小时。其间，陈某从冰箱里拿出15个鸡蛋做了饭，喝了主人的红酒和白酒，翻找时还撕了小孩的暑假作业。陈某没有针对"他人"使用暴力，只是撕毁了他人的作业，其行为不应转化为抢劫。

[口诀] （转化抢劫的条件）前置罪名盗诈抢，抗拒抓捕或窝赃，暴力威胁很嚣张。

迷你案例

案情：（2020-主）龚某、洪某见到一片沉香树之后心生盗念，二人盗窃时被刘某、任某发现，洪某立即逃跑。龚某为了窝藏所盗沉香，对刘某、任某以不让其拿走沉香就向林业主管部门告发相威胁，刘某、任某担心自己非法砍伐林木的行为被发现，就让龚某拿走了其盗得的价值2万元的沉香。

问题：龚某、洪某的行为分别如何定性？

答案：龚某试图打破他人的占有、建立新的占有，构成盗窃罪，但在实行阶段因为客观原因未能得逞，之后以暴力以外的事由相威胁，取得财物，其行为不应转化为抢劫，而是构成敲诈勒索罪，与盗窃罪（未遂）从一重罪论处。洪某没有实施勒索的行为，故其仅构成盗窃罪。

（二）转化抢劫中的共犯问题

[例1] 甲盗窃金条后逃跑，主人追击，甲痛殴主人，乙中途加入，与甲一起殴打主人。乙中途加入甲的转化抢劫，因此，甲、乙都是抢劫罪的正犯，乙是承继共犯。

[例2] 甲盗窃金条后逃跑，主人追击，甲教唆乙痛殴主人，乙照做。甲犯盗窃罪，又教唆他人使用暴力，其行为应转化为抢劫；乙也构成抢劫罪，其中，甲是教唆犯，乙是正犯。

[例3] 甲盗窃金条后逃跑，主人追击，甲欺骗乙，称自己正遭受主人的不法侵害，乙信以为真，痛殴主人。甲犯盗窃罪，又欺骗他人使用暴力，其行为应转化为抢劫；乙误以为存在不法侵害而进行"防卫"，属于假想防卫。

[例4] 甲盗窃金条后逃跑，主人追击，乙在甲不知情的情况下自愿帮助甲痛殴主人，使甲成功脱逃。乙在甲盗窃既遂之后才加入，二人不构成共同犯罪，当然也就不是片面共犯，乙只构成窝藏罪。

> **迷你案例**
>
> 案情：甲盗窃金条后逃跑，主人追击，甲痛殴主人，乙同时也在暗处扔石头砸主人。
>
> 问题：甲和乙的行为分别如何定性？
>
> 答案：甲触犯盗窃罪，虽然已经既遂，但其为了抗拒抓捕使用暴力，其行为已经转化为抢劫；乙在甲抢劫中途加入，属于承继共犯，也构成抢劫罪。

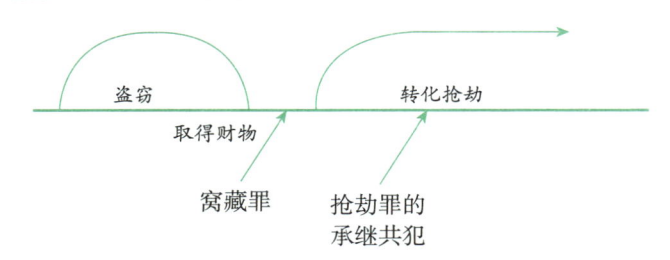

```
         盗窃            转化抢劫
    ─────┬──────────────┬──────────→
         │取得财物       │
         ↓               ↓
       窝藏罪          抢劫罪的
                        承继共犯
```

（三）转化抢劫中的对象错误问题

1. 转化抢劫中，行为人使用暴力或以暴力相威胁的对象包括第三人。

> **迷你案例**
>
> 案情：甲在盗窃之后开车逃跑，被热心路人乙拦住不让走，甲一脚踩下油门将乙撞死。
>
> 问题：甲的行为如何定性？
>
> 答案：甲盗窃之后为了抗拒抓捕使用暴力，其行为应转化为抢劫，且属于抢劫致人死亡。

2. 转化抢劫中出现对象错误的，对于转化抢劫能否成立，刑法学界有不同观点；出现打击错误的，不影响转化抢劫的成立。

[例1] 甲在乙家盗窃财物以后，被乙追击，甲误把路人丙当作乙，将其打伤。一种观点认为，甲的打击行为发生了对象错误，不影响转化抢劫的成立；另一种观点认为，由于不存在真实的抓捕者，因此，甲不构成转化抢劫（通说）。

[例2] 甲在乙家盗窃财物以后，被乙追击，甲朝乙开枪，不慎将路人丙打死。甲的射击行为发生了打击错误，不影响转化抢劫的成立。至于其是否成立抢劫致人死亡，则还需要考虑打击错误的问题。

四、抢劫罪的加重情节

1. 入户抢劫

（1）"户"

❶ "户"需要符合两个条件：供他人生活、与外界相对隔离；

❷ 一般情况下，集体宿舍、旅店宾馆、临时搭建的工棚等场所不应被认定为"户"。

（2）"入户"需要具有非法目的。以侵害户内人员的人身、财产为目的的"入户"才属于"入户抢劫"。

[例] 甲入户盗窃，后来其盗窃行为转化为抢劫，也属于"入户抢劫"。

（3）转化抢劫中，如果暴力或者胁迫行为发生在户外，就不能认定行为人属于"入户抢劫"。

[例] 甲入户盗窃，主人将其逐出户外后，甲对主人使用暴力。由于暴力行为发生在户外，因此，甲不属于"入户抢劫"。

2. 在公共交通工具上抢劫

（1）此处的"公共交通工具"，是指从事旅客运输业务的各种公共汽车、大中型客车、火车、船只、飞机等。

❶ 接送职工的单位班车、接送师生的校车等大中型交通工具，视为"公共交通工具"；

❷ 抢劫出租车司机的，不属于"在公共交通工具上抢劫"。

（2）驱赶公交车上的人下车，对下车的人依次实施抢劫的，也属于"在公共交通工具上抢劫"。

（3）在公交车上实施盗窃、诈骗、抢夺，下车后前述行为转化为抢劫的，由于没有侵害不特定人的法益，因此不属于"在公共交通工具上抢劫"。

[例1] 甲在公交车上扒窃乙的钱包，乙下车追赶，甲在角落里对乙使用暴力。甲的行为属于转化抢劫，但甲没有侵害公共交通工具上不特定人的法益，不属于"在公共交通工具上抢劫"的加重情节。

[例2] 甲在公交车上抢夺乙的手机，乙下车追赶，民警丙也追赶，三人扭打在一起，手机不慎掉在地上。甲跑到马路对面，丙追击的时候不慎被汽车撞死。甲的行为属于转化抢劫。甲没有侵害公共交通工具上不特定人的法益，因此，其不属于"在公共交通工具上抢劫"。由于丙不慎被汽车撞死是异常介入因素，因此，甲无需对丙的死亡结果负责。此外，甲还触犯袭警罪。

迷你案例

案情：（2018-回）在某公交车上，歹徒甲看中了乘客乙价值5000元的手包，在公交车到站准备开门的时候，甲夺下乙的手包就跑下车，乙下车追赶。好心的乘客丙也下车帮忙追赶甲。跑出200米后，甲拿起旁边水果摊的水果刀威胁丙："再过来我就不客气了。"丙毫不示弱，拼死抢回手包。

问题：甲的行为如何定性？

答案：甲对物使用暴力，对他人的人身存在一定危险性，触犯抢夺罪。甲为了抗拒抓捕以暴力相威胁，其行为应转化为抢劫，但由于没有侵害不特定人的法益，因此不属于"在公共交通工具上抢劫"的加重情节。虽然丙抢回了手包，但甲已经取得财物，成立犯罪既遂。

3. 抢劫银行或者其他金融机构

（1）抢劫正在使用中的银行或者其他金融机构的运钞车的，视为"抢劫银行或者其他金融机构"；

（2）抢劫银行或者其他金融机构办公桌等办公物品的，由于这些物品不是不特定储户的财物，因此不属于"抢劫银行或者其他金融机构"。

4. 多次抢劫或者抢劫数额巨大。

5. 抢劫致人重伤、死亡

（1）抢劫致人死亡包括为了抢劫故意杀人的情形，但不包括事后为了灭口而杀人的情形。

（2）成立"抢劫致人死亡"需要以常见的方式导致他人死亡，对象包括同伙、在场的路人，不包括抢劫过程中偶遇的仇人、抢劫后逃跑时不慎撞死的路人。

［例1］ 甲在抢劫乙的过程中遇到丙阻拦，甲将丙杀死。本案属于常见的"抢劫过程中致人死亡"的情形，甲属于抢劫致人死亡。

［例2］ 甲和乙共同抢劫丙，在抢劫过程中，甲不慎导致同伙乙死亡。本案属于常见的"抢劫过程中致人死亡"的情形，甲属于抢劫致人死亡。

［例3］ 甲在抢劫之后开车逃跑，开了一段路程之后不慎将路人乙撞死。本案不属于常见的"抢劫过程中致人死亡"的情形，甲不属于抢劫致人死亡，其只能成立抢劫罪的基本情节，还可能构成交通肇事罪，数罪并罚。

迷你案例

案情：甲在抢劫乙的过程中偶然看到自己的仇人丙，便将丙杀死。

问1：甲是否属于抢劫致人死亡？

答案：不属于。本案不属于常见的"抢劫过程中致人死亡"的情形，甲不属于抢劫致人死亡。

问2：甲的行为如何定性？

答案：甲在抢劫之后非法剥夺他人生命，构成抢劫罪和故意杀人罪，数罪并罚。

6. 冒充军警人员抢劫

（1）既包括没有身份者冒充有身份者，也包括此身份者冒充彼身份者，但根据通说，不包括真军警自己抢劫；

（2）需要有凭证的展示，如果仅是口头宣称，不属于"冒充"。

7. 持枪抢劫

（1）必须是真枪，但不需要配有子弹。持假枪抢劫的，不影响抢劫罪的成立，但不属于"持枪抢劫"。

（2）需要显示其所携带的枪支，但不需要实际使用。

8. 抢劫军用物资或者抢险、救灾、救济物资。

五、抢劫罪与故意杀人罪的关系

为了取财杀害被害人	抢劫致人死亡
在户外为了取财以外的目的杀害被害人后，另起犯意，取走财物	故意杀人罪与盗窃罪（或侵占罪），数罪并罚［详见前文考点32"四、（三）死者的占有问题"］
抢劫财物后，为了灭口杀害被害人	抢劫罪与故意杀人罪，数罪并罚

[口诀]（抢劫与杀人的关系）为财而杀，抢劫上加；仇杀后拿，杀拿并罚；抢劫后灭口，抢劫杀人依次走。

迷你案例

1. 案情：（2011/4/2 改编）陈某将仇人李某杀死，之后将其尸体拖入树林，准备逃跑时忽然想到李某身上有财物，遂拿走李某身上的手机、现金等物，价值1万余元。

   问题：陈某的行为如何定性？

   答案：陈某非法剥夺他人生命，构成故意杀人罪。对于陈某取得财物行为的认定，有以下两种观点：

   观点1：如果认为死者能占有财物，陈某打破他人占有、建立新的占有，构成盗窃罪。

   观点2：如果认为死者不能占有财物，陈某变占有为所有，构成侵占罪。

   因此，陈某构成故意杀人罪，与盗窃罪（或侵占罪）数罪并罚。

2. 案情：李某将一女子张某骗至公共绿地，并将三唑仑片放入饮料中，骗张某饮用，趁张某服药后神志不清之际，抢走其2万余元现金。在强摘张某耳环时，遭到其反抗，李某遂对张某进行殴打。次日上午10时许，张某的尸体在该绿地东南边的水沟里被发现。经法医鉴定，张某系被他人扼颈后溺水窒息而亡。对于抢劫行为，李某始终辩称，他只想谋财，从未有过害命之意。

   问题：李某的抢劫行为是否属于结果加重犯？

   答案：属于。李某压制他人反抗而取得财物，构成抢劫罪；其对张某的死亡结果至少具有间接故意，构成故意杀人罪。因此，李某的行为应整体评价为抢劫致人死亡。

36 诈骗罪和敲诈勒索罪

罪名名片 ▶ 诈骗罪

构成要件	客观	普通（二角）诈骗	欺骗他人，使得被害人陷入认识错误，并基于认识错误处分财物，遭受财产损失
		三角诈骗	行为人欺骗他人，他人有权处分且实际处分了第三人的财物，使得第三人遭受损害，行为人取得财物
	主观	故意	

罪名名片 ▶ 敲诈勒索罪

构成要件	客观	恐吓他人，使得被害人产生恐惧心理，并因恐惧而处分财物，遭受财产损失
	主观	故意

一、普通诈骗的构成

1. 普通诈骗的行为逻辑

欺骗行为→对方产生或维持认识错误→基于认识错误处分财产→行为人取得财产→对方遭受损失。

注意：行为人使用"诡计"不等于构成诈骗罪，必须要有被害人的处分行为才能认定行为人构成诈骗罪。例如，"调包""调虎离山""用被害人微信转账"等案件中，貌似有"骗"的行为，但一般不存在被害人的处分行为，即使有"诡计"存在，也只能认定行为人构成盗窃罪。

［例］甲在珠宝店对营业员说："这个项链不错，拿给我试试。"然后趁营业员不注意将该项链换成假的项链。本案属于"调包"，营业员没有处分行为，甲不构成诈骗罪，只能认定其构成盗窃罪。

迷你案例

案情：夫妻二人回到家中，看到桌上有2张电影票和1张字条，字条上写着："我请你们看电影，看完就知道我是谁了。"二人兴奋地去看电影，回家后发现房子被洗劫一空，桌上留着的字条上写着："哈哈，现在知道我是谁了吧！"

问题：取走被害人财物的行为如何定性？

答案：本案中，由于<u>不存在被害人的处分行为，行为人不构成诈骗罪</u>。行为人打破他人占有、建立新的占有，构成盗窃罪。

2. 如何理解处分？

处分能力	谁能处分？
客观处分行为	处分需要有怎么样的行为？
处分意思	处分需要认识到什么？

（1）处分能力。幼儿、精神病人、机器无处分能力，如果没有法律的特别规定，对幼儿、精神病人、机器不能构成诈骗罪。

（2）客观处分行为。客观处分行为，是指改变财物所有权归属或者长期占有状态的行为，也包括抛弃行为。

［例1］甲谎称自己与家人失联，向乙借用手机5分钟，然后趁乙不注意拿走其手机。乙没有将手机的长期占有转让给甲，其借用手机5分钟给甲的行为不属于"处分"，甲不构成诈骗罪，只构成盗窃罪。

［例2］甲谎称自己的手机坏了，向乙借用手机3个月，并于当晚潜逃。乙将手机的长期占有转让给甲，该行为属于"处分"，且甲的犯意产生于"借"手机之时，故甲构成诈骗罪。

［例3］甲向乙借用手机3个月，之后因不想归还而选择逃跑。由于甲一开始有归还的

意思，因此其不构成诈骗罪，只构成侵占罪。

> **迷你案例**
>
> 案情：2007年11月1日11时许，朱某伙同李夏云到环翠区羊亭镇港头村王本香家，以驱鬼为由，诱骗王本香拿出人民币430元及价值1840元的黄金首饰作为道具，交由朱某"施法驱鬼"。朱某将上述财物用纸包好后，在"施法"过程中，趁王本香不备，用事先准备好的相同纸包调换装有财物的纸包，待"施法"完毕，将假纸包交还王本香，并嘱咐王本香3日后才能打开，随后将王本香的上述财物带离现场。
>
> 问题：朱某构成何罪？
>
> 答案：王本香将财物的短期占有转让给朱某，不属于处分行为，朱某打破他人占有、建立新的占有，构成盗窃罪。

（3）处分意思

对于处分意思，刑法学界有两种观点：抽象处分说和具体处分说。抽象处分说认为，被害人只要认识到物品的标的，就可以认定其有处分意思；具体处分说认为，被害人不仅需要认识到物品的具体标的，还要认识到数量，才能认定其有处分意思。具体做题步骤如下：

S1	先找到被骗人
S2	看被骗人有没有处分意思
S3	如果被骗人有处分意思，行为人成立诈骗；如果被骗人没有处分意思，行为人成立盗窃

[例] 甲在相机盒子当中塞入2个相机，然后到柜台结账。营业员以为里面只有1个相机，遂按照1个相机的价款给甲结账。本案中，营业员已经认识到了物品的标的、种类，但不知道物品的实际数量（2个）。根据抽象处分说，营业员已经认识到了物品的标的、种类，因此其有处分意思，甲构成诈骗罪；根据具体处分说，营业员没有认识到物品的实际数量，因此其没有处分意思，甲构成盗窃罪。

> **迷你案例**
>
> 1.案情：臧某某赶至网吧后，以尚未看到金某付款成功的记录为由，发送给金某一个交易金额标注为1元而实际植入了支付金额为305 000元的计算机程序的虚假链接，谎称金某点击该1元支付链接后，即可查看到付款成功的记录。金某在臧某某的诱导下点击了该虚假链接，其建设银行网银账户中的305 000元随即通过臧某某预设的计算机程序，经上海快钱信息服务有限公司的平台支付到臧某某提前在福州海都阳光信息科技有限公司注册的"kissal23"账户中。（事实1）
>
> 之后，臧某某在某网游网站注册一账户，并对该账户预设充值程序，充值金额为买家欲支付的金额，后将该充值程序代码植入到一个虚假的淘宝网链接中。与买家商谈好商品价格后，臧某某以方便买家购物为由，将该虚假淘宝链接通过阿里旺旺聊天工具发送给买家。买家误以为是淘宝网链接而点击进行购物、付款，并认为所付货款会汇入支付宝公司为担保交易而设立的公用账户，但该货款实际通过预设程序转入网游网站在支付宝公司的私人账户，再转入臧

某某事先在网游网站注册的充值账户中。(事实2)

问题：臧某某的行为如何定性？

答案：事实1中，金某没有认识到"点击链接"这一行为本身的性质，缺乏处分意思，臧某某打破他人对财物的占有、建立新的占有，构成盗窃罪。事实2中，买家能够正确认识到其处分的标的和数量，只是对货款交付的"对象"产生了认识错误，买家具有处分意思，臧某某构成诈骗罪。

2. 案情：(2018-主) 王某、刘某在某酒店就餐，共消费3000元。在王某结账时，收银员吴某偷偷调整了POS机上的数额，故意将3000元餐费改成30 000元，交由王某结账。王某并未仔细核对，支付了30 000元。

问题：吴某的行为如何定性？

答案：对于吴某的行为的定性，有以下两种观点：

观点1：如果认为处分意思只需要认识到标的，则王某有处分30 000元的意思，吴某构成诈骗罪。

观点2：如果认为处分意思需要同时认识到标的和数量，则王某无处分30 000元的意思，吴某构成盗窃罪。

二、三角诈骗

三角诈骗是指被害人和被骗人不一致的情况。

三角诈骗的判断思路：

S1	找被骗人是谁	
S2	找被害人是谁	
S3	如果被骗人有权处分并实际处分了被害人的财物，行为人构成三角诈骗	此处的"有权处分"的范围比民法中的广泛，只要求行为人基于特定职业有相关权限即可。例如，保姆将主人的西装送交他人干洗就属于"有权处分"
S4	如果被骗人无权处分被害人的财物，行为人构成盗窃罪（间接正犯）	

［例1］(2015/2/63/A改编) 甲欺骗乙家的保姆说："乙现在使用的手提电脑是我的，你还给我吧。"保姆信以为真，将电脑交给甲。保姆具有将主人借用的财物物归原主的相关权限，因此，甲构成三角诈骗。

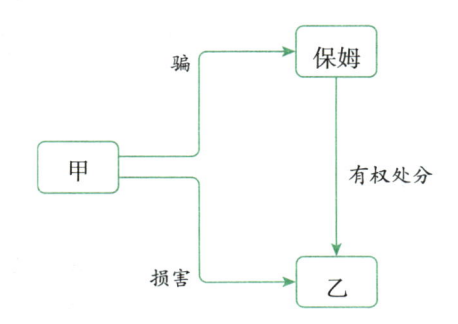

［例2］甲欺骗乙家的保镖说："乙现在使用的手提电脑是我的,你还给我吧。"保镖信以为真,将电脑交给甲。保镖不具有相关权限,甲通过欺骗的方式把保镖当作盗窃的工具,构成盗窃罪(间接正犯)。

迷你案例

案情:甲伪造借条,称乙欠其10万元,使得法官基于错误认识判决乙归还10万元给甲。

问题:甲是否构成诈骗罪?

答案:构成。法官对公民的财物有处分权限,甲欺骗法官,通过法官处分乙的财物,使得乙遭受财物损失,因此,甲属于三角诈骗,构成诈骗罪。此外,甲提起虚假诉讼,妨害司法秩序,构成虚假诉讼罪,与诈骗罪从一重罪处罚。

三、敲诈勒索罪

1. 敲诈勒索的行为逻辑

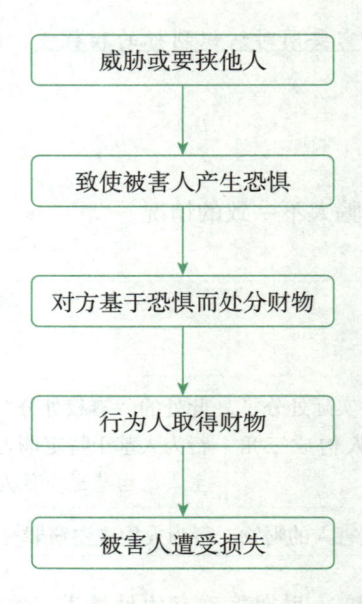

威胁或要挟他人
↓
致使被害人产生恐惧
↓
对方基于恐惧而处分财物
↓
行为人取得财物
↓
被害人遭受损失

2. 敲诈勒索罪和诈骗罪的区别

敲诈勒索罪和诈骗罪的区别在于被害人处分财物的原因不同,诈骗罪中被害人基于错误认识处分财物,敲诈勒索罪中被害人基于恐惧处分财物。如果被害人同时基于错误认识和恐惧处分财物,行为人构成诈骗罪与敲诈勒索罪的想象竞合犯,从一重罪处罚。

［例1］甲对乙说:"黑社会老大丙要来打你,你给我5万元,我可以让你破财免灾。"乙信以为真,并将5万元交给甲。后查明,丙根本不存在。本案中,乙基于错误认识交付财物,甲构成诈骗罪;乙对甲没有产生恐惧心理(反而很感激),因此,甲不构成敲诈勒索罪。最终认定甲构成诈骗罪。

［例2］甲对乙说:"你给我5万元,否则我让黑社会老大丙来打你。"乙信以为真,并将5万元交给甲。后查明,丙根本不存在。本案中,乙基于错误认识交付财物,甲构

诈骗罪；乙对甲产生了恐惧心理，甲还构成敲诈勒索罪。最终认定甲构成诈骗罪与敲诈勒索罪，从一重罪处罚。

注意：对于本案，也有学者认为，乙虽然是基于错误认识和恐惧交付财物，但主要是基于恐惧，因此，对甲只定敲诈勒索罪一罪即可。刑法主观题考试时赞成哪种观点都可以，写"从一重罪处罚"更为稳妥。

[例3] 甲杀害仇人乙后，对乙的妻子说："你的丈夫在我手里，快给钱，否则撕票。"乙的妻子信以为真，将钱给了甲。本案中，乙的妻子基于错误认识和恐惧交付财物，甲索要财物的行为构成诈骗罪与敲诈勒索罪的想象竞合，从一重罪处罚。

[口诀]（虚构他人被绑架的事实取得财物的）假绑架，真敲诈，诈骗一起罚。

[例4] 甲假装联防队员抓嫖，乙信以为真，给了甲5万元"破财免灾"。本案中，乙基于错误认识处分财物，甲构成诈骗罪；由于公民对公务人员应当存有"敬畏"而非"恐惧"之心，因此，甲不构成敲诈勒索罪。最终认定甲构成诈骗罪（还可能构成招摇撞骗罪）。

3. 敲诈勒索罪和抢劫罪的区别

（1）如果对方没有选择空间，是抢劫；

（2）如果对方有选择空间，则是敲诈勒索。

迷你案例

1. **案情**：饭店老板甲以可乐兑水冒充洋酒进行销售，向实际消费数十元的乙索要数千元。乙不从，甲召集店员对其进行殴打，最终乙被迫将钱交给甲。

   问题：甲的行为如何定性？

   答案：甲殴打对方、压制对方反抗并取得财物，没有给对方选择的空间，其行为构成抢劫罪而非敲诈勒索罪。

2. **案情**：职员甲被公司辞退，要求公司支付10万元补偿费，否则便将其所掌握的公司商业秘密出卖给其他公司使用。

   问题：甲的行为如何定性？

   答案：甲以恶害相通告，使对方陷入两难的恐惧而处分财物，构成敲诈勒索罪。

4. 敲诈勒索罪和权利行使的区别

如果有索要财物的权利，则不构成敲诈勒索罪，而属于民事索赔。

迷你案例

案情：甲购买的电脑一直有故障，于是其向商家索要3万元，否则便向媒体公开。

问题：甲的行为如何定性？

答案：甲有索要财物的合法权利根据，其向商家索要3万元是行使权利的行为，不构成敲诈勒索罪。

37 侵占罪和故意毁坏财物罪

罪名名片 ▶ 侵占罪

构成要件	客　观	变占有为所有
	主　观	故　意

罪名名片 ▶ 故意毁坏财物罪

构成要件	客　观	使得他人财物丧失效用
	主　观	故　意

一、侵占罪的构成

1. 侵占罪的侵害对象是主人失去占有的财物，包括遗失物（"白捡型"）、代为保管物（"白给型"）等。

以上两种情况的共同特征是，被害人对标的财物没有实际占有。因此，侵占罪的本质是"变占有为所有"，侵犯的是所有权，而不是占有。

［例1］甲在坐公交车的时候，趁乙睡着偷偷把乙的手机账户中的零钱转入自己账户，之后为了避免被发现，便将乙的手机拿走准备销毁。第二天，甲改变主意，将手机变卖。甲在拿走手机的时候没有非法占有目的（准备销毁），故其不构成盗窃罪。甲起初意图毁坏手机，但在实行阶段自动放弃，构成故意毁坏财物罪（中止）；之后卖手机的行为属于"变占有为所有"，构成侵占罪，与前罪数罪并罚。

［例2］甲在坐公交车的时候，趁乙睡着偷偷把乙的手机账户中的零钱转入自己账户，顺便将手机拿走变卖。甲拿走手机的时候就具有非法占有目的，故其拿走手机并出卖的行为构成盗窃罪。

2. 侵占罪的行为方式是"变占有为所有"，具体包括拒绝返还、出售等手段。

迷你案例

案情：甲进城打工，用人单位要求甲提供银行卡号以便发放工资。甲忘带身份证，便借用老乡乙的身份证办理了银行卡。甲将银行卡号提供给用人单位后，请乙保管银行卡。数月后，乙持该卡到银行柜台办理密码挂失，并取出1万余元现金，经甲多次索要，仍拒不退还。

问题：乙的行为如何定性？

答案：乙将其名下的银行卡内占有的他人财物通过"挂失"的行为据为己有，构成侵占罪。

二、侵占罪和盗窃罪的区别

侵占罪和盗窃罪的区别在于，如果行为前被害人占有财物，行为人需要打破他人占有，构成盗窃罪；如果行为前被害人不占有财物（包括财物由行为人占有、无人占有的情形），行为人不需要打破他人占有，则构成侵占罪。

［例1］甲为乙保管财物，经乙催要，拒不返还。在甲的这一行为之前，财物已经由甲本人占有，因此，甲不需要打破他人占有，直接"变占有为所有"，构成侵占罪。（"白给型"侵占）

［例2］甲在地铁上捡到乙遗落的手机拒不返还。在甲的这一行为之前，手机已经处于"无人占有"的状态，甲不需要打破他人占有，构成侵占罪。（"白捡型"侵占）

应从以下五个角度理解侵占罪和盗窃罪中的"占有"：

1. 优先认定被害人的占有，如果能认定被害人占有财物，则不认定行为人占有。

［例1］甲在地铁站帮老太太拎包。老太太在前面带路，甲在后面跟着。在一个拐角处，甲拔腿就跑。被害人和行为人同时在场的，需要优先认定被害人的占有。甲打破他人占有、建立新的占有，构成盗窃罪。

［例2］甲驾车带乙去海边游玩。到达后，甲欲游泳。乙骗甲说："我在车里休息，把车钥匙给我。"趁甲游泳之际，乙将该车开往外地卖给他人。甲没有走远，依然占有财物，乙构成盗窃罪。

迷你案例

案情：（2018-回）甲拿着包坐在公园长椅上，乙默默坐他旁边。甲离开时忘记将自己的包拿走，乙见甲离开，便迅速将包拿走。甲走出10米突然想起了自己的包，返回原处未看见包与乙。

问题：乙的行为如何定性？

答案：甲还在现场，该包仍然由甲占有，因此，乙打破甲对该包的占有、建立新的占有，构成盗窃罪。

2. 占有包括现实占有和观念占有，现实占有强调财物在被害人的控制范围之内，观念占有强调按照一般社会观念这样处置财物是安全的。例如，车辆、房屋都属于主人观念占有的对象，无论是否上锁。另外，即使侵占他人钥匙，行为人擅自开走他人车辆的行为仍然是盗窃。

［例］甲从没上锁的房屋中私自取走他人财物。由于主人仍在观念上占有房屋中的财物，因此，甲构成盗窃罪。

迷你案例

案情：甲去灾区倒塌的房屋内拿走他人财物。

问题：谁占有房屋内的财物？甲的行为如何定性？

答案：主人仍在观念上占有房屋内的财物，甲打破他人占有、建立新的占有，构成盗窃罪。

3. 狭小空间内财物的占有转移问题：狭小空间内遗失的财物转归场地管理者或者所有人占有，该财物不属于遗失物。后面的顾客或者乘客拿走财物的，构成盗窃罪。

❗注意："狭小空间"是指流动性较小的空间，如宾馆、飞机等场所，不包括地铁、高铁这种人流量大的交通工具。

迷你案例

案情：甲在下飞机时将前乘客丢在座位下面的钱包拿走。
问题：甲的行为如何定性？
答案：由于钱包归狭小空间（飞机）的管理者占有，因此，甲打破他人占有、建立新的占有，构成盗窃罪。

4. 占有与所有的优先级问题：有权占有＞所有＞无权占有。即有权占有人优先于所有权人受保护，所有权人优先于无权占有人受保护。

迷你案例

案情：甲将电脑借给乙，之后趁乙不在家擅自将电脑偷回。
问1：甲的行为是否构成盗窃罪？
答案：构成。由于乙是有权占有人，法律优先保护有权占有人的权利，因此，甲将电脑偷回的行为侵害了乙对电脑的合法占有，构成盗窃罪。

问2：如果甲的电脑被乙偷走，之后甲在黑市看到自己的电脑，在来不及报警的情况下擅自将其偷回，甲的行为是否构成盗窃罪？
答案：不构成。由于乙是无权占有人，法律优先保护甲的所有权，因此，甲将电脑偷回的行为不构成盗窃罪，属于自救行为，不构成犯罪。

5. 委托他人保管房屋等不动产，内部的财物仍然由委托人占有，保管者擅自拿走房屋内财物的，构成盗窃罪。

迷你案例

案情：甲全家外出打工，委托邻居乙帮其照看房屋。有人来村里购树，乙谎称甲家山头上的树为自家的树，卖给购树人，得款3万元。
问题：乙的行为构成何罪？
答案：乙照看邻居的房屋不等于占有邻居的树木，树木仍归房屋主人甲占有，因此，乙打破甲对树木的占有、建立新的占有，构成盗窃罪。

❗注意：本题中，乙对买树人是否构成诈骗，将在后文（考点38"财产犯罪的观点展示问题和'两头骗'问题"）中作详细论述。

三、故意毁坏财物罪

故意毁坏财物罪不要求行为人具有非法占有目的,盗窃罪要求行为人具有非法占有目的。

1. 故意毁坏财物是使得财物丧失效用的行为。

毁坏,包括从物理上变更或者消灭财物的形体,以及使得财物丧失效用的一切行为。其具体表现为:

(1) 物理上、客观上的损害导致财物的效用丧失或者减少。

[例] 使他人鱼池的鱼游失、将他人的戒指扔入海中的,属于"毁坏"。

(2) 心理上、感情上的缘故导致财物的效用丧失或者减少。

[例] 将粪便投入他人餐具,使他人不再使用餐具的,属于"毁坏"。

(3) 财物本身的丧失以及被害人对财物占有的丧失。

[例] 单纯将他人财物予以隐藏的,属于"毁坏"。

迷你案例

案情:(炒股练手案)朱建勇为泄私愤,侵入他人的股票委托交易账户并篡改他人账户密码,在他人账户内高价买进股票然后低价卖出,造成他人账户内的资金损失19万余元。

问题:朱建勇的行为如何定性?

答案:朱建勇使得他人股票账户里的财物价值贬损,构成故意毁坏财物罪。

2. 故意毁坏财物和盗窃的区别在于,故意毁坏财物不需要行为人具有利用意思,但盗窃需要行为人具有利用意思。利用意思,是指利用财物满足行为人的使用需求,但不要求达到最大化利用的程度。

[例1] 甲偷窃女士内衣拿回家欣赏。由于女士内衣满足了甲一定的使用需求,因此,甲具有非法占有目的,构成盗窃罪。

[例2] 在甲实施强制猥亵的过程中,被害人乙拿出手机欲报警,甲一把拿过手机并将其砸坏。甲拿过手机不是为了使用,而是为了更好地实施猥亵。由于手机没有满足甲的使用需求,因此,甲不具有非法占有目的,构成故意毁坏财物罪。

迷你案例

1. 案情:甲私自将邻居家的红木家具拿回家烧柴取暖。

问题:甲的行为如何定性?

答案:甲擅自取走他人财物,由于该财物满足了甲一定的使用需求,因此,甲具有非法占有目的,构成盗窃罪。

2. 案情:(2020-主)2010年3月,刘某与任某为了种植沉香,擅自砍伐了国有森林中的一片林木(1200株),后二人将砍伐的林木扔在一旁,利用空地种植沉香。二人的上述行为一直没有被人发现。

问题：刘某与任某的行为如何定性？

答案：刘某与任某不具有非法占有目的，二人砍伐林木，使得财物效用丧失，构成故意毁坏财物罪。二人成立共同犯罪。

38 财产犯罪的观点展示问题和"两头堵"问题

一、财产犯罪中的多观点问题

1. 杀人后另起犯意，取得死者财物的问题	观点1：如果认为死者占有财物，行为人构成盗窃罪
	观点2：如果认为死者不占有财物，行为人构成侵占罪
2. 私自取得封缄物中的内容物的问题	观点1：如果认为委托人占有内容物，行为人构成盗窃罪
	观点2：如果认为受托人占有内容物，行为人构成侵占罪
3. 侵吞贿款的问题	观点1：如果认为贿款受刑法保护，行为人构成侵占罪
	观点2：如果认为贿款不受刑法保护，行为人不构成侵占罪
4. 财产性利益能否成为盗窃或者抢劫的对象的问题	观点1：财产性利益可以成为盗窃或者抢劫的对象
	观点2：财产性利益不能成为盗窃或者抢劫的对象

1. 在户外杀人后另起犯意，取得死者财物的问题 [详见前文考点32 "四、（三）死者的占有问题"]

观点1：如果认为死者占有财物，行为人打破他人占有、建立新的占有，构成盗窃罪。

观点2：如果认为死者不占有财物，行为人变占有为所有，构成侵占罪。

2. 私自取得封缄物中的内容物的问题

盒子是"封缄物"，盒子里的珠宝是"内容物"，主人把盒子及盒子里的珠宝交由行为人保管，行为人将珠宝据为己有的，对行为人行为的定性，有以下两种观点：

观点1：如果认为委托人（主人）占有内容物（珠宝），行为人打破他人占有、建立新的占有，构成盗窃罪。

观点2：如果认为受托人（行为人）占有内容物（珠宝），行为人变占有为所有，构成侵占罪。

❶ 注意：如果利用职务之便侵占财物，则构成职务侵占罪。

迷你案例

案情：（案例指导用书）贵某将价值100万元的珠宝封置于价值2万元的保险箱中，委托丁公司运往1500公里外的戊市，但未将保险箱的钥匙交给丁公司。丁公司经理王某派刘某和陈某携保险箱乘高铁前往戊市。途中，刘某起意将珠宝据为己有，趁陈某不注意，微信告知自己在戊市的朋友吴某，让吴某在高铁站外等候，等自己提着保险箱出现时，就将保险箱劫走，事后二人可以瓜分珠宝。吴某表示同意。在戊市高铁站下车后，刘某故意让陈某走在前面，自己持保险箱走在陈某身后。二人刚出高铁站，吴某就按照原计划从人群中冲出，从刘某手中夺过保险箱逃跑。陈某立马去追，但跑出几步后，发现刘某反应平静，立刻参透了刘某的阴谋。此时陈某不难追上吴某，但是为了让自己也获利，就放弃追赶，任由吴某逃走。

问题：对于刘某、吴某和陈某的行为分别如何定性？

答案：对于刘某、吴某和陈某取得珠宝的行为，存在以下两种观点：

观点1：如果认为珠宝由委托人占有，刘某、吴某和陈某打破他人对珠宝的占有、建立新的占有，构成盗窃罪的共同犯罪。其中，刘某、吴某是盗窃罪的共同正犯；陈某暗中提供帮助，是盗窃罪的片面帮助犯。

观点2：如果认为珠宝由受托人占有，刘某利用职务之便侵吞公司财物，是职务侵占罪的正犯；吴某为其提供帮助，是职务侵占罪的帮助犯；陈某暗中提供帮助，是职务侵占罪的片面帮助犯。

3. 侵吞贿款的问题

甲让行为人转交贿款给乙，行为人私吞。行为人构成行贿罪的帮助犯，但这种"黑吃黑"的行为是否还侵犯了甲的财产权利呢？需要看贿款受不受刑法保护。如果认为贿款受刑法保护，行为人私吞贿款，构成侵占罪；如果认为贿款不受刑法保护，则行为人没有侵犯任何人的财产法益，不构成侵占罪。

4. 财产性利益能否成为盗窃或抢劫的对象的问题

⚠ **注意**：财产性利益即债权债务关系。能否通过逃跑或者压制反抗的方式使得债权消灭呢？对此存在不同观点。

（1）欠债逃跑的行为是否构成盗窃罪呢？如果认为财产性利益可以成为盗窃的对象，行为人就构成盗窃罪；如果认为财产性利益不可以成为盗窃的对象，行为人就不构成盗窃罪。

迷你案例

案情：甲在餐馆吃完饭之后不想付钱，便欺骗服务员说："我出去散散步。"服务员答应，甲趁机逃跑。

问题：甲的行为如何定性？

答案：对于甲的行为的定性，存在以下两种观点：

观点1：如果认为甲逃跑的行为在客观上、事实上使得债权人难以追回债务，财产性利益消灭，甲构成盗窃罪。

观点2：如果认为甲逃跑的行为没有导致法律上债权债务关系的改变，则甲不构成盗窃罪。

（2）为了免除债务把债权人杀死是否构成抢劫罪呢？如果认为"人死债灭"，行为人通过杀人的方式取得财物，属于抢劫致人死亡；如果认为"人死债不灭"，则行为人构成故意杀人罪。

迷你案例

案情：（2016/4/2 改编）赵某与钱某原本是好友，赵某受钱某之托，为钱某保管一幅名画（价值 800 万元）达 3 年之久。某日，钱某来赵某家取画时，赵某要求钱某支付 10 万元保管费，钱某不同意。赵某突然起了杀意，为使名画不被钱某取回进而据为己有，用花瓶猛砸钱某的头部，钱某头部受重伤后昏倒，不省人事，赵某以为钱某已经死亡（后面案情中，赵某抛尸的行为导致钱某死亡）。

问题：赵某的行为如何定性？

答案：对于赵某杀害钱某以便将名画据为己有这一行为的定性，存在以下两种观点：

观点 1：如果认为财产性利益可以成为抢劫的对象，赵某杀害钱某，使得钱某对名画的返还请求权这一财产性利益归于消灭，属于抢劫致人死亡。

观点 2：如果认为财产性利益不能成为抢劫的对象，则赵某剥夺他人生命，构成故意杀人罪；将名画变占有为所有，构成侵占罪，数罪并罚。

二、"两头坑"的问题

遇到同时"坑"两方的问题时，先确定受害者是谁，后找其受害的原因（是被骗还是被偷），再考虑行为人对其他人是否构成犯罪。

[例1] 甲冒充树的主人将树"卖"给乙，让乙自己把树砍走。但事实上，树是丙的。首先，甲利用乙的行为窃取丙的财物，构成盗窃罪（间接正犯）。其次，对于甲是否对乙构成诈骗罪，有以下两种不同的观点：

观点 1：如果认为乙能善意取得财物，甲对乙不构成诈骗罪。

观点 2：如果认为乙不能善意取得财物，甲对乙构成诈骗罪。

[例2]（案例指导用书）魏某为某乳品公司业务员，出于为该公司创造经营业绩的目的，其从 2016 年 10 月起向该公司虚构了某学院需要供奶的事实，并利用伪造的学院行政章与该公司签订了供货合同，供货时间从 2016 年 10 月起至 2017 年 3 月。魏某将该公司供应的 321 500 份钙铁锌奶送至其暂住地，每天将牛奶全部销毁。经鉴定，上述牛奶按每份 0.95 元计算，共价值人民币 305 425 元。从魏某"签大单拿小提成"的做法可以推测，魏某在签订合同的时候采用的是赊账的方式，并且没有真正付钱的意思。因此，魏某通过合同欺骗其所在公司，构成合同诈骗罪。魏某没有利用职务之便，任何外部人士都可以实施该行为，因此其不构成职务侵占罪。魏某取得牛奶的时候，合同诈骗罪已经成立，无论之后其如何处置牛奶都不再构成其他犯罪，因此，销毁牛奶的行为属于"事后不可罚"，不另行构成故意毁坏财物罪。综上，魏某构成合同诈骗罪。

迷你案例

案情：（案例指导用书）2017 年 3 月，魏某在移动公司办理业务时，结识了该公司员工方某，两人预谋以贩卖移动公司手机"靓号"的方式牟利。之后方某利用工作之便，从移动公司内部电脑系统查得 14 个号码的机主资料信息，通过制假证者伪造了 14 张与机主资料相同的假身份证。同年7月，魏某分别持上述假身份证到移动公司营业厅，将原机主的移动号码非法过户到自己名下。随后魏某隐瞒真相，以自己的名义将其中4个号码卖给他人，共获取人民币8.1万元。

问题：魏某的行为如何定性？

答案：号码的原主人可以通过一定程序取回原号码，因此真正受到损害的是"靓号"的二次购买者。魏某通过欺骗的方式使得"靓号"的二次购买者受到损失，构成诈骗罪。

第十讲 回顾与应用

总结梳理

```
                    "处分"    三角诈骗
                         \  /
            盗窃罪的特殊情节  诈骗
                        \  /  \ 处分原因不同
   转化抢劫×2              基于被骗
   抢劫的加重情节 —— 抢劫      基于
   抢劫罪和故意杀人罪    \    恐惧
                    抢夺   \
                   危险升高  敲诈勒索
                      \   /      \
                       盗窃        敲诈勒索  敲诈勒索和
                      / |  有被害人处分  和抢劫   权利行使
           没有利用意思 |  没有打破
                    /   他人占有
                         \
                          侵占
                         /    \
                    "白给型"  "白捡型"
```

C1

小综案例

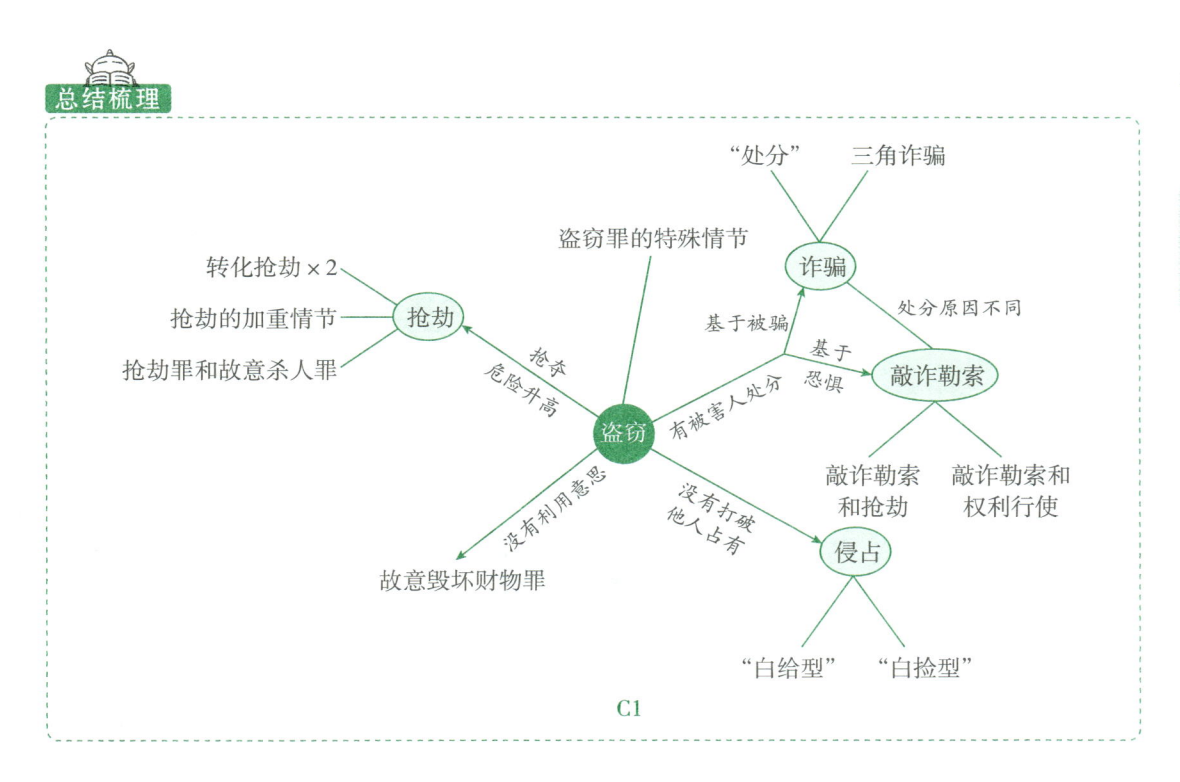

[案情] 甲在餐馆吃饭之后发现没带钱，于是趁人不备从窗户逃走。乙在加油站加满汽油以后趁着工作人员不注意，开车逃离现场。丙在服装店试穿衣服期间，发现没带钱，在没有结账的情况下穿着衣服逃离现场。

问题：
1. 甲的行为如何定性？
2. 乙的行为如何定性？
3. 丙的行为如何定性？

答案

1. 对于甲欠债逃跑的行为的定性，有以下两种观点：

    观点1：如果认为盗窃的对象<u>包括财产性利益</u>，甲通过逃跑的方式使得债务在客观上难以追回，构成盗窃罪。

    观点2：如果认为盗窃的对象<u>不包括财产性利益</u>，甲没有改变债权债务关系，不构成犯罪。

2. 从一般人的观念来看，汽油加入车内即由乙占有，乙开车逃离，即<u>将占有的汽油变为所有</u>，构成<u>侵占罪</u>。

3. 丙在试穿衣服时衣服由服装店占有，丙<u>打破他人占有、建立新的占有</u>，构成<u>盗窃罪</u>。

第11讲 LECTURE 11

人身犯罪（C2）

39 "死不死"问题的基本处理思路

罪名名片 ▶ 故意杀人罪

构成要件	客 观	剥夺他人生命
	主 观	故意
罪数问题	被其他罪名吸收	绑架罪、抢劫罪可以吸收故意杀人罪，作为绑架罪、抢劫罪的加重情节；其中，抢劫罪是结果加重犯

罪名名片 ▶ 过失致人死亡罪

构成要件	客 观	导致他人死亡
	主 观	过失
罪数问题	被其他罪名吸收	抢劫罪、强奸罪、故意伤害罪等罪名可以吸收过失致人死亡罪，作为抢劫罪、强奸罪、故意伤害罪等罪名的结果加重犯
	和其他罪名发生转化	聚众斗殴、非法拘禁过程中过失致人死亡（因拘禁行为之外的事由导致死亡）的，转化为故意杀人罪

一、死亡（重伤）问题的判断步骤

题目里面有人死亡（重伤）的，分两步定性：先单独评价导致死亡（重伤）的行为的性质，再结合具体罪名定性。

1. 单独评价导致死亡的行为的性质。注意区分故意杀人、故意伤害致人死亡、过失致人死亡。

主要通过打击部位和使用工具来判断行为人的行为属于故意杀人、故意伤害致人死亡，还是过失致人死亡。

[口诀]（区分故意杀人、故意伤害致人死亡和过失致人死亡）一看部位二看枪，"教训"通常是故伤。

故意杀人的常见表述	花瓶猛击头部、掐住喉咙、捂住口鼻。
故意伤害致人死亡的常见表述	约定去"教训"一下被害人。
过失致人死亡的常见表述	推搡、打对方耳光。

2. 结合具体罪名定性

类　　型	涉及罪名	含　　义
吸收过失致人死亡，不吸收故意杀人	大部分犯罪，如强奸罪、非法拘禁罪、故意伤害罪等	可以包含过失致人死亡罪，但与故意杀人罪只能按照原则处理。例如，强奸过程中过失致人死亡的，应当认定为强奸罪的结果加重犯（强奸罪↑），但强奸之后又杀人的（先奸后杀），应当数罪并罚。 ⓘ注意："原则"，即总论罪数论当中说的"一个行为触犯两个罪名，从一重罪；两个行为触犯两个罪名，数罪并罚"。
吸收故意杀人，不吸收过失致人死亡	绑架罪	可以包含故意杀人，应当认定为绑架罪的加重情节（绑架罪↑），但因过失致人死亡只能按照原则处理。
吸收故意杀人和过失致人死亡	抢劫罪	可以包含故意杀人罪和过失致人死亡罪，即抢劫过程中故意杀人或者过失致人死亡的，应当认定为抢劫罪的结果加重犯（抢劫罪↑）。
都不吸收	强制猥亵罪	与故意杀人和过失致人死亡都只能按照原则处理。例如，强制猥亵过程中故意杀人或者过失致人死亡的，只能按照原则，数罪并罚。
和过失致人死亡发生"化学反应"，转化为故意杀人罪	如聚众斗殴罪、刑讯逼供罪	聚众斗殴过程中过失致人死亡的，转化为故意杀人罪。（致人重伤的类比）

[口诀] 死亡（重伤）问题的常见罪名
伤害强奸夺自由，过失致死上二楼（升格刑）。
绑架只能吃故意，过失按原则处理。
抢劫两个都能吃，故意杀人和过失。

[例1] 甲绑架孩童之后捂住其口鼻，导致其死亡。本案属于"死亡（重伤）问题"，

分析思路如下：第一步：甲捂住他人口鼻导致他人死亡的行为单独来看，具有高度的人身危险性，应评价为故意杀人罪；第二步：绑架罪可以包含故意杀人罪。因此，甲的行为只认定为绑架罪，加重处罚。

[例2] 甲强奸被害妇女之后掐住其脖子，导致其死亡。本案属于"死亡（重伤）问题"，分析思路如下：第一步：甲掐住他人脖子导致他人死亡的行为单独来看，具有高度的人身危险性，应评价为故意杀人罪；第二步：强奸罪不能包含故意杀人罪。因此，甲的行为应认定为强奸罪和故意杀人罪，数罪并罚。

迷你案例

案情：甲在聚众斗殴的时候抽打对方耳光，不慎导致其死亡。

问题：甲的行为如何定性？

分析思路：本案属于"死亡（重伤）问题"。第一步：甲抽打他人耳光导致他人死亡的行为，评价为过失致人死亡；第二步：聚众斗殴过程中过失致人死亡的，转化为故意杀人罪。

答案：甲在聚众斗殴过程中不慎导致他人死亡的行为，应认定为故意杀人罪。

二、常考罪名的死亡（重伤）问题列举

	故意杀人	过失致人死亡
非法拘禁罪	按原则	非法拘禁过程中过失致人死亡的，如果是拘禁行为本身导致死亡结果发生，认定为非法拘禁罪的结果加重犯；如果是拘禁行为之外的因素导致，则转化为故意杀人罪
绑架罪	绑架后故意杀人的，认定为绑架罪的加重情节	按原则
拐卖妇女、儿童罪	按原则	拐卖过程中过失致人死亡的，认定为拐卖妇女、儿童罪的结果加重犯
强奸罪	按原则	强奸过程中过失致人死亡的，认定为强奸罪的结果加重犯
强制猥亵罪	按原则	按原则
抢劫罪	抢劫过程中故意杀人的，认定为抢劫罪的结果加重犯	抢劫过程中过失致人死亡的，认定为抢劫罪的结果加重犯
虐待罪、暴力干涉婚姻自由罪	按原则	认定为虐待罪、暴力干涉婚姻自由罪的结果加重犯
聚众斗殴罪	按原则	聚众斗殴过程中过失致人死亡的，转化为故意杀人罪
故意伤害罪	——	故意伤害过程中过失致人死亡的，认定为故意伤害罪的结果加重犯

40 故意伤害罪、强奸罪、强制猥亵罪

罪名名片 ▶ 故意伤害罪

构成要件	客观	损害他人身体健康
	主观	故意
罪数问题	被其他罪名吸收	绑架罪、抢劫罪以及拐卖妇女、儿童罪可以吸收故意伤害罪（致人重伤），作为绑架罪、抢劫罪以及拐卖妇女、儿童罪的加重情节；其中，抢劫罪和拐卖妇女、儿童罪应认定为结果加重犯

罪名名片 ▶ 强奸罪

构成要件	客观	压制反抗，实施奸淫
	主观	故意
罪数问题	吸收过失致人死亡罪：强奸+过失致人死亡=强奸罪↑	

罪名名片 ▶ 强制猥亵罪

构成要件	客观	强制侵犯他人的性羞耻心
	主观	故意

一、故意伤害罪

[法条链接]《刑法》第234条 [故意伤害罪] 故意伤害他人身体的，处3年以下有期徒刑、拘役或者管制。

犯前款罪，致人重伤的，处3年以上10年以下有期徒刑；致人死亡或者以特别残忍手段致人重伤造成严重残疾的，处10年以上有期徒刑、无期徒刑或者死刑。本法另有规定的，依照规定。

故意伤害罪，是指故意损害他人身体的完整性或者功能性的行为。

1. "伤害"包括损害身体的完整性和功能性。

[例1] 甲将他人耳朵割掉，由于损害了他人身体的完整性，因此属于伤害行为。

[例2] 甲将他人眼睛打瞎，由于损害了他人身体的功能性，因此属于伤害行为。

2. 故意伤害罪与故意杀人罪的关系

通说认为，二者不是对立关系，而是包含关系，杀人行为包含伤害行为。也有观点认为，故意杀人和故意伤害是对立关系，此时就涉及观点展示问题。

迷你案例

案情：观点1：对立理论认为，杀人行为不包含伤害行为，杀人的故意排除伤害的故意。观点2：单一理论认为，杀人行为必然包含伤害行为，杀人的故意必然包含伤害的故意。

案例a：无法查明甲是以杀人的故意还是以伤害的故意对乙实施暴力行为。

案例b：甲以杀人的故意、乙以伤害的故意共同对丙实施暴力行为。

案例c：甲先以伤害的故意、后以杀人的故意对乙实施暴力行为，无法查明是前行为还是后行为导致乙死亡。

问题：请根据"观点1"和"观点2"对案例a、b、c分别定性。

答案：根据观点1，案例a中，根据"存疑有利于被告"，甲不构成犯罪；案例b中，甲、乙的故意没有重合的部分，二人不成立共同犯罪；案例c中，根据"存疑有利于被告"，甲对乙的死亡结果不负责。

根据观点2，案例a中，甲至少成立故意伤害罪；案例b中，甲、乙在故意伤害罪的范围内成立共同犯罪；案例c中，可以将杀人行为降格评价为伤害行为，故甲成立故意伤害罪（致人死亡）。

3. 伤情标准

重伤 > 轻伤 > 轻微伤。

（1）故意伤害罪：轻伤以上才入罪（包括轻伤）；

（2）被害人承诺的问题：被害人对重伤的承诺无效，对轻伤的承诺有效；

（3）过失导致他人重伤才构成犯罪，过失导致他人轻伤不构成犯罪。

二、强奸罪

（一）构成要件

1. 奸淫幼女型强奸

与幼女（不满14周岁的女性）发生性关系的，构成强奸罪。

幼女承诺	原则	幼女承诺无效（幼女对性自主权没有承诺能力）
	例外	14~16周岁的男性在幼女同意的情况下，偶尔与幼女发生性关系，情节轻微、未造成严重后果的，不认为是犯罪
行为人主观罪责		行为人须明知对方是不满14周岁的幼女（成立故意犯罪需要认识到对象）

2. 压制反抗型强奸

抢劫罪与强奸罪中"压制反抗"的对比

	暴力	胁迫	其他方式	致人死亡
抢劫罪	包括杀人的暴力	只包括以暴力相胁迫；以暴力以外的事由相胁迫的，成立敲诈勒索罪	被害人不能反抗的状态只能由行为人导致，否则成立盗窃罪	包括故意杀人	包括常见的抢劫中导致他人死亡的情形

续表

	暴　力	胁　迫	其他方式	致人死亡
强奸罪	不包括杀人的暴力	包括以暴力相胁迫和以暴力以外的事由相胁迫	被害人不能反抗的状态无所谓由谁导致	不包括故意杀人	对象只能是被强奸的妇女

[例1] 甲在抢劫中故意杀人的，应当认定为抢劫致人死亡；乙在强奸中故意杀人的，不能认定为强奸致人死亡，只能按照强奸罪与故意杀人罪从一重罪处罚。

[例2] 甲以被害人的裸照威胁被害人（以暴力以外的事由相胁迫），取得财物的，不成立抢劫罪（只成立敲诈勒索罪）；乙以被害人的裸照威胁被害人，与之发生性关系的，成立强奸罪。

[例3] 甲趁被害人喝醉（非由行为人导致的不能反抗的状态），取走财物的，不成立抢劫罪（只成立盗窃罪）；乙趁被害人喝醉，与之发生性关系的，成立强奸罪。

[例4] 甲在抢劫过程中导致第三人死亡的，应当认定为抢劫致人死亡；乙在强奸过程中导致第三人死亡的，不能认定为强奸致人死亡。

❶注意："压制反抗"是强奸罪的实行行为，压制反抗者是正犯，不是帮助犯。

[例] 甲和乙共谋强奸，甲负责捆绑被害人，以压制被害人反抗，乙负责奸淫。二人都是强奸罪的正犯，系共同正犯。

（二）强奸罪的加重情节

1. 公共场所当众强奸

"公共场所"，即"可能为多数人知晓的空间"，包括可能被多数人看到或者以其他方式感知到的地方。

迷你案例

案情：张某（男）一路尾随冯某（女），见其进入女厕所后，张某也溜进女厕所，并对冯某实施了奸淫行为（当时女厕所内并无任何其他女性）。在此期间，二人的声音都很大，惹来了很多好事的群众在厕所外侧耳倾听并议论。

问题：本案是否属于强奸罪的加重情节？

答案：属于。因公共厕所属于"可能为多数人知晓的空间"，故行为人的行为当然属于"公共场所当众强奸"，应加重处罚。

2. 轮奸

通说认为，只有2人以上实施了奸淫行为，才能适用"轮奸"的加重情节。

迷你案例

案情：甲、乙、丙三人将张某捆绑后，预备实施奸淫行为，但甲奸淫后，乙、丙由于客观原因没有得逞。

问1：甲、乙、丙中哪些人成立强奸罪既遂？是否有人成立"轮奸"？

答案：根据共同犯罪原理，甲、乙、丙三人都成立强奸罪既遂，但根据通说，由于张某没有被多人强奸，因此，三人均不成立轮奸。

问2：如果甲、乙奸淫后，丙由于客观原因没有得逞，则甲、乙、丙中哪些人成立强奸罪既遂？哪些人成立"轮奸"？

答案：根据共同犯罪原理，甲、乙、丙三人都成立强奸罪既遂，且都属于"轮奸"，加重处罚。

3. 强奸致人重伤、死亡

其不包括故意杀人，重伤、死亡的对象只能是被强奸的妇女。

（三）强奸罪的罪数问题

1. "先奸后杀"

[例] 甲强奸被害人后，为了灭口杀害被害人的，构成强奸罪与故意杀人罪，数罪并罚。

2. "先杀后奸"

[例] 甲杀人之后奸淫尸体的，构成故意杀人罪与侮辱尸体罪，数罪并罚。

3. "边奸边杀"

其指行为人实施强奸行为尚未既遂，又实施杀害行为的情形。

迷你案例

案情：甲欲强奸某妇女，遭到激烈反抗，一怒之下，甲卡住该妇女喉咙，致其死亡后继续实施奸淫行为。

问题：甲的行为如何定性？

答案：甲意图压制反抗，实施奸淫行为，但未得逞，构成强奸罪（未遂）；同时，甲非法剥夺他人生命，构成故意杀人罪，与强奸罪（未遂）想象竞合，从一重罪处罚。之后，甲的奸尸行为构成侮辱尸体罪，与前罪数罪并罚。

4. 强奸+过失致人死亡=强奸罪↑

迷你案例

案情：在甲强奸被害妇女的过程中，被害妇女拼死反抗，甲不慎将其勒死。

问题：甲的行为如何定性？

答案：甲压制他人反抗，与他人发生性关系，构成强奸罪；并且，甲在强奸过程中过失致人死亡，属于强奸致人死亡，加重处罚。

三、强制猥亵罪

强制猥亵罪，是指以暴力、胁迫或其他方法强制侵犯他人的性羞耻心的行为。

> 注意：强制猥亵罪，全称为"强制猥亵、侮辱罪"，考试中写为"强制猥亵罪"即可。

1. 猥亵的含义

（1）强奸行为特指男性强行用性器官插入女性的性器官的行为，以其他方式强制侵犯他人的性羞耻心的行为属于猥亵；

（2）按照一般观念，侵犯他人的性羞耻心的行为针对的不一定是对方的身体，摸对方、逼对方摸自己都算。

2.强制猥亵罪的对象可以包括任何人，并且，除了儿童之外，都需要以强制手段实施。

［例］在公共场所裸奔、在公共场所互相猥亵的，由于不存在强制手段，因此都不认定为强制猥亵罪。

迷你案例

案情：（2004/4/6 改编）甲男与乙男于 2004 年 7 月 28 日共谋入室抢劫某中学暑假留守女教师丙的财物。7 月 30 日晚，乙在该中学校园外望风，甲翻院墙进入校园内。甲持水果刀闯入丙居住的房间后，发现没有其他贵重物品，于是对丙说："你让我看看你脱光衣服的样子我就走。"丙不同意，甲又以刀相威胁，逼迫丙脱光衣服，丙一边顺手将已摘下的手表放在桌子上，一边流着泪脱完衣服。甲不顾丙的反抗强行摸了丙的乳房后对丙说："好吧，你可以穿上衣服了。"

问题：对于甲强行摸丙的乳房的行为，甲、乙二人应当如何定性？

答案：甲强制侵犯他人的性羞耻心，构成强制猥亵罪。乙为甲的抢劫行为提供了帮助，但甲的强制猥亵行为超出了乙的犯罪故意，属于实行过限，故乙对强制猥亵罪不负责。

41 非法拘禁罪

罪名名片 ▶ 非法拘禁罪

构成要件	客观	剥夺他人人身自由
	主观	故意
		无非法占有目的
罪数问题	存在结果加重犯和转化犯： ○ 非法拘禁+过失致人死亡（拘禁行为本身导致）= 非法拘禁罪↑ ○ 非法拘禁+过失致人死亡（拘禁行为之外的事由导致）= 故意杀人罪	

一、非法拘禁罪的构成要件

非法拘禁罪，是指以拘押、禁闭或其他方法，非法剥夺他人人身自由的行为。

1.本罪法益

（1）非法拘禁罪侵犯的是他人现实的人身自由权，即构成非法拘禁罪不要求被害人认识到自己被"控制",但要求被害人认识到自己没有了自由。

迷你案例

1. 案情:甲在乙睡觉时将其反锁在屋内,又在其睡醒前将门锁打开。
   问题:甲是否构成非法拘禁罪?
   答案:不构成。乙没有认识到自己失去了现实的自由,因此,甲不构成非法拘禁罪。

2. 案情:甲将电梯弄坏,后对电梯里的乙谎称电梯故障,让乙等待了三天三夜。
   问题:甲是否构成非法拘禁罪?
   答案:构成。乙没有认识到自己被他人控制,但已经认识到自己失去了现实的自由,因此不影响甲构成非法拘禁罪。

(2) 自由权可以承诺。

[例] 乙请求甲将自己关起来3天以戒网瘾,甲基于乙的请求将其拘禁。由于乙作出了有效的承诺,因此,甲不构成非法拘禁罪。

2. 拘禁行为的本质在于剥夺他人人身自由,包括物理上和心理上的控制。

迷你案例

案情:甲在被害人门口放了巨犬,使得被害人不敢外出。
问题:甲的行为是否属于控制?该行为如何定性?
答案:甲对被害人施加了心理上的控制,构成非法拘禁罪。

⚠ 注意:在实践中,构成非法拘禁罪,需要拘禁被害人达到一定的时间标准(如24小时)。但法考中不考虑时间要素,只要有拘禁的行为,就可以构成非法拘禁罪。

3. 非法拘禁罪的行为人没有非法占有目的,这是其和抢劫罪、绑架罪的核心区别。

二、索债拘禁

> [法条链接]《刑法》第238条第3款 [非法拘禁罪] 为索取债务非法扣押、拘禁他人的,依照前两款(非法拘禁罪)的规定处罚。

1. 为索取"赌债"非法扣押、拘禁他人,没有非法占有目的的,只构成非法拘禁罪。

⚠ 注意:拘禁债务人,向债务人或者其近亲属索债,以及拘禁债务人的近亲属,向债务人索债的,均构成非法拘禁罪。

2. 单方面主张的"债务"不是"债务"。单方面主张"债务",行为人具有非法占有目的的,不构成非法拘禁罪,而构成绑架罪(向第三人提出不法要求)或者抢劫罪(直接向被害人非法索取财物)。

迷你案例

案情:甲在向乙催要赌债无果的情况下,纠集好友将乙挟持至自己家,并给乙的家人打电话,声称如果再不还钱,就砍掉乙的一只手。

问题：甲的行为如何定性？

答案：甲只是为了索取赌债，并不具有非法占有目的，故构成非法拘禁罪。

三、非法拘禁中导致他人死亡案件的处理

[法条链接]《刑法》第238条第1、2款 [非法拘禁罪] 非法拘禁他人或者以其他方法非法剥夺他人人身自由的，处3年以下有期徒刑、拘役、管制或者剥夺政治权利。具有殴打、侮辱情节的，从重处罚。

[故意伤害罪；故意杀人罪] 犯前款罪，致人重伤的，处3年以上10年以下有期徒刑；致人死亡的，处10年以上有期徒刑。使用暴力致人伤残、死亡的，依照本法第234条（故意伤害罪）、第232条（故意杀人罪）的规定定罪处罚。

1. 非法拘禁+殴打/侮辱=从重处罚

理解：非法拘禁过程中殴打、侮辱被害人的，从重处罚。

2. 非法拘禁+过失致人死亡（拘禁行为本身导致）=非法拘禁罪↑

理解：非法拘禁过程中，因为拘禁行为本身而过失致人死亡的，构成非法拘禁罪，加重处罚。

注意：所谓"拘禁行为本身过失致人死亡"，是指为了拘禁而采取的措施导致被害人死亡。例如，绳子绑得太紧，将被害人勒死；又如，将被害人关在阁楼，导致被害人患"热射病"（中暑）死亡。

[例] 甲非法拘禁乙，绳子勒得太紧，导致乙窒息死亡。捆绑是为了更好地实施拘禁，甲因为拘禁行为本身过失导致乙死亡，属于非法拘禁致人死亡，应加重处罚。

迷你案例

案情：（2018-主）王某、刘某在某酒店就餐，消费3000元。结账时，收银员吴某偷偷调整POS机上的数额，故意将3000元餐费改成30 000元，交由王某结账。王某果然认错，支付了30 000元。王某发现多付了钱以后，与刘某一起去找吴某还钱，吴某拒不返还。王某、刘某恼羞成怒，准备劫持吴某让其还钱。在捆绑吴某的过程中，不慎将吴某摔成重伤，因为担心酒店其他人员报警，故放弃挟持吴某，二人一起离开酒店。

问题：王某和刘某的行为如何定性？

答案：王某、刘某为索债而非法拘禁吴某，不具有非法占有目的，构成非法拘禁罪。在非法拘禁过程中，因为拘禁行为本身过失致人重伤，属于非法拘禁致人重伤，应加重处罚。

3. 非法拘禁+过失致人重伤（拘禁行为之外的事由导致）=故意伤害罪；非法拘禁+过失致人死亡（拘禁行为之外的事由导致）=故意杀人罪

理解：非法拘禁过程中，又使用额外的暴力过失致人重伤、死亡的，转化为故意伤害罪、故意杀人罪。

注意：所谓"拘禁行为之外的事由过失致人死亡"，是指并非因为拘禁行为本身，而是采取额外的暴力行为导致的死亡。例如，在拘禁行为之外打被害人耳光，导致其死亡。

[例] 甲非法拘禁乙之后，打了乙两耳光，导致乙死亡。打耳光的行为并不是为拘禁行为服务的，甲因为拘禁行为之外的事由过失致乙死亡，转化为故意杀人罪。

[口诀]（非法拘禁中过失致人死亡的定性）本身加重之外杀。

4. 非法拘禁+故意杀人=数罪并罚

理解：非法拘禁之后故意杀人的，数罪并罚。

5. "非法拘禁又故意伤害致人重伤（死亡）"的，如何处理？有以下两种观点：①按照转化犯的规则，转化为故意伤害罪（故意杀人罪）；②按照罪数处理原则，数罪并罚。

迷你案例

案情：（2021-主）甲为了索取债务，和乙一起非法拘禁丙。丙表示不还钱，甲和乙一起商量并砍掉丙的大拇指（重伤）。

问题：有观点认为，甲和乙仅构成故意伤害罪，你是赞成还是反对？请说明理由。

答案：我反对这样的观点。因为甲、乙先后实施了两个行为：先控制丙，构成非法拘禁罪；之后损害丙的身体健康，导致丙重伤的结果。所以，对甲、乙应当以非法拘禁罪和故意伤害罪数罪并罚。这种情况不宜认定为"使用暴力致人重伤"的转化情节，因为没有理由将原本应当数罪并罚的情形拟制为更轻的故意伤害罪。

或答：我赞同这样的观点。因为根据法律的规定，非法拘禁使用暴力致人重伤的，转化为故意伤害罪。因此，本案中，甲、乙先控制丙，之后使用暴力导致丙重伤，应当认定为甲、乙构成故意伤害罪（致人重伤）。

42 绑架罪

罪名名片 ▶绑架罪

构成要件	客观	剥夺他人人身自由，向第三人索要财物
	主观	故意
		有非法占有目的
既遂标准	控制人质	
罪数问题	存在加重情节： ⊙ 绑架+故意杀人=绑架罪↑ ⊙ 绑架+故意伤害致人重伤、死亡=绑架罪↑	

一、绑架罪的构成要件

绑架，是指"以勒索财物为目的绑架他人"或者"绑架他人作为人质"。当然，法考只考查前一种情况，即"以勒索财物为目的绑架他人"。

（一）剥夺他人人身自由

成立绑架罪需要实际剥夺他人人身自由，如果谎称他人被控制而向第三人索要财物，则属于"假绑架"，"假绑架，真敲诈，诈骗一起罚"，认定为敲诈勒索罪和诈骗罪想象竞合，从一重罪处罚。（详见前文考点36"三、2.敲诈勒索罪和诈骗罪的区别"）

迷你案例

案情：（2017/4/2改编）甲、乙、丙三人控制小孩后，第二天，小孩要离开并哭闹不止，丙恐被人发觉，用手捂住小孩口、鼻，然后用胶带捆绑其双手并将嘴封住，致其机械性窒息死亡。第三天，乙打电话给赵某（小孩的父亲），威胁赵某赶快向指定账户打款30万元，不许报警，否则撕票。

问题：乙打电话索要财物的行为如何定性？

答案：乙打电话欺骗、恐吓赵某，向其索要财物的行为，使得赵某陷入认识错误和恐惧而处分财物，构成诈骗罪和敲诈勒索罪想象竞合，从一重罪处罚。

（二）向第三人索要财物

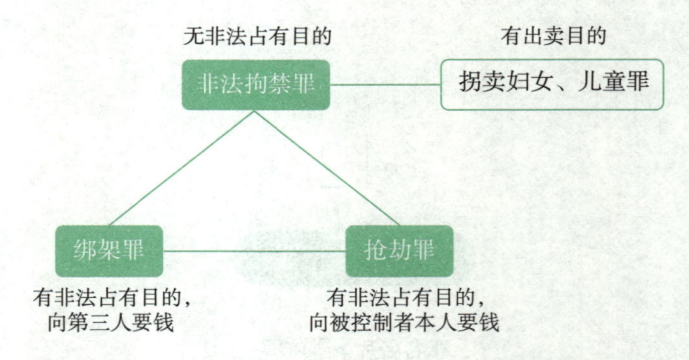

```
         无非法占有目的              有出卖目的
              ┌──── 非法拘禁罪 ────┬──── 拐卖妇女、儿童罪
              │                    │
              │                    │
         绑架罪 ──────────────── 抢劫罪
     有非法占有目的，           有非法占有目的，
     向第三人要钱             向被控制者本人要钱
```

1. 绑架罪和抢劫罪：行为人控制他人时的目的决定了犯罪的性质。如果行为人控制他人时是为了向第三人索要财物，构成绑架罪；如果行为人控制他人时是为了向被控制者本人索要财物，则构成抢劫罪。即使之后财物来源发生变化，也不影响犯罪性质。

[例] 甲持刀将乙逼入山中，让乙通知其母送钱赎人。乙担心其母心脏病发作，遂谎称自己开车撞了人，需付5万元治疗费。其母信以为真。甲控制乙时是为了向其母索要财物，因此，即使之后财物来源发生变化，也不影响甲构成绑架罪。

迷你案例

案情：甲使用暴力，将乙扣押在某废弃的建筑物内，强行从乙身上搜出3000元现金和一张只有少量余额的银行卡。甲逼迫乙向该银行卡中转入10万元。于是乙给妻子打电话，谎称自己开车撞伤了人，让其立即向自己的银行卡中转入 10 万元，用于救治伤员及赔偿事宜。乙妻信以为真，便向乙的银行卡中转入了 10 万元，后被甲取走。

问题：甲的行为如何定性？

答案：甲在控制乙的时候是为了向乙索要财物，因此，即使之后财物来源发生变化，也不影响甲构成抢劫罪。

2. 虽然行为人控制他人时是为了向第三人索要财物，但若被控制人和被勒索人靠得很近，也认定为抢劫。

一招制敌 这种现象在学理上被称为"近景绑架定抢劫"。为什么会有这种现象呢？因为抢劫罪在结构上比绑架罪简单，按照抢劫罪定罪对法官来说更方便理解。

[例] 甲在奶奶面前控制孙子向奶奶要钱，被控制人（孙子）和被勒索人（奶奶）靠得很近。甲构成抢劫罪。

迷你案例

案情：甲在银行柜员面前控制客户向柜员要钱。

问题：甲构成绑架罪还是抢劫罪？

答案：抢劫罪。虽然甲控制他人时是为了向第三人索要财物，但被控制人（客户）和被勒索人（柜员）靠得很近，因此，甲构成抢劫罪。

（三）具有非法占有目的

区别绑架罪和非法拘禁罪的一个标准是，绑架罪必须要有非法占有目的。如果一方有非法占有目的，另一方没有，则二者在非法拘禁的范围内成立共同犯罪，其他部分再分别定罪。

[例] 甲欺骗丈夫乙，称丙欠自己 10 万元。乙信以为真，便和甲一起控制了丙，并向其家人索要财物。本案中，甲和乙在非法拘禁的范围内成立共同犯罪。其中，甲具有非法占有目的，构成绑架罪；乙没有非法占有目的，构成非法拘禁罪。

迷你案例

案情：（2017/4/2 改编）甲生意上亏钱，乙欠下赌债，二人合谋干一件"靠谱"的事情以摆脱困境。甲按分工找到丙，骗丙使其相信钱某欠债不还，丙答应控制钱某的小孩以逼钱某还债，否则不放人。三人遂将小孩控制。

问题：甲、乙、丙三人的行为分别如何定性？

答案：甲、乙、丙三人在非法拘禁的范围内成立共同犯罪，甲和乙具有非法占有目的，构成绑架罪；丙没有非法占有目的，构成非法拘禁罪。三人已经控制了小孩，成立犯罪既遂。

二、绑架罪的既遂标准和相关问题

1. 绑架罪以控制作为既遂的标准。

[例] 甲绑架幼女乙后，向其父丙勒索财物。丙佯装不管乙的安危，甲只好将乙送回。甲虽未能成功勒索到财物，但仍成立绑架罪既遂。

2. 绑架罪是继续犯，只要后行为人加入时不法行为与不法状态仍在继续，即使当时前行为人的绑架行为已经既遂，后行为人也属于承继共犯。

迷你案例

案情：(2019-主) 甲为勒索财物绑架丙，在控制人质之后，将真相告诉好友乙，并委托乙去找丙的父母要钱，乙同意并实施了勒索行为。

问题：乙是否属于承继共犯？乙构成何罪？

答案：虽然甲的绑架行为已经既遂，但由于绑架罪是继续犯，因此，乙在不法状态继续时加入，依然属于承继共犯。乙加入甲的绑架行为，构成绑架罪。

三、绑架罪的罪数问题

[法条链接]《刑法》第 239 条第 1、2 款 [绑架罪] 以勒索财物为目的绑架他人的，或者绑架他人作为人质的，处 10 年以上有期徒刑或者无期徒刑，并处罚金或者没收财产；情节较轻的，处 5 年以上 10 年以下有期徒刑，并处罚金。

犯前款罪，杀害被绑架人的，或者故意伤害被绑架人，致人重伤、死亡的，处无期徒刑或者死刑，并处没收财产。

绑架之后杀害被绑架人，或者故意伤害被绑架人，致人重伤、死亡的，加重处罚。

绑架罪的加重情节可用公式表示为：绑架+故意杀人/故意伤害致人重伤、死亡=绑架罪↑。

一招制敌 绑架罪"越重越能吃"，因此，遇到比故意伤害致人重伤更重（包括故意伤害致人重伤）的，就认定为绑架罪的加重情节；达不到故意伤害致人重伤程度的，就按原则数罪并罚。

绑架之后"故意伤害致人死亡"，在"故意伤害致人重伤"这条线之上，因此，绑架可以包含"故意伤害致人死亡"，应认定为绑架罪的加重情节。

绑架之后"故意伤害致人轻伤"，在"故意伤害致人重伤"这条线之下，因此，绑架不能包含"故意伤害致人轻伤"，应当以绑架罪和故意伤害罪数罪并罚。

绑架之后"故意杀人致人轻伤"，由于"故意杀人致人轻伤"在行为上比"故意伤害"重，但在结果上比"重伤"轻，因此存在不同观点。

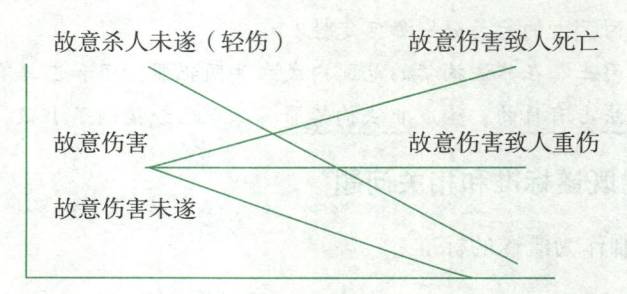

```
故意杀人未遂（轻伤）         故意伤害致人死亡

故意伤害                     故意伤害致人重伤

故意伤害未遂
```

[例1] 甲在绑架乙之后将乙杀死。甲构成绑架罪，加重处罚。

[例2] 甲绑架乙，在将其拖向地下室准备进行控制的时候不慎导致其死亡。甲同时构成绑架罪和过失致人死亡罪，但由于绑架罪没有结果加重犯，因此只能从一重罪处罚。

注意：绑架罪没有结果加重犯，因为绑架罪不能吸收过失致人死亡罪，只能吸收故意杀人罪或者故意伤害罪（致人重伤、死亡）。因此，考试中要避免出现"绑架罪的结果加重犯"或者"绑架致人死亡"的写法。

[例3] 甲在绑架乙之后将其砍成轻伤。甲先后构成绑架罪和故意伤害罪（致人轻伤），由于绑架罪只能包含故意伤害致人重伤以上的情况，因此，甲的行为只能按照原则处理，构成绑架罪和故意伤害罪（致人轻伤），数罪并罚。

[例4] 甲在绑架乙之后想要杀死乙，但只将乙砍成轻伤。对此有两种观点：

观点1：甲构成绑架罪，加重处罚，同时适用未遂的规定。

观点2：甲既构成绑架罪的基本犯，又构成故意杀人罪（未遂），数罪并罚。

迷你案例

案情：甲在绑架乙之后想要杀死乙，但只将乙砍成重伤。

问题：甲的行为如何定性？

答案：由于绑架罪可以包含故意伤害罪（致人重伤），根据当然解释，绑架罪更可以包含故意杀人罪（致人重伤），因此，甲的行为构成绑架罪，加重处罚。

43

拐卖妇女、儿童罪

罪名名片 ▶ 拐卖妇女、儿童罪

构成要件	客观	（以出卖为目的）剥夺他人人身自由
	主观	故意
		有出卖目的
既遂标准		一般情况下，控制他人为既遂
罪数问题		存在加重情节： （1）造成被拐卖的妇女、儿童或者其亲属重伤、死亡或者其他严重后果的 （2）奸淫被拐卖的妇女的 （3）诱骗、强迫被拐卖的妇女卖淫或者将被拐卖的妇女卖给他人迫使其卖淫的

一、拐卖妇女、儿童罪的构成要件

[法条链接]《刑法》第240条第2款 [拐卖妇女、儿童罪] 拐卖妇女、儿童是指以出卖为目的，有拐骗、绑架、收买、贩卖、接送、中转妇女、儿童的行为之一的。

1. 实行行为

拐骗、绑架、收买、贩卖、接送、中转妇女、儿童的行为，是拐卖妇女、儿童罪的实行行为。

注意1：拐卖妇女、儿童罪本身包含非法拘禁的内容，所以，如果存在非法拘禁的情形，则不再单独认定非法拘禁罪。

注意2：拐卖妇女、儿童罪中的"拐骗""绑架"应该理解为"控制行为"。

注意3：拐卖妇女、儿童罪中的"收买"应该理解为"为卖而买"。

[例1] 甲为了出卖而收买妇女，构成拐卖妇女罪。

[例2] 甲为了结婚而收买妇女，构成收买被拐卖的妇女罪。

注意4：在拐卖妇女、儿童罪中，"接送""中转"是实行行为，行为人是正犯而不是帮助犯。

注意5：留心拐卖妇女、儿童罪中"买"和"卖"的表达。考试中，如果对象是妇女，则只能使用"收买"和"贩卖"，切记不要出现"购买妇女""出售妇女"甚至"倒卖妇女"的字样，这些都是会被扣分的错误表达。

2. 行为对象

拐卖妇女、儿童罪的行为对象是妇女以及不满14周岁的儿童。已满14周岁的男性不能成为本罪的行为对象，拐卖已满14周岁的男性，根据案件的具体情节，可能成立非法拘禁罪等。

一招制敌 拐卖妇女、儿童罪是选择性罪名，既可以拆开适用，也可合并适用。例如，如果行为人拐卖的是妇女，可以表达为"拐卖妇女罪"；如果行为人拐卖的是儿童，可以表达为"拐卖儿童罪"；如果考生在考试时忘记15周岁的女性是妇女还是儿童，则可以表达为"拐卖妇女、儿童罪"。

（1）出卖捡拾的婴儿的，成立拐卖儿童罪；

（2）出卖亲生子女或者所收养的子女的行为，只要是将子女作为商品出卖，所换取的是子女的身价，就应认定为成立拐卖妇女、儿童罪。

注意：拐卖儿童的，即使征得儿童的同意，也成立拐卖儿童罪；儿童的父母等亲属也没有承诺权限。

3. 需要以出卖为目的。

二、拐卖妇女、儿童罪的加重情节

1. 拐卖妇女又奸淫被拐卖的妇女的，认定为拐卖妇女罪的加重情节。

2. 拐卖妇女又诱骗、强迫被拐卖的妇女卖淫或者将被拐卖的妇女卖给他人迫使其卖淫的，认定为拐卖妇女罪的加重情节。

3. 拐卖过程中造成被拐卖的妇女、儿童或者其亲属重伤、死亡或者其他严重后果的，认定为拐卖妇女、儿童罪的加重情节。

（1）包括直接或间接导致被害人的亲属重伤、死亡的情形；

（2）由于拐卖行为本身危险性较高，因此，拐卖妇女、儿童罪可以包含故意伤害，但不包含故意杀人。

迷你案例

案情：甲拐卖妇女之后，在运送妇女的过程中强行与该妇女发生性关系。

问题：甲的行为如何定性？

答案：甲以出卖为目的控制该妇女，构成拐卖妇女罪；之后甲压制该妇女的反抗并实施奸淫行为，构成强奸罪。因此，甲的行为应认定为拐卖妇女罪，且属于"奸淫被拐卖的妇女"的情形，加重处罚。

三、拐卖妇女、儿童罪的罪数问题

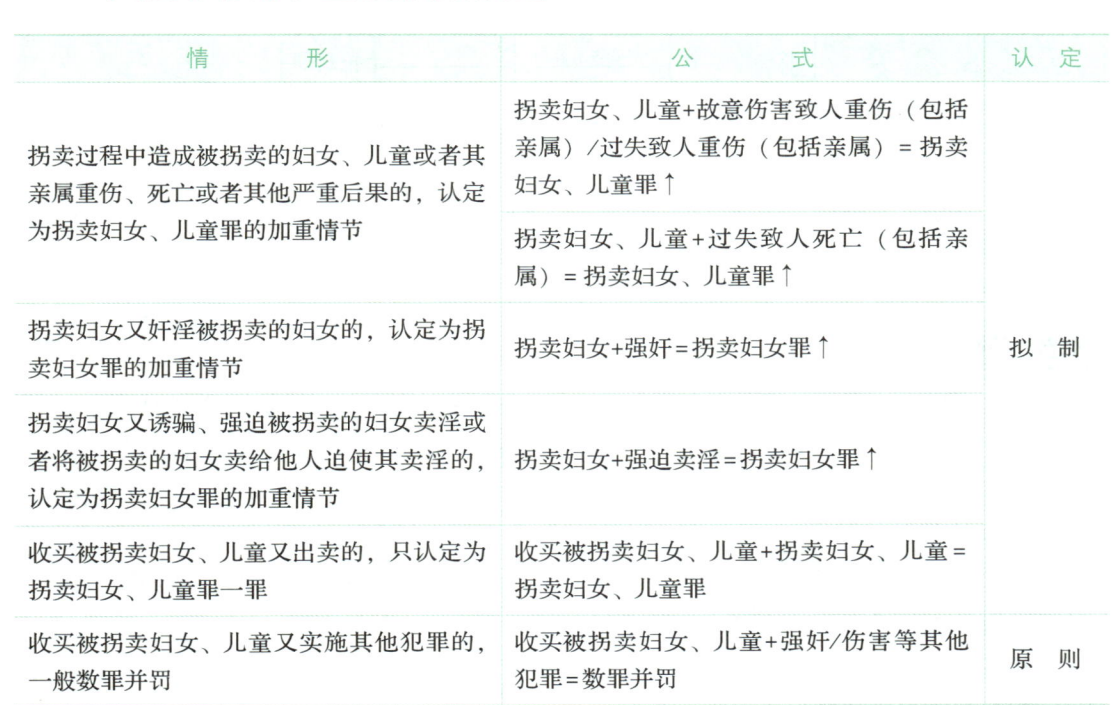

情　形	公　式	认　定
拐卖过程中造成被拐卖的妇女、儿童或者其亲属重伤、死亡或者其他严重后果的，认定为拐卖妇女、儿童罪的加重情节	拐卖妇女、儿童+故意伤害致人重伤（包括亲属）/过失致人重伤（包括亲属）=拐卖妇女、儿童罪↑	拟　制
	拐卖妇女、儿童+过失致人死亡（包括亲属）=拐卖妇女、儿童罪↑	
拐卖妇女又奸淫被拐卖的妇女的，认定为拐卖妇女罪的加重情节	拐卖妇女+强奸=拐卖妇女罪↑	
拐卖妇女又诱骗、强迫被拐卖的妇女卖淫或者将被拐卖的妇女卖给他人迫使其卖淫的，认定为拐卖妇女罪的加重情节	拐卖妇女+强迫卖淫=拐卖妇女罪↑	
收买被拐卖妇女、儿童又出卖的，只认定为拐卖妇女、儿童罪一罪	收买被拐卖妇女、儿童+拐卖妇女、儿童=拐卖妇女、儿童罪	原　则
收买被拐卖妇女、儿童又实施其他犯罪的，一般数罪并罚	收买被拐卖妇女、儿童+强奸/伤害等其他犯罪=数罪并罚	

四、拐卖妇女、儿童罪的既遂标准

1. 一般情况下，只要控制了妇女、儿童，即成立拐卖妇女、儿童罪的既遂。

2. 有些情况下，出卖时才成立拐卖妇女、儿童罪的既遂，如出卖自己的子女。

第十一讲 回顾与应用

总结梳理

```
                    强制猥亵罪 ——方式不同—— 强奸罪
                         │                    │
                      结果加重犯            结果加重犯
                         │                    │
                     过失致人死亡罪
              ┌──────────┼──────────┐
          结果加重犯   看打击部位   结果加重犯
              │        和工具         │
         拐卖妇女、     │          故意伤害罪
          儿童罪    故意杀人罪  ──包含关系──┘
              │   ╱    │    ╲
         出卖目的 结果加重犯  加重情节  结果加重犯
              │  转化   │      │
           非法拘禁罪 ─非法占有目的─ 抢劫罪
                  ╲            ╱
              非法占有目的  索要财物的
                      ╲    对象不同
                       绑架罪
                         C2
```

小综案例

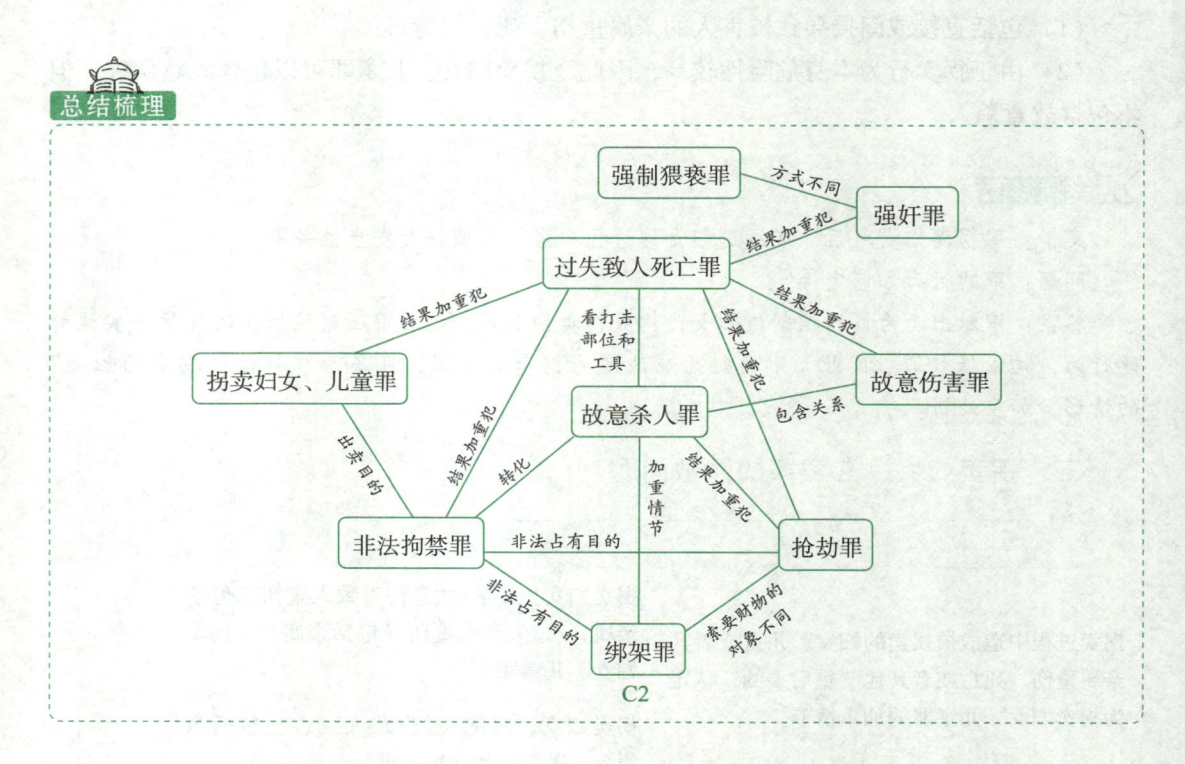

[案情]（2003/4/1 改编）赵某拖欠张某和郭某 6000 多元的打工报酬一直不付。张某和郭某商定后，将赵某 15 岁的女儿甲骗到外地扣留，以迫使赵某支付报酬。在此期间（共 21 天），张某和郭某多次打电话让赵某支付报酬，但赵某仍以种种理由拒不支付。张某和郭某遂决定将甲卖给他人。（事实 1）

在张某外出寻找买主期间，郭某奸淫了甲。张某找到了买主陈某后，和郭某二人以 6000 元的价格将甲卖给了陈某。（事实 2）

陈某欲与甲结为夫妇，遭到甲的拒绝。陈某为防甲逃走，便将甲反锁在房间里一月余。陈某后来觉得甲年纪小、太可怜，便放甲返回家乡。（事实 3）

问题：
1. 事实 1 中，张某和郭某的行为如何定性？
2. 事实 2 中，张某和郭某的行为如何定性？
3. 事实 3 中，陈某的行为如何定性？

[答案]

1. 张某和郭某非法剥夺赵某15岁的女儿甲的人身自由之后又将其出卖，构成非法拘禁罪和拐卖妇女罪，数罪并罚。
2. 张某和郭某共同拐卖甲，成立拐卖妇女罪的共同犯罪。郭某拐卖之后实施了奸淫行为，属于拐卖妇女罪的加重情节。因郭某的奸淫行为超出了张某的犯罪故意，故张某只构成拐卖妇女罪的基本犯。
3. 陈某收买被拐卖的甲之后又非法拘禁甲，构成收买被拐卖的妇女罪和非法拘禁罪，数罪并罚。陈某的犯罪已经既遂，其释放甲的行为不成立犯罪中止。

悲观者从机会中看到困难；
乐观者从困难中看到机会。

致奋进中的你

第12讲 LECTURE 12

贪污贿赂犯罪（C3）

44 受贿的罪名体系

罪名名片 ▶ 受贿罪

构成要件	客　观	普通受贿	国家工作人员利用职务之便，索取他人财物
			国家工作人员利用职务之便，非法收受他人财物（为他人谋取利益）
		斡旋受贿	国家工作人员利用职务之便，通过其他国家工作人员，为他人谋取不正当利益，索取或者收受他人财物
	主　观	故　意	
特殊情节	索贿的，从重处罚		
既遂标准	收受财物		
罪数问题	受贿+徇私枉法=从一重罪处罚		

罪名名片 ▶ 行贿罪

构成要件	客　观	为谋取不正当利益，给予国家工作人员财物
	主　观	故　意
从重情节	（1）多次行贿或者向多人行贿的 （2）国家工作人员行贿的	

续表

从重情节	（3）在国家重点工程、重大项目中行贿的 （4）为谋取职务、职级晋升、调整行贿的 （5）对监察、行政执法、司法工作人员行贿的 （6）在生态环境、财政金融、安全生产、食品药品、防灾救灾、社会保障、教育、医疗等领域行贿，实施违法犯罪活动的 （7）将违法所得用于行贿的

罪名名片▶利用影响力受贿罪

构成要件	客　观	通过国家工作人员，为他人谋取不正当利益，索取或者收受他人财物
	主　观	故　意

罪名名片▶对有影响力的人行贿罪

构成要件	客　观	给予非国家工作人员财物，通过国家工作人员谋取不正当利益
	主　观	故　意

普通受贿、斡旋受贿、利用影响力受贿的整体体系关系如下图：

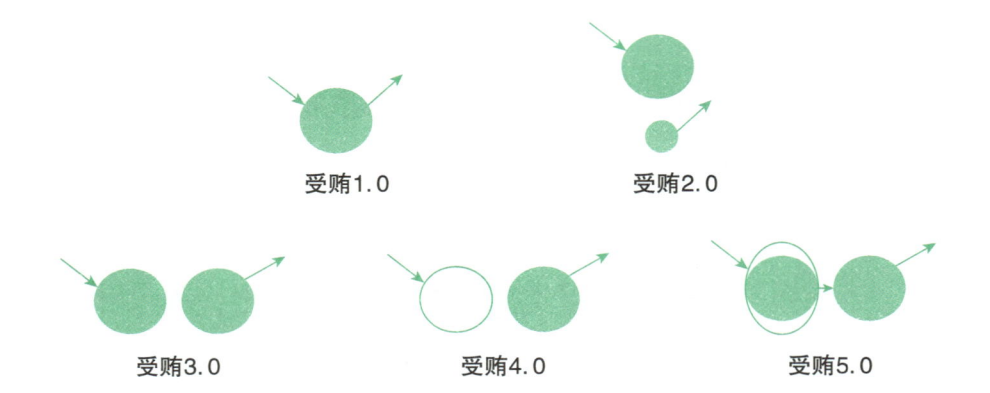

受贿1.0　　　受贿2.0

受贿3.0　　　受贿4.0　　　受贿5.0

❗注意：上图中，"蓝色圈"代表具有国家工作人员的身份；"白色圈"代表不具有国家工作人员的身份；受贿5.0左边的套圈代表身份无所谓，既可以是国家工作人员，也可以不是。

	内　容	定　性		
受贿1.0	权钱交易集于一身	（普通）受贿罪		
受贿2.0	国家工作人员收受他人财物，利用支配关系，指派其直系下属办事	（普通）受贿罪		
受贿3.0	国家工作人员收受他人财物，委托其他不知情的国家工作人员办事	收钱的人构成受贿罪（斡旋受贿）	办事的人一般无罪（可能构成渎职犯罪）	送钱的人构成行贿罪

续表

内　　容		定　　性	
受贿4.0	非国家工作人员收受他人财物，委托其他不知情的国家工作人员办事	收钱的人构成利用影响力受贿罪	办事的人一般无罪（可能构成渎职犯罪）	送钱的人构成对有影响力的人行贿罪
受贿5.0	转交财物给国家工作人员，或者在国家工作人员知情的情况下收受财物	收钱的人构成受贿罪	转交的人成立双帮助（受贿罪的帮助犯与行贿罪的帮助犯，从一重罪处罚）	送钱的人构成行贿罪

一、受贿1.0版本模型

[法条链接]《刑法》第385条第1款 [受贿罪] 国家工作人员利用职务上的便利，索取他人财物的，或者非法收受他人财物，为他人谋取利益的，是受贿罪。

受贿1.0

[例] 国家工作人员收受他人财物，为他人谋取利益，构成受贿罪。

二、受贿2.0版本模型

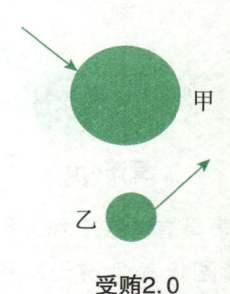

受贿2.0

[例] 国家工作人员甲收受他人财物，指派其直系下属乙为他人谋取利益。甲构成受贿罪；如果乙知道甲收钱的事实，则构成受贿罪的帮助犯。

三、受贿3.0版本模型

[法条链接]《刑法》第388条 [斡旋受贿犯罪] 国家工作人员利用本人职权或者地位形成的便利条件，通过其他国家工作人员职务上的行为，为请托人谋取不正当利益，索取请托人财物或者收受请托人财物的，以受贿论处。

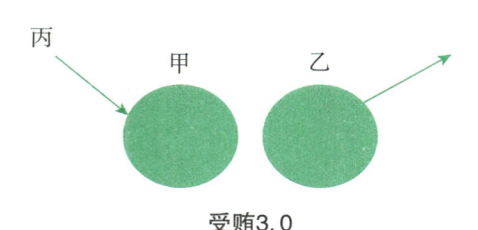

丙　　甲　　乙

受贿3.0

[例] 国家工作人员甲收受丙财物，"通过"另一个国家工作人员乙为丙谋取利益。甲构成受贿罪（斡旋受贿）；丙给予国家工作人员财物，构成行贿罪；乙单纯为别人办事，一般不构成犯罪，但如果情节特别严重，则构成相应的渎职罪。

注意1：所谓"通过"，是指"就事论事"，即让对方办事，但没有跟对方说自己收了钱。如果办事者知道收钱的事实，则不可能适用受贿3.0版本。

注意2：给国家工作人员送钱就是行贿，没有"斡旋行贿"一说。

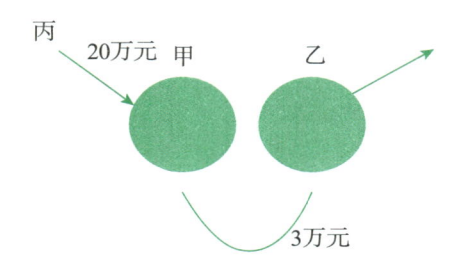

丙　20万元　甲　　乙

3万元

[例] 国家工作人员甲收受丙财物20万元，"通过"另一个国家工作人员乙为丙谋取利益。甲还以自己的名义给乙送去了3万元。甲构成20万元的受贿罪（斡旋受贿）和3万元的行贿罪；丙给予国家工作人员财物，构成行贿罪；乙构成3万元的受贿罪。

迷你案例

案情：（2019-主，改编）洪某因实施了犯罪行为被通缉。为了让自己得到轻判，洪某找到甲市环保局副局长白某，请白某向公安局领导说情，并给白某5万元现金。白某向公安局副局长李某说情时，李某假装答应大事化小，同时从白某处打听到洪某的藏身之处。随后，李某带领公安人员抓获了洪某。

问题：洪某、白某、李某的行为如何定性？

答案：白某收受他人财物，意图通过公安局副局长李某的职务行为，为请托人洪某谋取不正当利益，构成受贿罪（斡旋受贿）；洪某给予国家工作人员财物，构成行贿罪；李某没有收受贿赂的故意，不构成受贿罪。

四、受贿4.0版本模型

[法条链接]《刑法》第388条之一 [利用影响力受贿罪]　国家工作人员的近亲属或者其他与该国家工作人员关系密切的人，通过该国家工作人员职务上的行为，或者利用该国家工作人员职权或者地位形成的便利条件，通过其他国家工作人员职务上的行为，为请托人谋取不正当利益，索取请托人财物或者收受请托人财物，数额较大或者有其他较重情节的，处……

考点 44

离职的国家工作人员或者其近亲属以及其他与其关系密切的人，利用该离职的国家工作人员原职权或者地位形成的便利条件实施前款行为的，依照前款的规定定罪处罚。

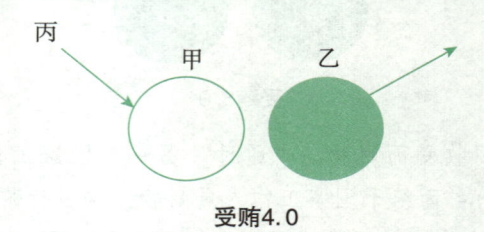

受贿4.0

[例] 国家工作人员乙的妻子甲收受丙财物，"通过"丈夫乙为丙谋取利益。甲构成利用影响力受贿罪；丙给予非国家工作人员财物，构成对有影响力的人行贿罪；乙单纯为别人办事，一般不构成犯罪，但如果情节特别严重，则构成相应的渎职罪。

注意：所谓"通过"，是指"就事论事"，即让对方办事，但没有跟对方说自己收了钱。如果办事者知道收钱的事实，则不可能适用受贿4.0版本。

五、受贿5.0版本模型

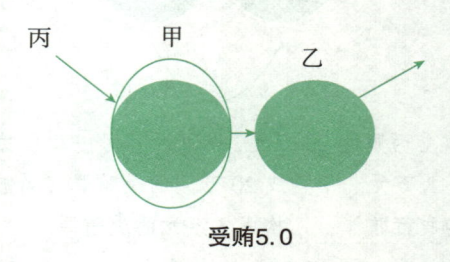

受贿5.0

[例1] 丙给甲5万元，让其转交给国家工作人员乙，希望乙能把事情办了。乙收钱后照做。乙不再是单纯为别人办事，而是在知道"权钱交易"的情况下为他人办事，构成受贿罪；丙构成行贿罪；甲构成受贿罪的帮助犯与行贿罪的帮助犯（双帮助），从一重罪处罚。

[例2] 丙给甲5万元，让其转交给国家工作人员乙，乙说："知道了，钱你拿着吧。"乙相当于是在知道"权钱交易"的情况下作出了办事的承诺，构成受贿罪；丙构成行贿罪；甲构成受贿罪的帮助犯与行贿罪的帮助犯（双帮助），从一重罪处罚。

[例3] 丙给甲5万元，让其转交给国家工作人员乙，但乙坚决不收。乙没有收受财物，不构成受贿罪；丙构成行贿罪（未遂）；甲仅构成行贿罪的帮助犯（单帮助）。

迷你案例

案情：（2012/4/2 改编）副县长赵某带队前来开展拆迁、评估工作的验收。李某给赵某的父亲（原县民政局局长，已退休）送去1万元现金，请其帮忙说话。赵某得知父亲收钱后答应关照李某，令人将邻近山坡的树苗都算到李某名下。

问题：赵某和其父亲的行为如何定性？

答案：赵某收受他人财物，为他人谋取利益，构成受贿罪；赵某的父亲帮助李某行贿，同时又帮助赵某受贿，构成行贿罪的帮助犯与受贿罪的帮助犯，从一重罪处罚。

45 受贿罪

一、受贿罪的构成要件

（一）"索贿"的理解

"索贿"，即国家工作人员利用职务便利，主动向他人索取财物。"索贿"的，从重处罚。

> 注意：刑法主观题考试中涉及"从重"的知识点不多，记住"索贿"即可；"加重"的情况比较多。

（二）"收受"的理解

构成受贿罪，需要有"收受"财物的意思。如果国家工作人员"收"钱后很快上交公权力机关，则不属于"收受"。

[例1] 甲给国家工作人员乙送了5万元，乙收下后第二天就上交公安局。从上交的时间来看，乙没有收受财物的意思，不构成受贿罪。

[例2] 甲给国家工作人员乙送了5万元，乙收下，3年后上交公安局。从上交的时间来看，乙构成受贿罪，且是犯罪既遂。

迷你案例

案情：甲有求于国家工作人员乙。某日，甲得知乙要到国外考察6个月，遂开车送乙前往首都机场，二人一路上谈笑风生。在登机口，甲突然拿出1万美元，塞进了乙的手里，说了一句"我的那事儿就拜托您了"之后，迅速溜得无影无踪。乙在安检口出不来，只好登机前往国外。6个月后，乙返回国内，立即将这1万美元上交纪检部门。

问1：乙的行为是否构成受贿罪？

答案：不构成。乙在回国后的第一时间上交财物，没有收受财物的意思，不构成受贿罪。

问2：甲的行为是否构成行贿罪？

答案：构成。甲给予国家工作人员财物，构成行贿罪。

（三）"为他人谋取利益"的理解

从法条的字面意思来看，构成受贿罪的，如果是收受他人财物，则需要"为他人谋取利益"。这里的"为他人谋取利益"，不要求实际上为他人谋取利益，只要有"为他人谋取利益"的承诺即可,而收受财物就是最好的承诺。因此,只要国家工作人员收受了他人财物,无论是否办事、是否办成,一律构成受贿罪,除了一个例外,即"事后受贿"。

所谓"事后受贿",是指离职后单纯接受感谢,事前无约定的,一般不构成犯罪。但:①国家工作人员利用职务上的便利为请托人谋取利益之前或之后,"约定"在其离职后收受请托人财物,并在离职后收受的,以受贿罪论处;②国家工作人员利用职务上的便利为请托人谋取利益,"离职前后"连续收受请托人财物的,离职前后收受部分均计入受贿数额。

[例1] 公安局副局长甲收受犯罪嫌疑人家属10万元现金,允诺释放犯罪嫌疑人,但因局长不同意而未成。本案中,甲并没有为他人谋取利益,但由于其收受了财物,并作出了承诺,因此构成受贿罪。

[例2] 甲系国家工作人员,在主管土地拍卖工作期间向一家房地产公司通报了重要情况,使其如愿获得黄金地块。甲退休后,该公司为了表示感谢,自作主张送与甲价值5万元的按摩床。本案中,没有"权钱交易"的达成,因此,甲属于"事后受贿",不构成受贿罪。

(四)"不正当利益"的理解

行贿罪、对有影响力的人行贿罪、受贿罪(斡旋受贿)、利用影响力受贿罪的成立均需要为他人谋取不正当利益,只有普通的受贿罪不需要为他人谋取不正当利益。

注意: 不正当利益是指不应得的利益,应得的"拆迁款""工程款""补偿款"等均属于正当利益。

一招制敌 在涉及正当利益的案件中,先确定行为性质,再看在谋取正当利益的情况下能否构成相应的犯罪。

[例](案例指导用书)丙家拆迁之后一直没有得到拆迁款,于是给负责人乙的妻子甲送了财物,让甲替自己说几句好话,但甲因为忘记此事,未与乙提及。最后丙得到拆迁款。本案中,丙实施的是对有影响力的人行贿的行为,由于没有谋取不正当利益,因此不构成犯罪;甲实施的是利用影响力受贿的行为,由于没有为丙谋取不正当利益,因此不构成犯罪;乙在不知道"权钱交易"的情况下办事,因此不构成犯罪。综上,甲、乙、丙三人均不构成犯罪。

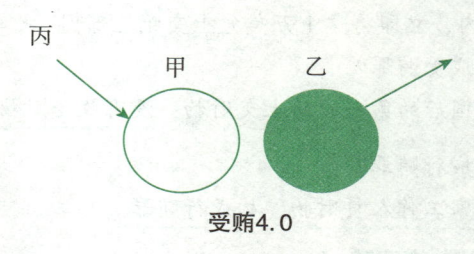

受贿4.0

迷你案例

案情:2011年,徐某为某公立学校承包工程,工程按质按量完工后,学校一直拖欠工程款

（3000余万元）。徐某听说吴某（国家工作人员）与校长张某很熟，便送给吴某10万元，请吴某帮忙。吴某让张某帮忙解决，张某于是将工程款付给徐某。

问1：吴某和徐某的行为应当如何定性？

答案：吴某收受他人财物，通过其他国家工作人员职务上的行为，为他人谋取利益，属于斡旋受贿行为，但因其没有为徐某谋取不正当利益，故不构成受贿罪（斡旋受贿）；徐某给予国家工作人员财物，属于行贿行为，但因其没有谋取不正当利益，故不构成行贿罪。

问2：如果吴某是张某的直属上级，则吴某和徐某的行为又当如何定性？

答案：如果吴某是张某的直属上级，则吴某收受他人财物，通过指派其直系下属行使职权，为他人谋取利益，构成受贿罪；徐某给予国家工作人员财物，属于行贿行为，但因其没有谋取不正当利益，故不构成行贿罪。

（五）"贿赂"的理解

1. 司法解释[1]规定了六种特殊的"贿赂"：

以交易形式收受贿赂	国家工作人员利用职务上的便利为请托人谋取利益，以明显低于市场的价格向请托人购买房屋、汽车等物品，或者以明显高于市场的价格向请托人出售房屋、汽车等物品，或者以其他交易形式非法收受请托人财物的，以受贿论处
收受干股	进行了股权转让登记，或者相关证据证明股份发生了实际转让的，受贿数额按转让行为时股份价值计算，所分红利按受贿孳息处理。股份未实际转让，以股份分红名义获取利益的，实际获利数额应当认定为受贿数额
以开办公司等合作投资名义收受贿赂	受贿数额为请托人给国家工作人员的出资额
以委托请托人投资证券、期货或者其他委托理财的名义收受贿赂	未实际出资而获取"收益"，或者虽然实际出资，但获取"收益"明显高于出资应得收益的，以受贿论处。受贿数额，前一情形，以"收益"额计算；后一情形，以"收益"额与出资应得收益额的差额计算
以赌博形式收受贿赂	国家工作人员利用职务上的便利为请托人谋取利益，通过赌博方式收受请托人财物的，以受贿论处
特定关系人"挂名"领取薪酬	国家工作人员利用职务上的便利为请托人谋取利益，要求或者接受请托人以给特定关系人安排工作为名，使特定关系人不实际工作却获取所谓薪酬的，以受贿论处

［口诀］（贿赂的范围包括）交易干股开公司，投资赌博挂名字。

一招制敌 ▶ 只要属于"财产性利益"，都可以算作"贿赂"。

2. 贿赂需要有一定价值。

---

[1]《最高人民法院、最高人民检察院关于办理受贿刑事案件适用法律若干问题的意见》。

[例1] 国家工作人员甲收受他人面值总和100万元的假币。由于假币有价值，达到受贿罪的数额，因此，甲构成受贿罪。

[例2] 国家工作人员甲收受他人面值总和100万元的冥币。由于少量冥币无价值，因此，甲不构成受贿罪。

迷你案例

案情：甲知道城建局局长乙吸毒，遂以提供海洛因为条件请其关照工程招标项目，乙同意。甲中标后，送给乙50克海洛因。

问1：甲和乙的行为如何定性？

答案：海洛因有价值，达到受贿罪和行贿罪的数额，因此，甲给予国家工作人员财物，构成行贿罪；乙收受他人财物，构成受贿罪。

问2：如果甲中标后，送给乙50克"海洛因"，后发现是面粉，则甲和乙的行为如何定性？

答案：由于50克面粉没有达到受贿罪和行贿罪的数额，因此，甲和乙均不构成犯罪。

3. "性贿赂"不是贿赂，但可以计价的除外。

[例] 甲托国家工作人员乙办事，支付费用雇请卖淫者为乙提供性服务，共8次，每次1万元。由于该"性贿赂"可以计价，因此，乙构成受贿罪，数额为8万元；甲构成行贿罪，数额为8万元。

迷你案例

案情：甲为托国家工作人员乙办事，自己与其发生性关系。

问题：甲和乙的行为如何定性？

答案：该"性贿赂"不可计算价值，故甲和乙都不构成犯罪。

二、受贿罪的既遂标准

收受财物即既遂，如果收受的是信用卡、购物卡，则不需要实际取出或使用里面的钱。

迷你案例

案情：甲系国家工作人员，为某单位谋取了利益。随后，该单位经理送给甲一张购物卡，告知其里面有2万元。甲收下购物卡后忘记使用，导致购物卡过期作废，卡内的2万元退回原单位。

问题：甲的行为如何定性？是何种犯罪形态？

答案：甲收受他人财物，构成受贿罪。由于其已经收受了购物卡，因此构成受贿罪既遂。

三、受贿罪的罪数问题

受贿之后又构成其他犯罪的，一般都是数罪并罚。法考主观题会考的唯一例外是：受贿之后徇私枉法的，从一重罪处罚，即受贿+徇私枉法=从一重罪处罚。

徇私枉法罪，主要是指司法工作人员徇私枉法、徇情枉法，对明知是无罪的人而使他受追诉、对明知是有罪的人而故意包庇不使他受追诉，或者在刑事审判活动中故意违背事实和法律作枉法裁判的行为。

因此，法官受贿之后徇私枉法的，不应当按照原则数罪并罚，而应当基于法律的特别规定，从一重罪处罚。

注意：以上"从一重罪处罚"的法律拟制同样适用于索贿之后徇私枉法的情形，即索贿之后徇私枉法的，也从一重罪处罚。但是要注意时间顺序，必须是先受贿后徇私枉法，才从一重罪处罚；如果顺序相反，先徇私枉法再受贿的，按照通说应该数罪并罚。

四、行贿罪的从重情节

1. 多次行贿或者向多人行贿的。
2. 国家工作人员行贿的。
3. 在国家重点工程、重大项目中行贿的。
4. 为谋取职务、职级晋升、调整行贿的。
5. 对监察、行政执法、司法工作人员行贿的。
6. 在生态环境、财政金融、安全生产、食品药品、防灾救灾、社会保障、教育、医疗等领域行贿，实施违法犯罪活动的。
7. 将违法所得用于行贿的。

46 贪污罪和挪用公款罪

罪名名片 ▶ 贪污罪

构成要件	客　观	国家工作人员利用职务之便，侵吞、窃取、骗取公共财物
	主　观	故　意
		有非法占有目的

罪名名片 ▶ 挪用公款罪

构成要件	客　观	国家工作人员利用职务之便，挪用公款归个人使用
	主　观	故　意
		无非法占有目的

一、贪污罪的主体

贪污罪的主体是国家工作人员，国家工作人员包括以下五类：
1. 国家机关工作人员，包括立法、行政、司法、党委、政协机关中从事公务的人员，依法执行行政执法职务的国有事业单位人员，国家机关中受委托从事行政执法活动的事业编制人员。国家机关工作人员不包括军人和外国公务员。

注意：通过伪造证件成为国家机关工作人员的，不影响其构成贪污罪或者受贿罪。

2. 国有公司、企业、事业单位、人民团体中从事公务的人员。人民团体不包括社会团体。常见的人民团体有妇联、共青团等。

注意："国有控股公司"不是国有公司，因此，国有控股公司中的工作人员一般不是国家工作人员。

迷你案例

案情：A银行（国有控股银行）信贷部主任张某在审核B公司的贷款申请时，发现其证明文件有假、贷款条件不符合。为此，B公司负责人王某送与张某20万元，希望其网开一面，并保证贷款会如期归还。张某遂将款项贷出。

问题：王某、张某的行为如何定性？

答案：张某是A银行（国有控股银行）的信贷部主任，不是国家工作人员，因此，张某收受他人财物，构成非国家工作人员受贿罪；同时，其违法发放贷款，构成违法发放贷款罪，与非国家工作人员受贿罪数罪并罚。

王某给予非国家工作人员张某财物，构成对非国家工作人员行贿罪。

3. 国家机关、国有公司、企业、事业单位委派到非国有公司、企业、事业单位、社会团体从事公务的人员。（"委派"型）

4. 村民委员会等村基层组织人员协助政府从事行政管理工作时，属于国家工作人员。（"协助"型）

5. 受国家机关、国有公司、企业、事业单位、人民团体委托管理、经营国有财产的人员。（"委托"型）

注意："委托"型国家工作人员是贪污罪特有的主体，不是受贿罪的主体。

二、贪污罪与普通财产犯罪的区别

贪污罪 = 国家工作人员 + 财产犯罪（盗窃、诈骗、侵占）+ 利用职务之便（对财物管控）。

1. "利用职务之便"是指行为人"对财物有管控的权力"。只要行为人拿走了自己负责管控的财物，无论采用何种手段，都构成贪污罪或者职务侵占罪，而非盗窃罪。

迷你案例

案情：甲是某国有公司出纳（国家工作人员），其意图非法占有本人保管的存放在公司保险箱中的公共财物，但其并未使用自己手中的钥匙和所知道的密码，而是叫乙砸碎保险箱，取走3万元现金，乙分得5000元。之后，甲伪造作案现场，声称保险箱失窃。

问题：甲的行为如何定性？

答案：由于甲对财物有管控的权力，因此，其利用职务之便侵吞自己管控的财物，构成贪污罪；乙帮助甲实施贪污行为，属于贪污罪的帮助犯。

2. 如果国家工作人员对财物没有管控的权力，则不构成贪污罪。

[例1] 交警甲和无业人员乙勾结，让乙告知超载司机："只交罚款一半的钱，即可优先通行。"司机交钱后，乙将交钱司机的车牌号报给甲，由在高速路口执勤的甲放行。我国采用"罚缴分离"原则，交警对财物没有管控的权力，因此，甲和乙构成受贿罪。

[例2]（2015/2/88 改编）甲与乙（国有收费站站长）约定：甲在高速公路另开出口帮货车司机逃费，乙想办法让人对此不予查处，所得由二人分成。后甲组织数十人，锯断高速公路一侧隔离栏、填平隔离沟（恢复原状需3万元），形成一条出口。路过的很多货车司机知道经过收费站要收300元，而给甲100元即可绕过收费站继续前行。甲以此方式共得款30万元，但骗乙仅得20万元，并按此数额分成。乙作为国有收费站站长，对过路费具有管控的权力，因此，二人构成贪污罪。

3. "管控"需要具有管理性的职务，不包括纯粹的体力劳动。例如，搬运工不对财物具有管控的权力，而运输司机、仓库管理员对财物具有管控的权力。

> **迷你案例**
>
> 案情：卸货员甲在搬家卸货的过程中将他人财物据为己有。
> 问题：甲的行为如何定性？
> 答案：卸货员是体力劳动者，对财物没有管控的权力，因此，甲没有利用职务之便，其打破他人对财物的占有、建立新的占有的行为，构成盗窃罪。

4. "多人管控"的场合，一人取走财物的，也构成贪污罪或者职务侵占罪。

[例] 甲和乙都是国有公司出纳，二人一起管理保险箱，甲掌握钥匙，乙掌握密码，只有钥匙和密码一起使用才能打开保险箱。乙骗取甲的钥匙，打开保险箱取走了财物。乙对保险箱中的财物具有管控的权力，因此构成贪污罪。由于行为对象是保险箱中的财物，因此，该行为是"侵吞"型的贪污而非"骗取"型的贪污。

三、挪用公款罪

> [法条链接]《刑法》第384条第1款 [挪用公款罪] 国家工作人员利用职务上的便利，挪用公款归个人使用，进行非法活动的，或者挪用公款数额较大、进行营利活动的，或者挪用公款数额较大、超过3个月未还的，是挪用公款罪，处……

1. 挪用公款罪与贪污罪的区别在于其没有非法占有目的，即行为人没有将财物"据为己有"的意思。

注意：在考试中，如果行为人有"平账"（把账目做平使其难以显现）、潜逃、挥霍等行为，则表明行为人具有非法占有目的，不构成挪用公款罪，而构成贪污罪。

> **迷你案例**
>
> 案情：2008年1月，甲挪用单位办公经费70万元为自己购买商品房。2周后，甲采取销

毁账目的手段，使挪用的70万元办公经费中的50万元难以在单位财务账目上反映出来。甲一直未归还上述所有款项。

问题：甲的行为如何定性？

答案：甲挪用公款，构成挪用公款罪（数额为差额，即70-50=20万元）；甲对于后来"平账"的部分具有非法占有目的，构成贪污罪（数额为50万元），与挪用公款罪数罪并罚。

2. 下列挪用公款罪的三种入罪方式，满足其一即可入罪：

	数额要求	时间要求
非法活动	不需要	不需要
营利活动	较 大	不需要
其他活动	较 大	3个月不还

迷你案例

案情：（2015/2/60/B）甲于2013年1月10日挪用公款5万元用于结婚，2013年7月10日归还。

问题：甲挪用公款的追诉期限从哪天开始计算？

答案：2013年4月10日。甲挪用公款用于其他活动，数额较大，3个月后（2013年4月10日）依旧未还，此时，甲的行为构成犯罪。因此，对甲的追诉期限，应从成立犯罪的2013年4月10日起计算。

3. 挪用公款罪中涉及用途改变的情况

（1）自己变，按客观。

[例] 甲一开始挪用公款准备用于结婚，但最后用于赌博。甲的行为应当按照客观上的实际用途即非法活动认定。

（2）别人变，按轻的用途。

[例] 甲以结婚为由请求乙挪用公款给自己用，实际用于赌博。对乙按照"结婚"和"赌博"中较轻的"其他活动"认定用途。

迷你案例

案情：甲是国有公司出纳，系国家工作人员。乙唆使甲挪用20万元给其用于结婚，甲同意。实际上，乙将该20万元用于炒股，并且在1个月后将20万元返给甲填补空缺。

问1：甲和乙的行为如何定性？

答案：甲主观上以为乙是要用于结婚而在其唆使下挪用公款，并在3个月以内归还，因此不构成挪用公款罪；乙以营利为目的教唆甲挪用公款，数额较大，构成挪用公款罪的教唆犯。

问2：乙能否构成挪用公款罪的间接正犯？

答案：不能。乙不具有国家工作人员的身份，因此不能构成挪用公款罪的间接正犯。

第十二讲 回顾与应用

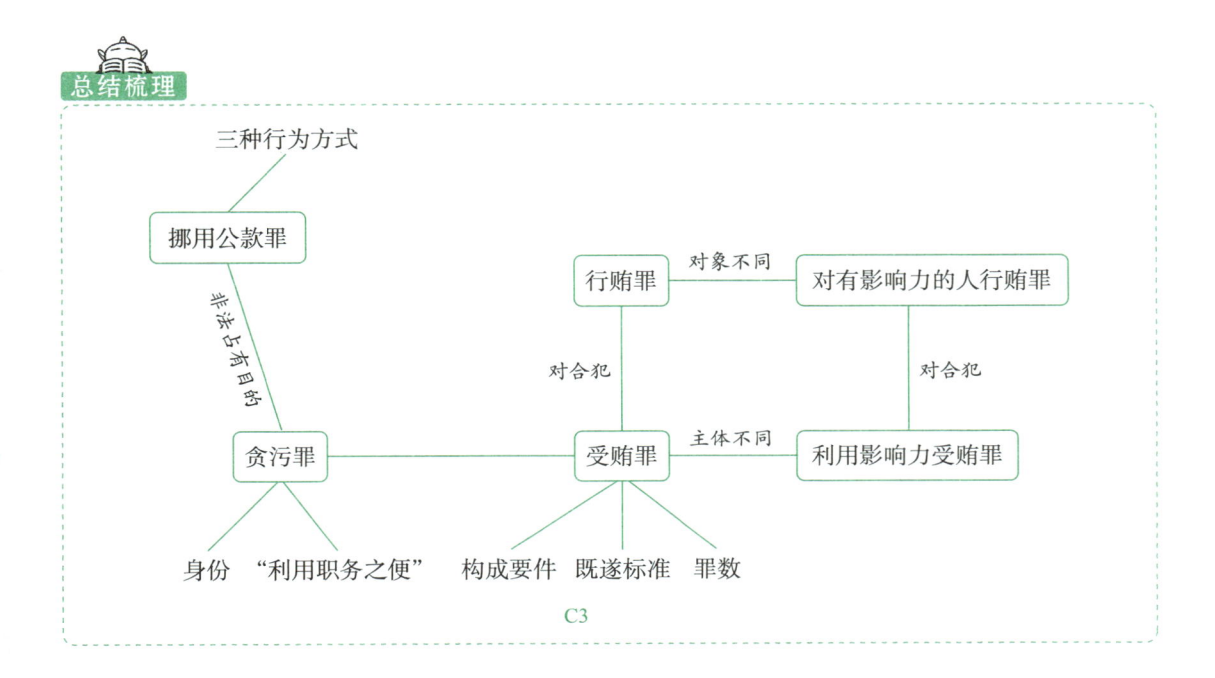

总结梳理

```
挪用公款罪 —— 三种行为方式
    |
    | 非法占有目的
    |
  贪污罪                    行贿罪 ——对象不同—— 对有影响力的人行贿罪
    |                        |                      |
    |                       对合犯                 对合犯
    |                        |                      |
  身份 "利用职务之便"        受贿罪 ——主体不同—— 利用影响力受贿罪
                             |
                     构成要件 既遂标准 罪数
                             C3
```

小综案例

[案情] 甲想要找法院院长戊给自己的儿子轻判，但是甲不认识戊，于是找到了市监局局长乙，托乙找戊"说说情"，并给其50万元。乙也和戊不熟，就让自己的妻子丙找到戊的妻子丁，让其将10万元给丁。丁收下财物后，拜托戊给甲的儿子轻判，但没有说明自己收钱的事实。戊照做。事成之后，乙直接找到戊，向戊说明真相、表达感谢，并将6万元送给戊。

问题：

1. 对于50万元，哪些人构成犯罪？分别构成何种罪名？
2. 对于10万元，哪些人构成犯罪？分别构成何种罪名？
3. 对于6万元，哪些人构成犯罪？分别构成何种罪名？

答案

1. 对于50万元，甲给予国家工作人员财物，构成行贿罪，数额为50万元；乙收受他人财物，通过戊为他人谋取不正当利益，构成受贿罪（斡旋受贿），数额为50万元。
2. 对于10万元，乙和丙给予戊的妻子丁10万元财物，构成对有影响力的人行贿罪，二人属于共同犯罪，数额为 10 万元；丁收受他人财物，通过戊为他人谋取不正当利益，构成利用影响力受贿罪，数额为 10 万元。

3. 对于 6 万元，乙向戊说明真相、表达感谢，戊明知"权钱交易"的事实，仍然收受财物，构成受贿罪，数额为 6 万元；乙构成行贿罪，数额为 6 万元。

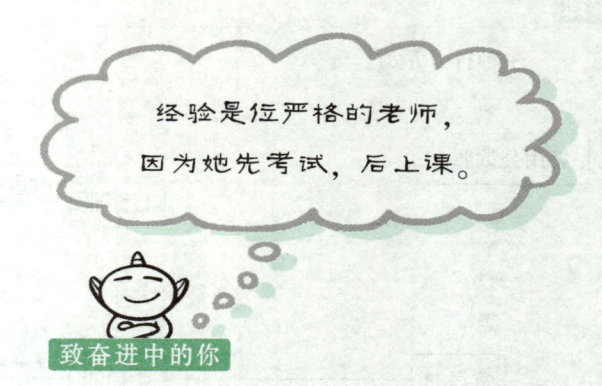

经验是位严格的老师，因为她先考试，后上课。

致奋进中的你

第13讲

"赃物犯罪"（C4）

47 "赃物犯罪"总体特征

"赃物犯罪"包括：①窝藏罪；②包庇罪；③帮助毁灭、伪造证据罪；④掩饰、隐瞒犯罪所得、犯罪所得收益罪。

窝藏罪，是指明知是犯罪的人而为其提供隐藏处所、财物，帮助其逃匿；包庇罪，是指明知对方是犯罪的人而为其作假证明包庇；帮助毁灭、伪造证据罪，是指帮助当事人毁灭、伪造证据；掩饰、隐瞒犯罪所得、犯罪所得收益罪，是指明知是犯罪所得及其产生的收益而掩饰、隐瞒。

它们的共同特征包括：

1. 一般来说，在行为人既遂前加入的，成立共同犯罪；既遂后加入的，成立"赃物犯罪"。

[例1] 甲和乙通谋，甲负责盗窃汽车，乙负责销赃。由于二人一开始就达成了合意，因此二人成立盗窃罪的共同犯罪。

[例2] 甲盗窃汽车之后，乙参与进来，将汽车销赃。乙在甲盗窃既遂后加入，成立"赃物犯罪"，构成掩饰、隐瞒犯罪所得、犯罪所得收益罪。

[例3] 甲盗窃金条后逃跑，主人追击，甲痛殴主人，乙在暗处同时也扔石头砸主人。虽然甲所触犯的盗窃罪已经既遂，但其为了抗拒抓捕使用暴力，转化为抢劫罪。乙在甲抢劫的中途加入，属于承继共犯，也构成抢劫罪。

迷你案例

案情：甲盗窃金条后逃跑，主人追击，乙在甲不知道的情况下，趁机痛殴主人，使甲成功逃跑。

问1：乙是否成立片面帮助犯？

答案：不成立。乙在甲盗窃既遂之后才加入，因此不构成共同犯罪，当然也就不成立片面帮助犯。

问2：乙的行为如何定性？

答案：乙在他人犯罪既遂之后帮助他人逃匿，构成窝藏罪。

注意：财产犯罪的防卫时间可以一直延续到追捕过程中，直到侵害人将财物藏匿为止。也就是说，在上述案例中，主人在追击过程中可以防卫，但是，这并不影响甲的犯罪行为已经成立既遂。而乙成立共同犯罪还是"赃物犯罪"，是由甲的犯罪行为是否既遂所决定的，和主人能否防卫并无直接关联。

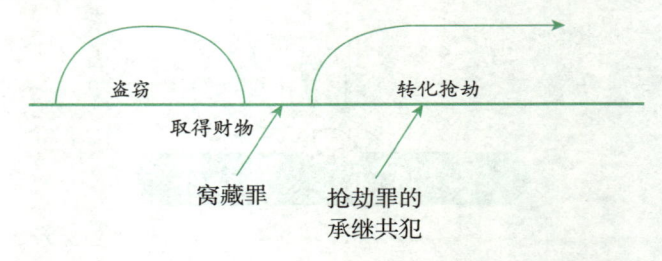

```
         盗窃            转化抢劫
    ─────────┬──────────┬─────────────→
           取得财物
              ↓            ↓
            窝藏罪      抢劫罪的
                        承继共犯
```

2. 行为人实施犯罪行为后，自己隐瞒或者教唆他人为自己隐瞒的，因缺乏期待可能性而不再认定为"赃物犯罪"。

[例] 甲实施犯罪行为后，亲自隐藏证据，因缺乏期待可能性而不再另行认定其构成"赃物犯罪"。

迷你案例

案情：甲实施犯罪行为后，教唆他人为自己隐藏证据。

问题：甲是否构成帮助毁灭、伪造证据罪的教唆犯？

答案：不构成。甲教唆他人为自己隐藏证据，因缺乏期待可能性而不再另行认定其构成帮助毁灭、伪造证据罪的教唆犯。

48 "赃物犯罪"具体罪名

罪名名片 ▶ 窝藏罪

构成要件	客 观	明知是犯罪的人而为其提供隐藏处所、财物，帮助其逃匿
	主 观	故 意

罪名名片 ▶ 包庇罪

构成要件	客 观	明知对方是犯罪的人而为其作假证明包庇
	主 观	故 意

罪名名片 ▶ 帮助毁灭、伪造证据罪

构成要件	客 观	帮助当事人毁灭、伪造证据
	主 观	故 意

罪名名片 ▶ 掩饰、隐瞒犯罪所得、犯罪所得收益罪

构成要件	客 观	明知是犯罪所得及其产生的收益而掩饰、隐瞒
	主 观	故 意

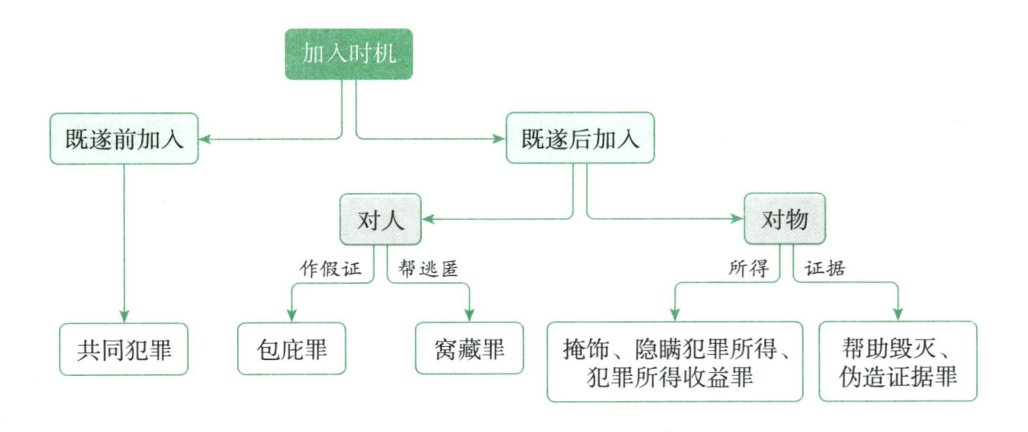

```
                    加入时机
              ┌────────┴────────┐
         既遂前加入            既遂后加入
              │            ┌────┴────┐
              │           对人       对物
              │         ┌──┴──┐    ┌──┴──┐
              │       作假证 帮逃匿  所得  证据
              │         │    │      │     │
           共同犯罪    包庇罪 窝藏罪  掩饰、隐瞒  帮助毁灭、
                                    犯罪所得、   伪造证据罪
                                    犯罪所得收益罪
```

一、窝藏、包庇罪

1. 窝藏、包庇罪的对象是"犯罪的人"。窝藏，是指为犯罪的人提供隐藏处所、财物，帮助其逃匿；包庇，是指向司法机关作假证明使得犯罪的人免受刑事追究，包括冒充犯罪的人向公安机关"顶包"的行为。〔口诀〕窝藏助人逃亡，包庇帮人扯皮。

注意：窝藏的对象是人，不包括藏匿物的情况，不要把窝藏简单地理解为"藏在窝里"。

迷你案例

案情：（2016/2/86~88改编）甲将私家车借给无驾照的乙使用。乙交通肇事之后，为逃避刑事责任，乙找到有驾照的丙，让丙去公安机关"自首"，谎称案发当晚是丙驾车。丙照办。公安机关找甲取证时，甲想到若说是乙造成事故，自己作为被保险人就无法从保险公司获得车损赔偿，便谎称当晚将车借给了丙。

问题：甲、乙、丙的行为如何定性？

答案：甲、丙明知乙是犯罪的人而为其作假证明包庇，构成包庇罪，同时构成伪证罪，从一重罪处罚；乙教唆他人为自己作假证明包庇，因缺乏期待可能性，故不构成包庇罪或伪证罪的教唆犯。

2. 包庇毒品犯罪分子罪是窝藏、包庇罪的特别罪名。

[例1] 甲将吸毒者藏在家中。由于吸毒不是犯罪，因此，甲不构成窝藏罪。

[例2] 甲将吸毒者藏在家中，供其吸毒。甲构成容留他人吸毒罪。

[例3] 甲将毒贩子藏在家中。甲构成特别罪名——包庇毒品犯罪分子罪。

3. 根据《刑法》第362条的规定，旅馆业、饮食服务业、文化娱乐业、出租汽车业等单位的人员，在公安机关查处卖淫、嫖娼活动时，为违法犯罪分子通风报信，情节严重的，构成窝藏、包庇罪（可以定窝藏罪，或者包庇罪，或者窝藏、包庇罪）。

本条规定属于法律拟制，卖淫、嫖娼的人不构成犯罪，因此给他们通风报信，情节严重的，原则上不构成窝藏、包庇罪，但法律强行将这种情况拟制为窝藏、包庇罪。

二、帮助毁灭、伪造证据罪与掩饰、隐瞒犯罪所得、犯罪所得收益罪

注意：由于掩饰、隐瞒犯罪所得、犯罪所得收益罪是选择性罪名，因此可以简写为"掩饰犯罪所得罪"。同理，帮助毁灭、伪造证据罪可以简写为"帮助毁灭证据罪"。

1. 帮助毁灭、伪造证据罪与掩饰、隐瞒犯罪所得、犯罪所得收益罪的区别在于，"证据"是此次犯罪的工具、残留之物等，而"所得"是此次犯罪的"成果"。

迷你案例

案情：甲明知是他人用于抢劫的汽车而更改车身颜色。

问题：甲的行为如何定性？

分析思路：从常识可以推断出，只有在别人抢劫完成之后，才有更改车身颜色、逃避追捕的必要。因此可知，之前的抢劫行为已经既遂。此外，由于"用于抢劫的汽车"是"证据"而不是"所得"，因此，甲构成帮助毁灭、伪造证据罪。

答案：甲在他人抢劫既遂之后帮助他人毁灭、伪造证据，构成帮助毁灭、伪造证据罪。

2. 帮助毁灭、伪造证据罪的"帮助"不仅包括帮助犯中的"协助"，还包括自己亲手毁灭、伪造证据的情形。

［例1］甲杀人之后，自己擦拭血迹，乙为其递水。乙协助甲擦除血迹，构成帮助毁灭、伪造证据罪。（当然，甲自己因缺乏期待可能性，不构成帮助毁灭、伪造证据罪）

［例2］甲杀人之后，乙独自"替"甲将血迹擦除。乙亲自动手，帮助甲擦除血迹，构成帮助毁灭、伪造证据罪。

3. 掩饰、隐瞒犯罪所得、犯罪所得收益罪包括"明知是赃物而收下"的行为。

迷你案例

案情：（2015/4/2 改编）高某将犯罪所得 LV 提包送给前女友尹某，尹某发现提包不是新的，也没有包装，问："是偷来的还是骗来的？"高某说："不要问提包是从哪里来的。"尹某虽然不知道全部真相，但能猜到提包可能是高某犯罪所得，由于爱财还是收下了提包。

问题：尹某的行为如何定性？

答案：高某将犯罪所得送给前女友尹某，尹某明知是犯罪所得而收下，构成掩饰、隐瞒犯罪所得罪。

第十三讲 回顾与应用

总结梳理

对人 | 对物

提供隐藏处所、财物，帮助逃匿

犯罪"成果"

窝藏罪

掩饰、隐瞒犯罪所得、犯罪所得收益罪

①他人犯罪既遂后加入
②本犯不构成"赃物犯罪"

包庇罪

帮助毁灭、伪造证据罪

作假证

犯罪工具、残留之物

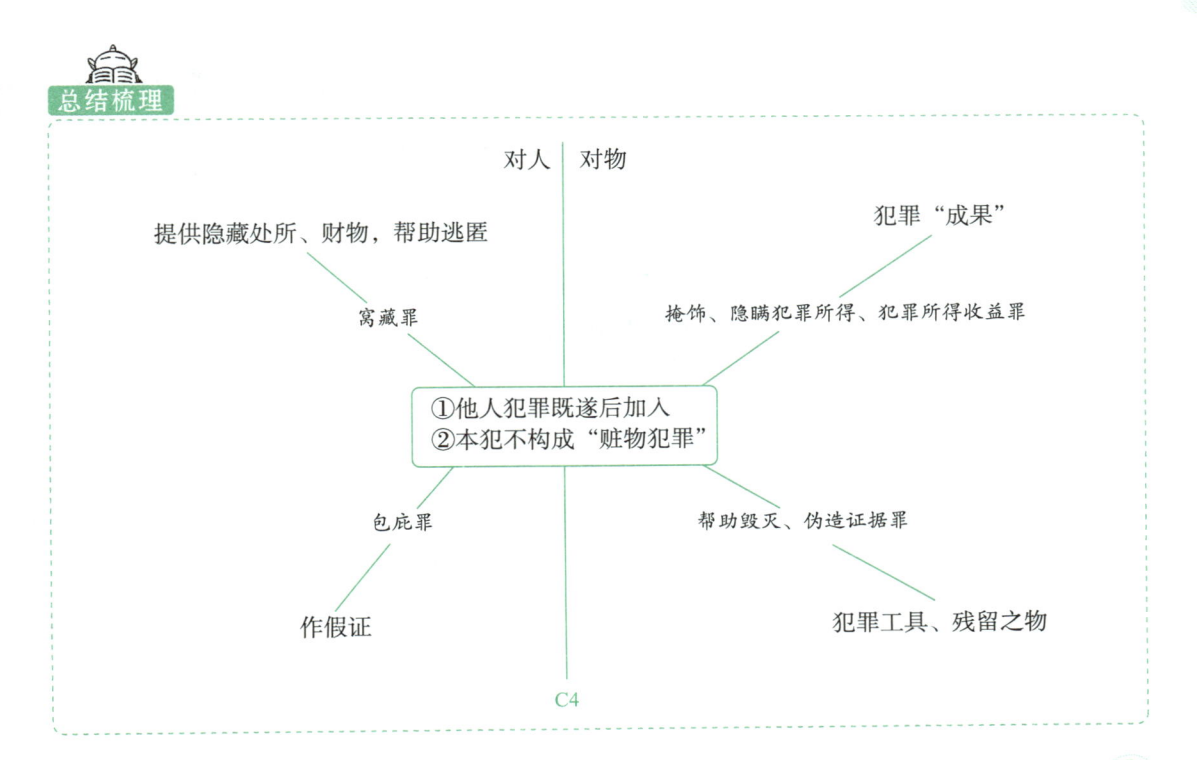

C4

小综案例

[案情] 甲、乙在河边洗衣服，忽闻河对岸有人喊"抓贼"，同时看到窃贼丙从河对面涉水而来。甲随手拿起木棍向丙打去，丙内心害怕，就掏出偷来的1万元，表示只要不再打自己，这钱就可以给甲、乙二人。二人接过这1万元后强行对丙进行搜身，又搜出了1000元，据为己有。丙躲起来之后，河对岸追赶丙的群众问甲、乙二人是否见到了丙，甲、乙称不知道，实际上二人看到丙是朝东逃走的。

问题：
1. 甲、乙对1万元构成何罪？为什么？
2. 甲、乙对1000元构成何罪？为什么？
3. 甲、乙是否构成包庇罪？为什么？

答案

1. 甲、乙明知是犯罪所得而进行掩饰、隐瞒，构成掩饰、隐瞒犯罪所得罪。
2. 甲、乙压制丙的反抗，强行取得丙自己的财物，构成抢劫罪。
3. 不构成。包庇罪的行为人必须要向司法机关作假证明，而本案中，甲、乙二人并未向司法机关作假证明，因此不构成包庇罪。

第14讲 LECTURE 14

金融诈骗犯罪（C5）和公共安全犯罪（C6）

考点 49 信用卡诈骗罪

罪名名片 ▶ 信用卡诈骗罪

构成要件	客　观	冒用他人信用卡（主要考）
	主　观	故　意
		有非法占有目的

[法条链接]《刑法》第196条 [信用卡诈骗罪] 有下列情形之一，进行信用卡诈骗活动，数额较大的，处……

（一）使用伪造的信用卡，或者使用以虚假的身份证明骗领的信用卡的；

（二）使用作废的信用卡的；

（三）冒用他人信用卡的；

（四）恶意透支的。

前款所称恶意透支，是指持卡人以非法占有为目的，超过规定限额或者规定期限透支，并且经发卡银行催收后仍不归还的行为。

[盗窃罪] 盗窃信用卡并使用的，依照本法第264条（盗窃罪）的规定定罪处罚。

一、信用卡诈骗罪的成立条件

"假卡假人"	使用伪造、作废的信用卡
"真卡假人"	使用以虚假身份证明骗领的信用卡；冒用他人信用卡，即将他人的信用卡以自己的名义去使用
"真卡真人" 恶意透支	借款时需要有非法占有目的
	经发卡银行2次催收后超过3个月仍不归还

[例]（2017/2/58/C 改编）甲透支时具有归还意思，透支后经发卡银行2次催收，超过3个月仍不归还的，不成立信用卡诈骗罪。

二、信用卡诈骗罪与盗窃罪、抢劫罪的区分

	成立犯罪	解释
抢劫信用卡并使用的	构成抢劫罪	——
盗窃信用卡并使用的	构成盗窃罪	盗窃、捡拾信用卡本身并不构成盗窃罪、侵占罪，因为盗窃、捡拾有密码的信用卡并不等于取得了卡内的财物，单纯盗窃、捡拾信用卡的行为相当于取得了信用卡的工本费价值，一般达不到财产犯罪的数额。
捡拾信用卡并使用的	构成信用卡诈骗罪	
其他冒用信用卡的	构成信用卡诈骗罪	——

一招制敌 遇到冒用信用卡的案件，盗窃信用卡并使用的，定盗窃罪；抢劫信用卡并使用的，定抢劫罪；其他全部定信用卡诈骗罪。

1. 盗窃信用卡并使用的，为什么定盗窃罪？因为信用卡一般放在钱包里，行为人偷了钱包和钱，又盗刷了信用卡，如果对盗窃钱包和钱定盗窃罪、盗刷信用卡定信用卡诈骗罪，会导致处理起来十分繁琐。因此，为了处理上简便，法律规定，盗窃信用卡并使用的，一律定盗窃罪。

2. 抢劫信用卡并使用的，为什么定抢劫罪？因为抢劫行为性质恶劣，只定信用卡诈骗罪的话量刑太轻。

迷你案例

案情：（2006/2/53）甲、乙、丙共谋犯罪。某日，三人拦截了丁，对丁使用暴力，然后强行抢走丁的钱包，但钱包内只有少量现金，并有一张银行借记卡。于是甲将丁的借记卡抢走，乙、丙逼迫丁说出密码。丁说出密码后，三人带着丁去附近的自动取款机上取钱。取钱时发现密码不对，三人又对丁进行殴打，丁为避免遭受更严重的伤害，说出了正确的密码，三人取出现金5000元。

问题：甲、乙、丙三人的行为如何定性？

答案：甲、乙、丙三人压制他人反抗，强行取得他人现金的行为构成抢劫罪，抢劫他人的信用卡后使用的行为也构成抢劫罪，数额累积计算。

三、杀死仇人取卡使用的行为定性

杀死仇人后另起犯意，取得死者的信用卡并使用的：

1. 如果认为死者仍占有财物，行为人属于"盗窃"信用卡并使用，构成盗窃罪。
2. 如果认为死者不再占有财物，则行为人属于"捡拾"信用卡并使用，构成信用卡诈骗罪。

四、信用卡诈骗的共犯问题

行为人盗窃信用卡后，又隐瞒盗窃的事实，教唆他人冒用的，即属于"盗窃信用卡并使用"，构成盗窃罪；同时，行为人还构成信用卡诈骗罪的教唆犯。

注意：按照约定俗成的处理，以上两个答案都对，刑法主观题考试的时候回答哪一种都可以，但无需从一重罪处罚。

迷你案例

案情：（2015/4/2 改编）高某盗窃钱某的信用卡后找到前女友尹某。高某说："我这里有一张信用卡和身份证，身份证上的人很像你，你拿着卡和身份证到银行柜台取钱后，钱全部归你。"尹某虽然不知道全部真相，但能猜到卡可能是高某犯罪所得，于是冒充钱某从银行柜台取出了该信用卡中的 2 万元。

问题：高某和尹某的行为如何定性？

答案：尹某冒用他人信用卡取款 2 万元，构成信用卡诈骗罪；高某将钱某的信用卡与身份证交给尹某，引起尹某实施信用卡诈骗的犯意，构成信用卡诈骗罪的教唆犯。

或答：尹某冒用他人信用卡取款 2 万元，构成信用卡诈骗罪；高某盗窃信用卡并使用，构成盗窃罪。

五、针对微信、支付宝、蚂蚁花呗（借呗）的犯罪处理

1. 微信、支付宝不是信用卡，微信、支付宝账户也不是信用卡账户，因此不涉及信用卡诈骗的问题。行为人盗用他人微信、支付宝账户，取得他人财物，造成他人财物损失的，由于不存在被害人处分，因此一律构成盗窃罪。

[例1] 甲和乙在火车上结识，相谈甚欢，之后，甲趁乙睡着，登录乙手机上的微信，将 5 万元转到自己微信上。甲构成盗窃罪。

[例2] 丙盗取了丁的支付宝密码，用丁的支付宝账户在商场消费 5 万元。丙构成盗窃罪。

2. 蚂蚁花呗（借呗）不是信用卡，因此不涉及信用卡诈骗的问题。但是，蚂蚁花呗（借呗）是具有资质的金融机构，行为人盗用他人名义使用蚂蚁花呗（借呗）的，构成贷款诈骗罪。

[例] 甲登录乙的支付宝账号，使用里面的蚂蚁花呗在商场消费 5 万元。本案中，受到欺骗的是蚂蚁公司这一金融机构，甲通过伪造身份的方式欺骗对方，构成贷款诈骗罪。

50 贷款诈骗罪和骗取贷款罪

罪名名片 ▶ 贷款诈骗罪

构成要件	客 观	骗取金融机构贷款
	主 观	故 意
		有非法占有目的

罪名名片 ▶ 骗取贷款罪

构成要件	客 观	以欺骗手段取得金融机构贷款
	主 观	故 意
		无非法占有目的

[法条链接]《刑法》

第 175 条之一第 1 款 [骗取贷款、票据承兑、金融票证罪] 以欺骗手段取得银行或者其他金融机构贷款、票据承兑、信用证、保函等，给银行或者其他金融机构造成重大损失的，处……

第 193 条 [贷款诈骗罪] 有下列情形之一，以非法占有为目的，诈骗银行或者其他金融机构的贷款，数额较大的，处……

（一）编造引进资金、项目等虚假理由的；

（二）使用虚假的经济合同的；

（三）使用虚假的证明文件的；

（四）使用虚假的产权证明作担保或者超出抵押物价值重复担保的；

（五）以其他方法诈骗贷款的。

一、贷款诈骗罪与骗取贷款罪的对象

贷款诈骗罪与骗取贷款罪的对象都是"银行或者其他金融机构"，包括符合资质的小额贷款公司。构成贷款诈骗罪与骗取贷款罪，都会造成金融机构的损失。

迷你案例

案情：洪某被保险公司辞退后回到甲市，由于没有经济来源，因此打算从事个体经营。洪某使用虚假的产权证明作担保，从 A 银行贷款 30 万元用于经营活动，但由于经营不善导致亏

损。后洪某归还了 A 银行的 30 万元贷款本息。

问题：洪某是否构成骗取贷款罪？

答案：不构成。因为洪某最终归还了 A 银行的 30 万元贷款本息，没有造成 A 银行的损失，所以不构成骗取贷款罪。

二、贷款诈骗罪与骗取贷款罪的区别

贷款诈骗罪＝骗取贷款＋非法占有目的。

非法占有目的是指"不想归还"。出现挥霍、潜逃等行为的，可以推定行为人具有非法占有目的；将贷款用于犯罪的，也可以表明行为人具有非法占有目的。

迷你案例

案情：（2019-主）王某系 A 公司（具有法人资格的私营企业）的董事长兼总经理。2017 年年底，王某使用虚假的证明文件，以 A 公司的名义，向 B 银行（国有控股银行）申请了 200 万元贷款，用于 A 公司生产、销售伪劣白酒。

问题：王某以虚假的证明文件贷款的行为如何定性？

答案：王某将贷款用于犯罪，可以推知其没有归还的意思，具有非法占有目的，构成贷款诈骗罪。

三、贷款关系双方拆解

贷款诈骗案件中，双方主体分别是放贷者（金融机构中的决定者）和申请者，他们可能构成的犯罪和对应的情形有以下几种：

1. 放贷者可能构成：

（1）贪污罪

如果放贷者自己也"截和"了一部分贷款，则构成贪污罪。

（2）违法发放贷款罪

如果放贷者自己没有"截和"贷款，则构成违法发放贷款罪。

注意：所谓"违法发放贷款罪"，是指银行或者其他金融机构的工作人员违反国家规定发放贷款，数额巨大或者造成重大损失的行为。

2. 申请者可能构成：

（1）贷款诈骗罪

如果申请者有挥霍等行为，则表明其具有非法占有目的，构成贷款诈骗罪。

（2）骗取贷款罪

如果申请者没有非法占有目的，只是在资格、担保等问题上存在欺骗行为，并且放贷者受骗，则申请者构成骗取贷款罪。

（3）无罪

如果放贷者没有被骗或者没有造成金融机构损失，则申请者既不构成贷款诈骗罪，也不构成骗取贷款罪。

迷你案例

1. 案情：（2016/2/14）甲急需20万元从事养殖，向农村信用社贷款时被信用社主任乙告知，一个身份证只能贷款5万元，再借几个身份证可多贷。甲用自己的名义贷款5万元，另借用4个身份证贷款20万元，但由于经营不善，不能归还本息。

问题： 甲和乙的行为如何定性？

答案： 乙违反法律规定将贷款发放给不符合资格的人，数额巨大，构成违法发放贷款罪；由于放贷者乙没有受到欺骗，因此，甲既不构成贷款诈骗罪，也不构成骗取贷款罪，对其只能作无罪处理。

2. 案情：（2008延/2/93、94）甲受国有事业单位委派，担任某农村信用合作社主任。某日，乙找甲，说要贷款200万元做生意，但无任何可抵押财产，也无担保人，不符合信贷条件。乙表示若能贷出款来，就会给甲10万元作为辛苦费。于是甲嘱咐该合作社主管信贷的职员丙"一定办好此事"。丙无奈，明知不符合条件仍然放贷。乙当即给甲10万元，其余190万元贷后用于挥霍。经合作社多次催收，乙拒绝归还。

问题： 甲、乙、丙的行为如何定性？

答案： 甲作为国家工作人员，收受他人10万元的财物，通过其直系下属行使职权，为他人非法谋取利益，数额巨大，构成受贿罪，数额为10万元；同时，甲违反法律规定将贷款发放给不符合资格的人，数额巨大，构成违法发放贷款罪，与受贿罪数罪并罚。

乙给予国家工作人员财物，构成行贿罪，数额为10万元；同时，乙在贷款的用途上欺骗了甲，并将贷款用于挥霍，具有非法占有目的，构成贷款诈骗罪，与行贿罪数罪并罚。

丙在明知乙不符合贷款条件的情况下仍然发放贷款，数额巨大，构成违法发放贷款罪。

51 危险驾驶罪

罪名名片 ▶ 危险驾驶罪

构成要件	客观	追逐竞驶，情节恶劣（主要考）
		醉酒驾驶机动车（主要考）
	主观	故意
罪数问题		危险驾驶造成特定结果的，转化为交通肇事罪

[法条链接]《刑法》第133条之一第1款 [危险驾驶罪] 在道路上驾驶机动车，有下列情形之一的，处……

（一）追逐竞驶，情节恶劣的；

（二）醉酒驾驶机动车的；
……

一、危险驾驶罪与其他罪的关系

在危险程度上，以危险方法危害公共安全罪＞交通肇事罪＞危险驾驶罪。

以危险方法危害公共安全罪危及不特定人，是"死一片"；交通肇事罪是结果犯，是"死一个"；危险驾驶罪是抽象危险犯，是"没死呢"。

二、构成要件

1. 前提：在道路上驾驶机动车。

注意：本罪所称"道路"，是指公路、城市道路和虽在单位管辖范围但允许社会机动车通行的地方，包括广场、公共停车场等用于公众通行的场所。

2. 行为方式

（1）追逐竞驶，情节恶劣。

注意："追逐竞驶"需要有"参照物"，一个人超速驾驶不构成危险驾驶罪。

（2）醉酒驾驶机动车。

注意："醉酒驾驶"不同于"酒后驾驶"，是指驾驶机动车时血液中的酒精含量达到 80 毫克/100 毫升以上。

3. 主观：故意。

三、既遂标准

危险驾驶罪是抽象危险犯，只要有危险驾驶的行为，即成立犯罪既遂。

[例] 甲醉酒驾驶机动车，开了一段路之后酒醒了，为了"及时止损"，甲赶紧原路返回。甲不属于犯罪中止，因为甲醉酒驾驶机动车的行为已经发生，构成危险驾驶罪的既遂。

四、转化为交通肇事罪

危险驾驶造成特定后果的，转化为交通肇事罪，且只有造成实际结果的人转化。

迷你案例

案情：甲教唆乙在道路上醉酒驾驶机动车。

问 1：甲和乙的行为分别如何定性？

答案：乙在道路上醉酒驾驶机动车，构成危险驾驶罪；甲教唆乙醉酒驾驶机动车，引起了乙实施危险驾驶的犯意，构成危险驾驶罪的教唆犯。

问 2：如果甲教唆乙醉酒驾驶机动车，乙撞死一个路人，则甲和乙的行为分别如何定性？

答案：乙违反交通运输管理法规，造成 1 人死亡，构成交通肇事罪。甲教唆乙醉酒驾驶机动车，构成危险驾驶罪的教唆犯；由于甲无法预见乙造成他人死亡的结果，因此，甲不构成交

通肇事罪。

52 交通肇事罪

罪名名片▶交通肇事罪

构成要件	客观	违反交通运输管理法规，造成严重后果
	主观	过失
罪数问题		在特定情况下，交通肇事罪是过失致人重伤、死亡罪的特别罪名

[法条链接]《刑法》第133条 [交通肇事罪] 违反交通运输管理法规，因而发生重大事故，致人重伤、死亡或者使公私财产遭受重大损失的，处……

一、构成要件

1. 主体：不限于驾驶者，行人也可以构成交通肇事罪。
2. 交通肇事罪发生在公共交通管理领域。

注意：在特定情况下，交通肇事罪是过失致人重伤、死亡罪的特别罪名。因此，构成交通肇事罪的同时又构成过失致人重伤、死亡罪的，只认定为交通肇事罪，而不再认定为过失致人重伤、死亡罪。

3. 结果：造成严重后果。这具体包括：
（1）死亡1人或者重伤3人以上，负事故全部或者主要责任的；（死）
（2）死亡3人以上，负事故同等责任的；
（3）负事故全部或者主要责任，无能力赔偿数额在30万元以上的；
（4）负事故全部或者主要责任，致1人以上重伤，并有酒后、逃逸、严重超载、无证驾驶等情节的。[伤+X（X指严重违章情节）]

注意：在刑法主观题考试中，"主要责任""同等责任"等责任类型会说明，判断是否构成交通肇事罪主要看行为造成的结果，如果有"死"或者"伤+X"的结果出现，则基本可以认定行为人构成交通肇事罪。

4. 主观：交通肇事罪的行为人主观上是过失，即使行为人对自己违章驾驶持故意心态，对他人的死亡、重伤结果也仍然持过失心态。因此，交通肇事罪是过失犯罪。

二、二档：逃逸

若要成立"交通运输肇事后逃逸"，则要求行为人逃跑是为了逃避法律追究。因此，行为人离开现场去投案的，不属于"逃逸"。

三、三档：因逃逸致人死亡

注意1："因逃逸致人死亡"本质上是行为人在交通肇事之后不作为的故意杀人（遗弃）。因此，单纯的因逃逸致人死亡不再与不作为的故意杀人罪（遗弃罪）数罪并罚。

注意2："因逃逸致人死亡"不能写作"交通肇事致人死亡"，因为"因逃逸致人死亡"是交通肇事罪的第三档，而"交通肇事致人死亡"只是交通肇事罪的基本犯的成立条件之一。

1. 若要成立"因逃逸致人死亡"，则死亡结果必须是逃逸行为导致的。

[例1] 甲交通肇事后逃逸，被害人死亡，但医生说："即使当时将被害人送医，也无法救活。"本案中，被害人的死亡结果并非由甲的逃逸行为造成，甲不属于"因逃逸致人死亡"。

[例2] 甲交通肇事后逃逸，被害人被撞的时候当场死亡。本案中，被害人的死亡结果并非由甲的逃逸行为造成，甲不属于"因逃逸致人死亡"。

迷你案例

案情：甲交通肇事后逃逸，被害人5分钟之内被紧急送医，但仍然死亡。

问题：甲的行为如何定性？

答案：甲违反交通运输管理法规，造成严重后果，构成交通肇事罪。由于被害人的死亡结果并非甲的逃逸行为导致，因此，甲不属于"因逃逸致人死亡"，只属于"交通运输肇事后逃逸"。

注意：构成"因逃逸致人死亡"不要求前行为已经构成交通肇事罪，也即只要有交通肇事的行为，且因行为人逃逸导致他人死亡，就可以认定为"因逃逸致人死亡"。

[例] 甲开车将乙撞成重伤之后逃逸，导致乙死亡。本案中，甲在逃逸之前并不构成交通肇事罪，但由于存在"逃逸致人死亡"的情节，因此，其直接构成交通肇事罪的第三档"因逃逸致人死亡"。

2. "因逃逸致人死亡"是客观条件，与行为人的认识无关。

[例] 甲交通肇事后，被害人未死亡，甲以为对方已经死亡而逃走，导致被害人失救而亡。甲属于"因逃逸致人死亡"。

迷你案例

案情：甲交通肇事后，被害人当场死亡，甲以为对方未死亡而逃走。

问题：甲的行为是否属于"因逃逸致人死亡"？

答案：不属于。客观上，甲的逃逸行为并非导致被害人死亡的原因，因此，甲不属于"因逃逸致人死亡"，只能认定为"交通运输肇事后逃逸"。

> [口诀] **交通肇事罪**
> 交通肇事死一个，特殊情节加重伤。
> 事后逃逸定二档，三档逃逸致死亡。

四、交通肇事罪的共同犯罪问题

交通肇事后，单位主管人员、机动车辆所有人、承包人或者乘车人指使肇事人逃逸，致使被害人因得不到救助而死亡的，以交通肇事罪的共犯论处。

注意 1：主体必须是单位主管人员、机动车辆所有人、承包人或者乘车人，刑法主观题考试中尤其要注意"乘车人"。

注意 2："指使"，即教唆行为，不包括欺骗的情况。

[例] 小王（15 周岁）在乡村公路驾驶机动车时因过失将吴某撞成重伤。小王正要下车救人，坐在车上的老王（小王的父亲）说："别下车！前面来了许多村民，下车会有麻烦。"于是小王驾车逃走，吴某因流血过多而亡。本案中，小王无证驾驶，导致1人重伤，在客观层面构成交通肇事罪；老王作为乘车人，指使小王逃逸，在客观层面成立交通肇事罪的共同犯罪。在责任层面，小王没有达到刑事责任年龄，不负刑事责任；老王达到了刑事责任年龄，负刑事责任，以交通肇事罪论处，且属于"因逃逸致人死亡"。

迷你案例

案情：（2016/2/86 改编）甲夜间酒后驾车与其叔乙出行，途中遇刘某过马路，不慎将其撞成重伤，车辆亦受损。乙下车查看情况，对甲谎称自己留下打电话叫救护车，让甲赶紧将车开走。甲离去后，乙将刘某藏匿在草丛中离开。刘某因错过抢救时机身亡。

问题：甲和乙的行为如何定性？

答案：乙欺骗甲，不属于"指使肇事人逃逸"，不以交通肇事罪的共犯论处，而是单独认定为故意杀人罪。甲酒后驾车导致1人重伤，构成交通肇事罪，且属于"交通运输肇事后逃逸"，但由于乙杀人是异常介入因素，因此，甲不对刘某的死亡结果负责。

五、交通肇事罪与故意杀人罪

交通肇事后，行为人将他人转移到僻静之处，导致其死亡的，可能构成故意杀人罪，与交通肇事罪数罪并罚。

[例] 甲交通肇事撞倒乙后，将其放在偏僻的桥洞中等死。甲构成故意杀人罪，与交通肇事罪数罪并罚。

迷你案例

案情：甲驾车不慎将乙撞倒，遂开车送乙就医。在去医院途中，甲将乙移至一偏僻的地方。为防止乙报警或其他人查出其身份，甲将乙的手机拿走。路人发现乙后将其送医，但是，由于联系不上乙的家属而无法签字同意进行手术，乙最终死亡。

问 1：甲拿走乙的手机的行为如何定性？

答案：甲拿走乙的手机，导致乙死亡，且甲对乙的死亡结果具有故意，因此，甲构成故意杀人罪。

问 2：如果甲将乙的手机拿走，但一直没有离开现场，而是远远观望。甲心想："如果没有人救乙，我就会救乙。"后乙被某路人送医，但由于联系不上乙的家属而无法签字同意进行手术，乙最终死亡。甲拿走乙的手机的行为如何定性？

答案：甲拿走乙的手机，导致乙死亡，且甲对乙的死亡结果具有过失，因此，甲构成过失致人死亡罪。

第十四讲 回顾与应用

总结梳理

```
                            ┌─ 盗窃信用卡并使用
              ┌─ "冒用" ─ 与盗窃罪、抢劫罪 ─┼─ 捡拾信用卡并使用
              │              的区分         └─ 抢劫信用卡并使用
              │
         ┌─ 信用卡诈骗罪
    诈骗 ─┤
         └─ 贷款诈骗罪 ─ 缺乏非法占有目的
              │
    对象：金融机构              骗取贷款罪
                    C5

                        ┌─ 行为方式
         ┌─ 危险驾驶罪 ─┤
         │              └─ 既遂标准
         │
         │              ┌─ 构成要件   ┌─ 逃逸
         ├─ 交通肇事罪 ─┼─ 加重情节 ─┤
         │              │              └─ 因逃逸致人死亡
         │              └─ 共犯问题
         │
         └─ 过失致人重伤、死亡罪
                    C6
```

小综案例

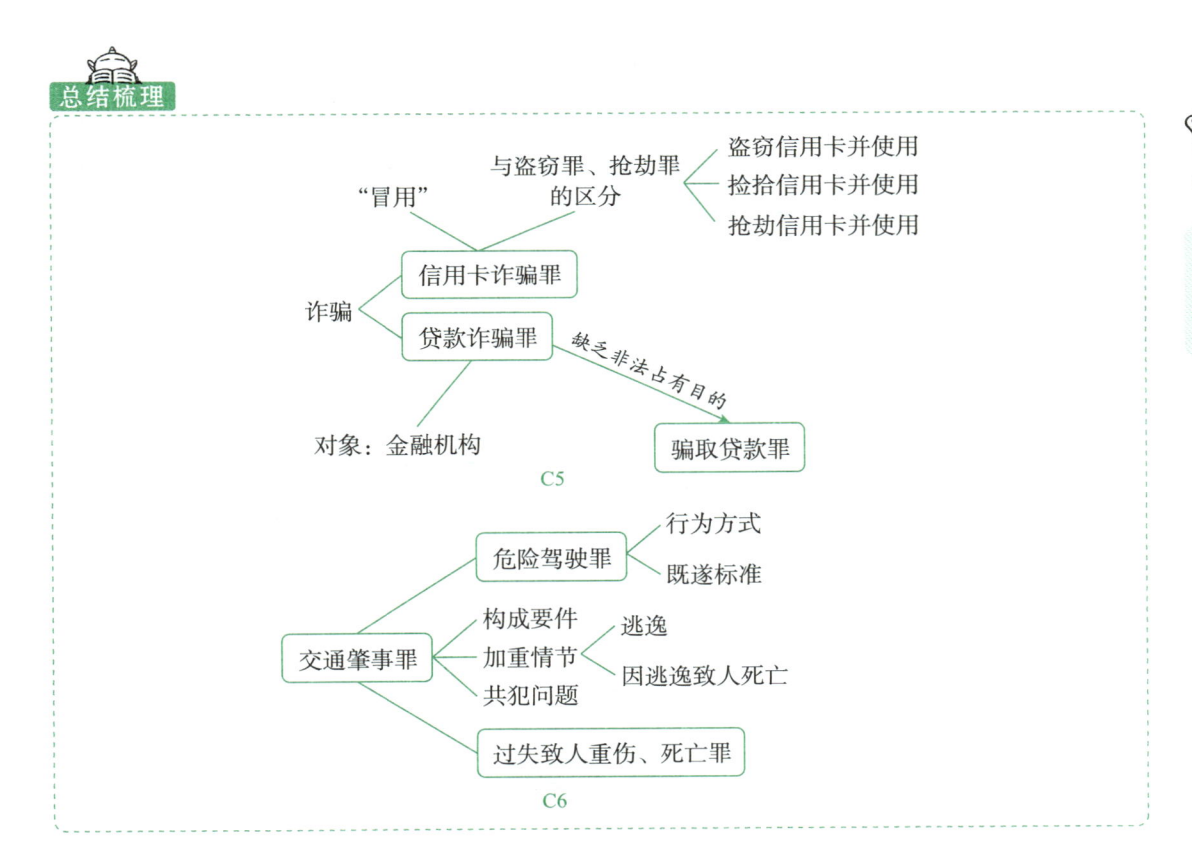

[案情] 某晚9时，王某严重超载驾驶，撞上丙驾驶的小轿车（甲、乙、丙三人乘丙的小轿车外出旅游），丙被卡在车内无法动弹，丙车内甲当场死亡、乙受重伤。王某驾车逃

逸。急救人员5分钟后赶到现场，乙因伤势过重被送医院后死亡。交警对丙车进行切割，试图将丙救出。此时，醉酒后的刘某驾驶摩托车"飙车"经过此路段。刘某发现丙车时紧急刹车，摩托车侧翻，猛烈撞向丙车左前门一侧。20分钟后，交警将丙抬出车时，发现其已死亡。现无法查明丙在被刘某撞击前是否已死亡，也无法查明丙在被刘某撞击前所受创伤是否为致命伤。

问题：
1. 王某导致甲死亡的行为如何定性？
2. 王某导致乙死亡的行为是否属于"因逃逸致人死亡"？
3. 王某和刘某是否对丙的死亡结果负责？刘某的行为如何定性？

答案
1. 王某违反交通运输管理法规，导致甲死亡，构成交通肇事罪。
2. 不属于。虽然王某有"逃逸"情节，但王某的逃逸行为与乙的死亡结果之间没有因果关系，因此，王某不属于"因逃逸致人死亡"，只能认定为"交通运输肇事后逃逸"。
3. 由于无法查明丙的死亡结果是由谁导致，因此，根据"存疑有利于被告"的原则，王某和刘某均不对丙的死亡结果负责。刘某醉酒驾驶机动车，且无需对丙的死亡结果负责，因此，刘某的行为仅构成危险驾驶罪。

第15讲 LECTURE 15

妨害公务犯罪（C7）和利用职权犯罪（C8）

考点 53 妨害公务罪与袭警罪

罪名名片 ▶ 妨害公务罪

构成要件	客 观	妨害国家机关工作人员依法执行职务
	主 观	故 意

罪名名片 ▶ 袭警罪

构成要件	客 观	暴力袭击正在依法执行职务的警察
	主 观	故 意

一、妨害公务罪

[法条链接]《刑法》第 277 条第 1~4 款 [妨害公务罪] 以暴力、威胁方法阻碍国家机关工作人员依法执行职务的，处 3 年以下有期徒刑、拘役、管制或者罚金。

以暴力、威胁方法阻碍全国人民代表大会和地方各级人民代表大会代表依法执行代表职务的，依照前款的规定处罚。

在自然灾害和突发事件中，以暴力、威胁方法阻碍红十字会工作人员依法履行职责的，依照第 1 款的规定处罚。

故意阻碍国家安全机关、公安机关依法执行国家安全工作任务，未使用暴力、威胁方法，造成严重后果的,依照第 1 款的规定处罚。

1. 妨害公务罪发生在执行公务期间。

[例] 甲白天被交警罚款,晚上回家后越想越气,跑到交警家中将其杀死。甲杀死交警的行为不是发生在交警执行公务期间,因此,其只能构成故意杀人罪。

2. 构成要件

符合下列两个行为之一即可:

手段	对象	后果	备注
以暴力、威胁方法	阻碍国家机关工作人员、人民代表大会代表、(自然灾害或突发事件中的)红十字会工作人员依法履行职责	不要求造成严重后果	此处的国家机关工作人员采实质解释,疫情期间代行公务的人也算在内,但志愿者不算
未使用暴力、威胁方法	故意阻碍国家安全机关、公安机关依法执行国家安全工作任务	造成严重后果	——

[口诀] (妨害公务罪的构成)暴力威胁对三种,人大代表国机工,特殊时期红十字,国安公安后果重。

3. 罪数问题

行为人同时构成故意伤害罪或故意杀人罪的,想象竞合,从一重罪处罚。

一招制敌 妨害公务罪和故意伤害罪"从一重罪处罚"的结果是:如果伤害行为造成重伤或者死亡,认定为故意伤害罪;如果伤害行为仅造成轻伤,则认定为妨害公务罪。当然,保险起见,考试中写"妨害公务罪和故意伤害罪想象竞合,从一重罪处罚"即可。

迷你案例

案情:(2020-主)2018 年 8 月,洪某向林业主管部门举报了有人在国有森林中种植沉香的事实。林业主管部门工作人员赵某与郑某上山检查时,刘某与任某为了抗拒抓捕,对赵某与郑某实施暴力,赵某与郑某反击,形成互殴状态。赵某被打成轻伤,该轻伤由刘某、任某造成,但不能查明是刘某的行为所致,还是任某的行为所致。

问题:刘某和任某的行为如何定性?

答案:刘某和任某以暴力方法阻碍国家机关工作人员依法执行职务,构成妨害公务罪,与故意伤害罪想象竞合,从一重罪处罚。由于二人成立共同犯罪,因此,即使无法查明,二人也均需对赵某的轻伤结果负责。

二、袭警罪

[法条链接]《刑法》第 277 条第 5 款 [袭警罪] 暴力袭击正在依法执行职务的人民警察的,处 3 年以下有期徒刑、拘役或者管制;使用枪支、管制刀具,或者以驾驶机动车撞击等手段,严重危及其人身安全的,处 3 年以上 7 年以下有期徒刑。

1. 手段

袭警罪的手段只能是暴力，不包括"冷暴力"。

2. 对象

袭警罪的对象只能是人民警察，不包括警犬、警车。

3. 加重情节

使用枪支、管制刀具，或者以驾驶机动车撞击等手段，严重危及其人身安全，是袭警罪的加重情节。

[口诀]（袭警罪考点）暴力用在警察上，用刀用枪用车撞。

⚠注意：袭警罪是妨害公务罪的特别罪名，如果行为对象是警察，构成袭警罪；如果行为对象是其他国家机关工作人员（如林业主管部门工作人员），则只构成妨害公务罪。

迷你案例

案情：（案例指导用书）2016年12月，李某酒后驾驶汽车行驶至某路口时遇民警检查。李某拒不配合检查，欲弃车逃离，被民警带至检查站内进行检查。在检查站内，李某告诉民警自己是省法院领导，希望民警通融。民警拒不理睬。李某推搡、拉扯民警，阻碍民警对其检查，将民警俞某的警服撕破，并将其推倒在地，致俞某受轻伤。经鉴定，李某血液酒精含量为206毫克/100毫升。

问题：李某的行为如何定性？

答案：李某醉酒驾驶机动车，构成危险驾驶罪；之后，李某以暴力袭击正在依法执行职务的人民警察，构成袭警罪，两罪数罪并罚。

54 利用职权犯罪

罪名名片 ▶ 职务侵占罪

构成要件	客观	公司、企业或其他单位的工作人员利用职务之便，侵吞本单位的财物
	主观	故意
		有非法占有目的

罪名名片 ▶ 非国家工作人员受贿罪

构成要件	客观	公司、企业或者其他单位的工作人员利用职务之便，索取或者非法收受他人财物，为他人谋取利益
	主观	故意

身份与罪名

罪 名	国家工作人员	公司、企业或者其他单位工作人员
	贪污罪	职务侵占罪
	受贿罪	非国家工作人员受贿罪
	挪用公款罪	挪用资金罪

一、职务侵占罪

[法条链接]《刑法》第271条第1款 [职务侵占罪] 公司、企业或者其他单位的工作人员,利用职务上的便利,将本单位财物非法占为己有,数额较大的,处……

1. 主体

(1)特殊主体:公司、企业或者其他单位的工作人员;

(2)村民小组长在一般情况下不是国家工作人员。

2. 必须利用职务之便

"利用职务之便"是指行为人"对财物具有管控的权力"。如果仅是利用对本单位情况的熟悉,非法占有他人保管的财物,则应当以盗窃罪定罪处罚。

职务侵占罪=公司、企业或其他单位的工作人员+财产犯罪(侵占)+利用职务之便(对财物管控)。

[例] 公司保安甲在休假期内,以"第二天晚上要去医院看望病人"为由,欺骗保安乙,成功和乙换岗。当晚,甲将其看管的公司仓库内价值5万元的财物运走变卖。甲对财物具有管控的权力,构成职务侵占罪。

迷你案例

案情:(2018-主)某快递公司快递员甲在分拣包裹的过程中,把不属于自己负责的传送带上的包裹放入自己的快递车内,然后在离开公司送货途中,拆开包裹,据为己有。

问题:甲的行为如何定性?

答案:甲对别人传送带上的包裹不具有管控的权力,因此,甲没有利用职务之便,其打破他人占有、建立新的占有的行为,构成盗窃罪。

3. 若要构成职务侵占罪,行为人主观上需要有非法占有目的,即行为人有将财物"据为己有"的意思。

注意:在考试中,如果行为人有"平账"(把账目做平使其难以显现)、潜逃、挥霍等行为,则表明行为人具有非法占有目的,构成职务侵占罪,而不构成挪用资金罪。

迷你案例

案情:(2016/2/88改编)甲将私家车借给无驾照的乙使用,乙夜间开车,不慎撞到他人,车辆亦受损。甲找到在私营保险公司当定损员的朋友陈某,告知其真相,请求其帮忙向保险公司申请赔偿。陈某遂向保险公司报告说是他人驾车造成事故,并隐瞒其他不利于甲的事实。甲顺利获得 7 万元保险赔偿。

问题:甲和陈某的行为如何定性?

答案:甲和陈某分别在保险诈骗罪以及职务侵占罪的范围内成立共同犯罪。甲作为投保人,虚构事实,骗取保险金,构成保险诈骗罪的正犯;陈某为其欺骗行为提供了帮助,构成保险诈骗罪的帮助犯。陈某以非法占有为目的,使他人非法占有公司财物,构成职务侵占罪;甲引起陈某实施职务侵占行为的犯意,构成职务侵占罪的教唆犯。综上所述,甲成立保险诈骗罪与职务侵占罪(教唆犯)的想象竞合,从一重罪处罚;陈某成立职务侵占罪与保险诈骗罪(帮助犯)的想象竞合,从一重罪处罚。

二、非国家工作人员受贿罪

[法条链接]《刑法》第 163 条第 1、2 款 [非国家工作人员受贿罪] 公司、企业或者其他单位的工作人员,利用职务上的便利,索取他人财物或者非法收受他人财物,为他人谋取利益,数额较大的,处……

公司、企业或者其他单位的工作人员在经济往来中,利用职务上的便利,违反国家规定,收受各种名义的回扣、手续费,归个人所有的,依照前款的规定处罚。

1. 主体:公司、企业或者其他单位的工作人员。

2. 行为方式

(1)普通型受贿:公司、企业或者其他单位的工作人员,利用职务上的便利,索取他人财物或者非法收受他人财物,为他人谋取利益,数额较大的,构成非国家工作人员受贿罪;

(2)经济型受贿:公司、企业或者其他单位的工作人员在经济往来中,利用职务上的便利,违反国家规定,收受各种名义的回扣、手续费,归个人所有的,构成非国家工作人员受贿罪。

3. 典型情况

(1)医疗机构中的非国家工作人员,在药品、医疗器械、医用卫生材料等医药产品采购活动中,利用职务上的便利,索取销售方财物,或者非法收受销售方财物,为销售方谋取利益,数额较大的,构成非国家工作人员受贿罪;

(2)学校及其他教育机构中的非国家工作人员或者教师,在教材、教具、校服或者其他物品的采购等活动中,利用职务上的便利,索取销售方财物,或者非法收受销售方财物,为销售方谋取利益,数额较大的,构成非国家工作人员受贿罪。

4. 受贿罪和非国家工作人员受贿罪的区别

(1)受贿罪的主体是国家工作人员,非国家工作人员受贿罪的主体是公司、企业或者其他单位的工作人员;

(2)受贿罪和非国家工作人员受贿罪都是利用职务之便,但受贿罪利用的是公共事务管理之便,非国家工作人员受贿罪利用的是技术性便利。

第十五讲 回顾与应用

总结梳理

```
         手段
         对象 ── 袭警罪                  贪污罪 ──────── 受贿罪
         加重情节         特别罪名       │身份不同      │身份不同
                                          │              │
    暴力、威胁型                         职务侵占罪 ─── 非国家工作人员受贿罪
    严重后果型 ── 妨害公务罪
                     │想象竞合
                     │                  "职务之便"    身份    技术性便利
                故意伤害罪                              
                     C7                              C8
```

小综案例

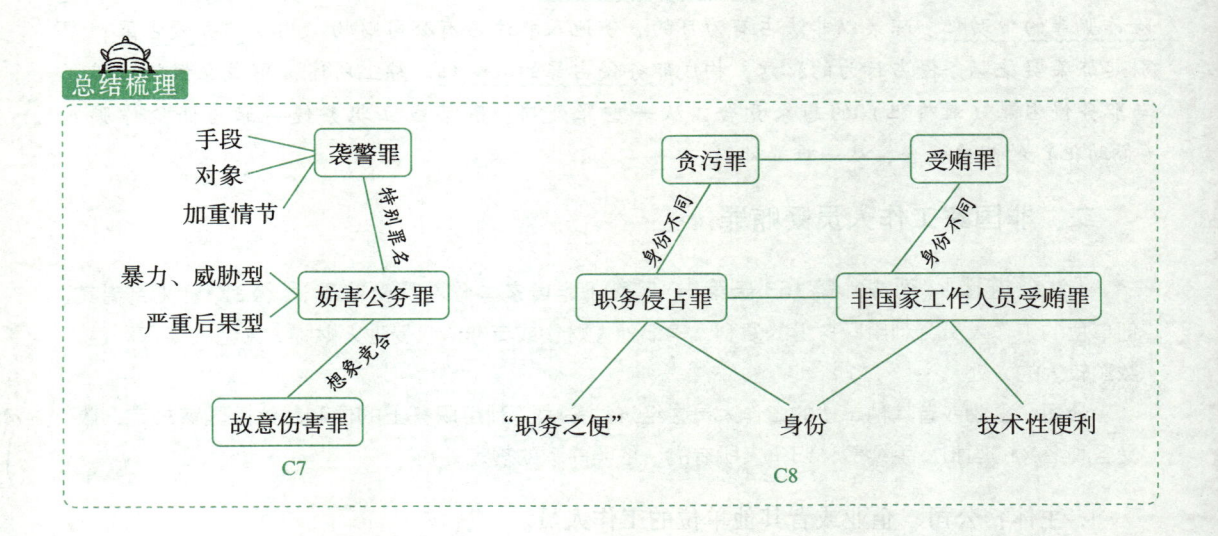

[案情] 张某为国有医院医生，多次利用开高价药处方，收受医药代表赵某（在逃）回扣（查实金额为 100 万元）。张某升任医院院长后，更是长期接受赵某财物（查实金额为 200 万元）。后张某眼看事情即将败露，于是深夜潜入隔壁医院的会计室，撬开保险箱，取出 30 万元现金后潜逃。

问题：
1. 张某收受医药代表赵某回扣的行为如何定性？
2. 张某升任医院院长后，长期接受赵某财物的行为如何定性？
3. 张某取出隔壁医院会计室 30 万元现金后潜逃的行为如何定性？

[答案]
1. 张某利用技术性便利，非法收受他人财物，为他人谋取利益，构成非国家工作人员受贿罪。
2. 张某升任医院院长后，利用公共事务管理之便，非法收受他人财物，为他人谋取利益，构成受贿罪。
3. 张某没有利用职务之便，窃取公共财物，构成盗窃罪。

附 录 APPENDIX

附录一 罪刑法定原则论述题必背

一、罪刑法定原则的基本含义和思想基础

1. 基本含义：法无明文规定不为罪，法无明文规定不处罚。
2. 思想渊源：三权分立学说与心理强制说。
3. 思想基础：民主主义与尊重人权主义。
（1）民主主义：诸如犯罪与刑罚这些关系到国民基本权利的内容，必须由立法加以决定，体现国民的意志；
（2）尊重人权主义：为了不限制国民的行为与创造欲望，事先规定犯罪与刑罚的内容，使得国民能够提前预测自己行为的法律效果，从而维护人权。

二、罪刑法定原则的形式侧面

1. 成文的罪刑法定：排斥习惯法等。
刑法渊源只能是最高立法机关依法制定的刑事成文实体法律规范，这是民主主义的当然要求。其他规范性法律文件不能创设刑法罚则。
2. 事前的罪刑法定：溯及既往的禁止。
刑法禁止不利于行为人的溯及既往。
3. 严格的罪刑法定：合理解释刑法，禁止类推解释。
类推解释，是指对于法律没有明文规定的行为，适用类似规定定罪处罚。这是一种司法恣意的做法，不被允许。
4. 确定的罪刑法定：刑罚法规的适当。
刑法的规定必须清楚、明了，不得有歧义，不得含糊不清。

三、罪刑法定原则的实质侧面

1. 禁止处罚不当罚的行为。
2. 禁止不均衡、残虐的刑罚。

附录二　其他罪名的构成要件简易表达

除了前文的核心罪名以外，在历年考试和案例分析指导用书中出现过一些偏僻的罪名，在今年考试中考查的概率很小，熟悉即可。

列举如下：

	来　源	概念和简练表达
滥伐林木罪	2020 年真题	违反《森林法》的规定，滥伐森林或者其他林木，数量较大。
为亲友非法牟利罪	2014 年真题	公司、企业的工作人员，利用职务便利，将本单位的盈利业务交由自己的亲友进行经营，使国家利益遭受重大损失。
提供虚假证明文件罪	2008 年真题	承担资产评估、验资、验证、会计、审计、法律服务等职责的中介组织的人员故意提供虚假证明文件。
伪造公司、企业、事业单位、人民团体印章罪	2005 年真题	伪造公司、企业、事业单位、人民团体印章。
伪造金融票证罪		伪造金融票证。
金融凭证诈骗罪		以非法占有为目的，采用虚构事实、隐瞒真相的方法，使用伪造、变造的金融凭证，骗取他人财物。
走私武器罪	案例分析指导用书	明知是武器而进行走私。
走私普通货物、物品罪	案例分析指导用书	违反海关法规，走私普通货物、物品。
非法经营罪	案例分析指导用书	未经许可经营法律、行政法规规定的专营、专卖物品或者其他限制买卖的物品。
非法买卖枪支罪	案例分析指导用书	违反国家法规，非法买卖枪支。
非法吸收公众存款罪	案例分析指导用书	违反国家金融管理法规实施非法吸收公众存款或变相吸收公众存款。
集资诈骗罪	案例分析指导用书	以非法占有为目的，使用诈骗方法非法集资。
生产、销售有毒、有害食品罪	案例分析指导用书	在生产、销售的食品中掺入有毒、有害成分，或者明知食品中存在有毒、有害的成分而销售的。
生产、销售伪劣产品罪	案例分析指导用书	生产者、销售者在产品中掺杂、掺假，以假充真，以次充好或者以不合格产品冒充合格产品。

续表

	来　源	概念和简练表达
生产、销售伪劣产品罪	案例分析指导用书	❶注意： （1）销售 5 万元定本罪既遂； （2）生产 15 万元（销售没有达到 5 万元）定本罪未遂； （3）以上条件均不符合的，不构成本罪。
合同诈骗罪	案例分析指导用书	以非法占有为目的，在签订、履行合同过程中，实施虚构事实或者隐瞒真相等欺骗手段，骗取对方当事人财物。
签订、履行合同失职被骗罪	案例分析指导用书	国有公司、企业、事业单位直接负责的主管人员，在签订、履行合同过程中，因严重不负责任被诈骗，致使国家利益遭受重大损失。
招摇撞骗罪	案例分析指导用书	为谋取非法利益，冒充国家机关工作人员的身份或职称，进行诈骗。
开设赌场罪	案例分析指导用书	以营利为目的，营业性地为赌博提供场所，设定赌博方式，提供赌具、筹码、资金等组织赌博的行为。
帮助信息网络犯罪活动罪	案例分析指导用书	明知他人利用信息网络实施犯罪，为其犯罪提供网络技术支持。

声　明　　1. 版权所有，侵权必究。

　　　　　2. 如有缺页、倒装问题，由出版社负责退换。

图书在版编目（CIP）数据

主观题考点清单. 刑法 / 陈橙编著. -- 北京 ：中国政法大学出版社，2025.4. -- ISBN 978-7-5764-2009-8

Ⅰ. D920.4

中国国家版本馆CIP数据核字第20250VE365号

出 版 者	中国政法大学出版社
地　　址	北京市海淀区西土城路25号
邮寄地址	北京100088 信箱8034 分箱　邮编100088
网　　址	http://www.cuplpress.com（网络实名：中国政法大学出版社）
电　　话	010-58908285(总编室) 58908433（编辑部）58908334(邮购部)
承　　印	河北翔驰润达印务有限公司
开　　本	787mm×1092mm　1/16
印　　张	14.25
字　　数	345 千字
版　　次	2025 年 4 月第 1 版
印　　次	2025 年 4 月第 1 次印刷
定　　价	67.00 元